CW81370349

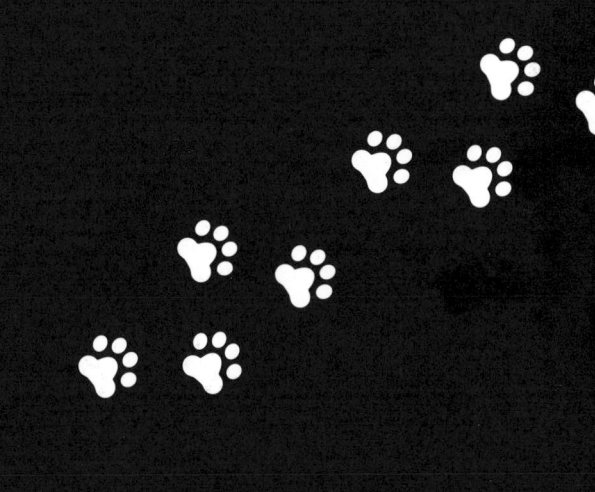

Anna Cavelius

Katzen
LIEBE

teNeues

Inhaltsverzeichnis

Ein Wort zuvor:
Warum ich mit Katzen leben muss 6

Wie wir Katzen sehen 12

Wie Katzen uns sehen 26

Was Ihnen Ihre Katze
immer schon sagen wollte 33

    Zum Thema richtiges Kraulen 36
    Zum Thema Hund 43
    Zum Thema Tierarzt 51
    Zum Thema Weihnachten 56

Katzentypologie:
Eigentlich ist ja jede Katze ein Puma 65

    Der Gourmand (oder: der Adipöse) 74
    Der Streuner (oder: der Abenteurer) 86
    Der Rattenschreck (oder: der Killer) 99
    Die Spielkatze (oder: das Sweetheart) 108
    Die Diva (oder: die Prinzessin) 121
    Die Scheue (oder: das Häschen) 131

Biografie 143

Impressum 144

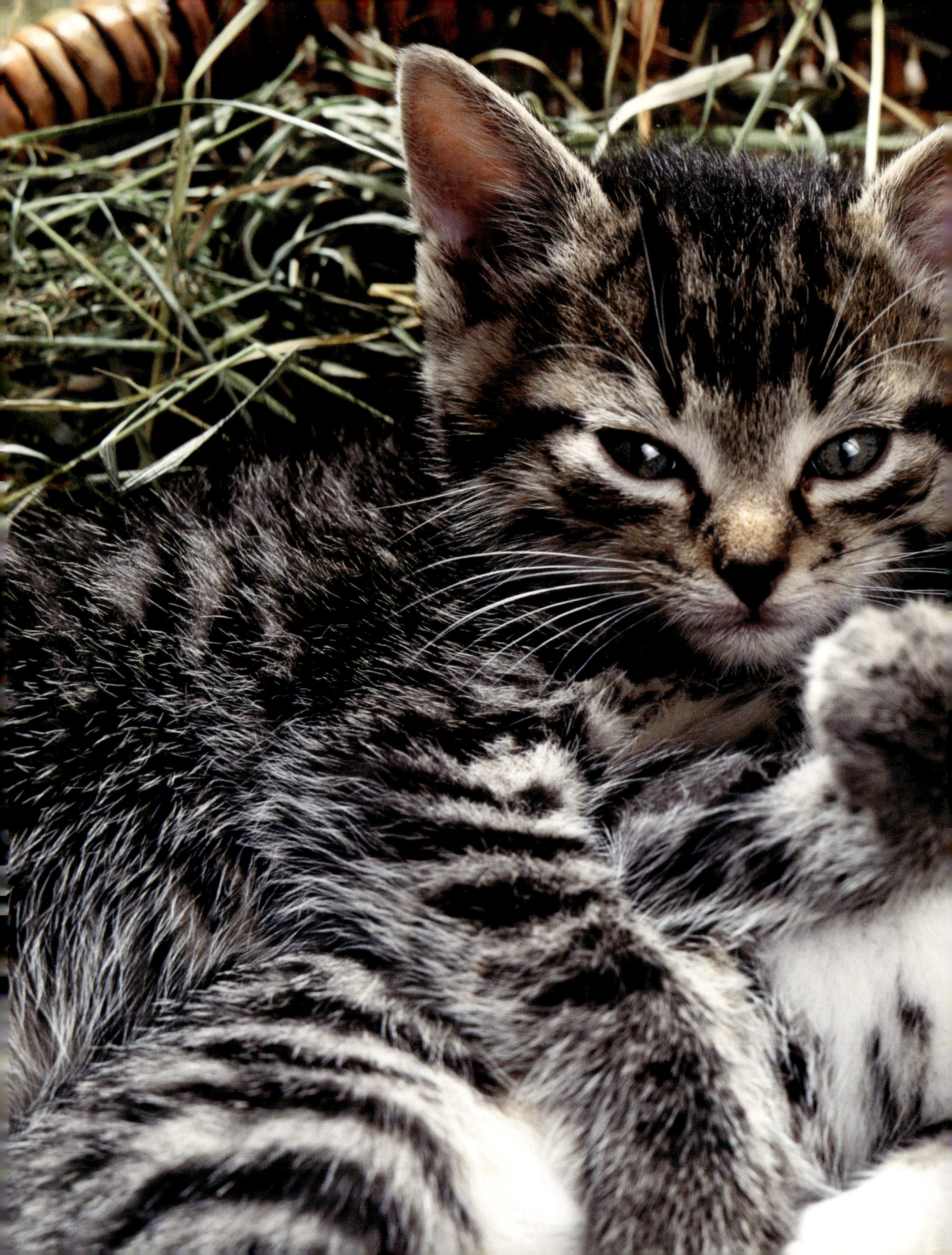

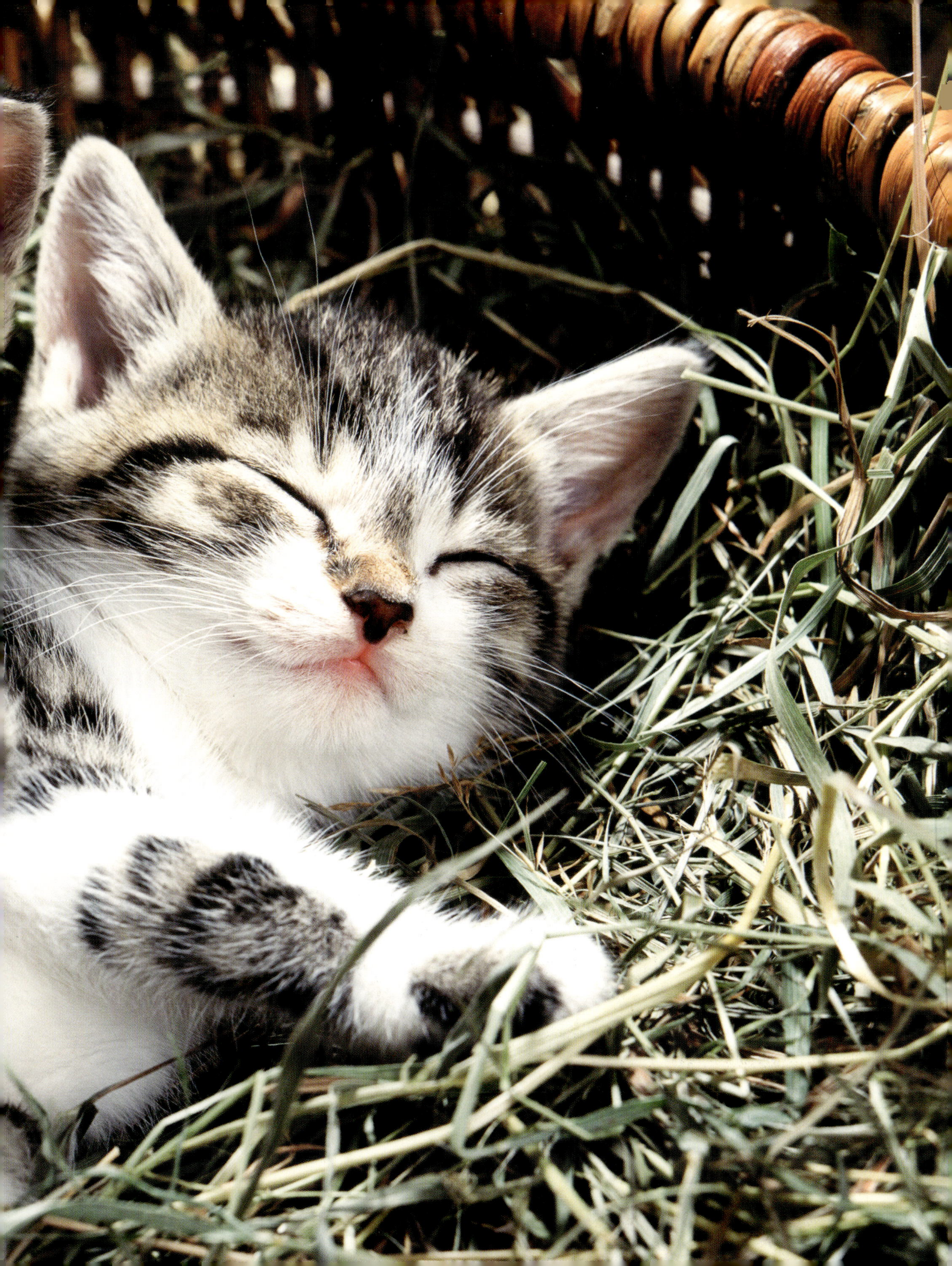

Ein Wort zuvor: Warum ich mit Katzen leben muss

Als ich neulich Sonntagmorgen meinem Sohn sagte, er könne doch den regnerischen Tag sehr gut dazu nutzen, um seine Spanischkenntnisse aufzubessern und vielleicht auch noch ein paar Lateindeklinationen zu üben, meinte er nur mit düsterer Stimme: „Im nächsten Leben werde ich Katze." Und dann war eine Runde Knuddeln mit Katze Nummer eins angesagt, die es sich gepflegt am Fußende seines Bettes gemütlich gemacht hatte. Das ist einer der Stammplätze von Katze Nummer eins – wir nennen sie übrigens Sookie, nach der sehr hübschen und mitunter tollkühnen Hauptdarstellerin in einer subversiven US-amerikanischen Vampirserie (die sogar einen Emmy gewonnen hat). Sie ist die ältere Schwester unseres Katers Thali. Auf die Entstehung seines Namens komme ich noch …

Es gibt noch einen weiteren Sookie-Stammplatz auf dem Schreibtischstuhl meines Sohnes (auf Schaffell). Und noch einen auf der Wohnzimmercouch, dessen Bezug unsere sehr hilfsbereite Schneiderin zum dritten Mal geflickt hat, nicht ohne mich darauf aufmerksam zu machen, dass ich demnächst einen neuen bräuchte, da die Katzen dem guten Stück über die Jahre ganz schön zugesetzt hätten. Ja, und dann gibt es noch den Platz in dem Schrank von meinem älteren Sohn auf den Winterpullis. Doch egal, wo Sookie liegt – sie sieht immer unglaublich hübsch und elegant und irgendwie schmückend aus, auch auf dem zerschlissensten ehemaligen Designersofa. Das liegt nicht nur an ihrer schönen Mutter (Britisch Kurzhaar; Vater allerdings unbekannt), es liegt an ihrem ureigenen Wesen. Denn so scheu die Kleine ist und so sehr sie zur todesmutigen Gattung Rattenschreck (siehe Seite 99) gehört, so sehr hat sie sich mit uns (und unserer Einrichtung) verbunden. Thali sieht übrigens auch gut aus. Er bevorzugt hohe Schränke oder das Fußende meines Bettes oder das des Mannes meines Herzens, was diesem allerdings nicht konveniert und immer zu einem Rausschmiss führt. Aber der Kleine ist hartnäckig …

Hätte ich mir jemals klar gemacht, dass Katzen sämtliche Einrichtungsgegenstände einer Wohnung mit einer Lässigkeit und einem Besitzwillen kapern und nach ihren Bedürfnissen umgestalten zu wahlweise Krallenschärfunterlagen, Mäuselager- oder Mäusetötungsstätten, Kotzecken oder Gebärstuben – ich hätte mir nie, niemals eine Katze angeschafft. Geschweige denn zwei. Denn ich mag es eigentlich schön um mich herum. →

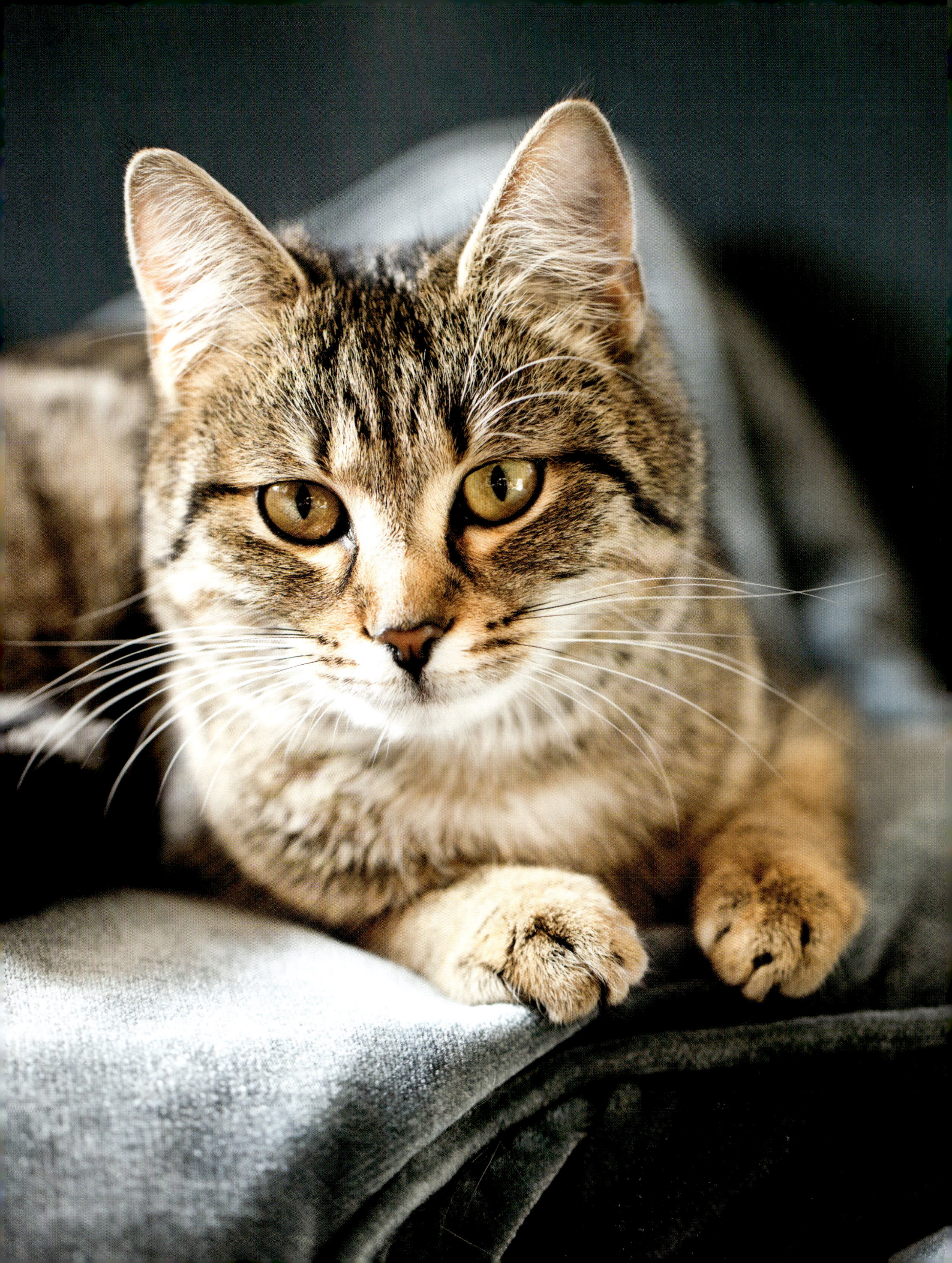

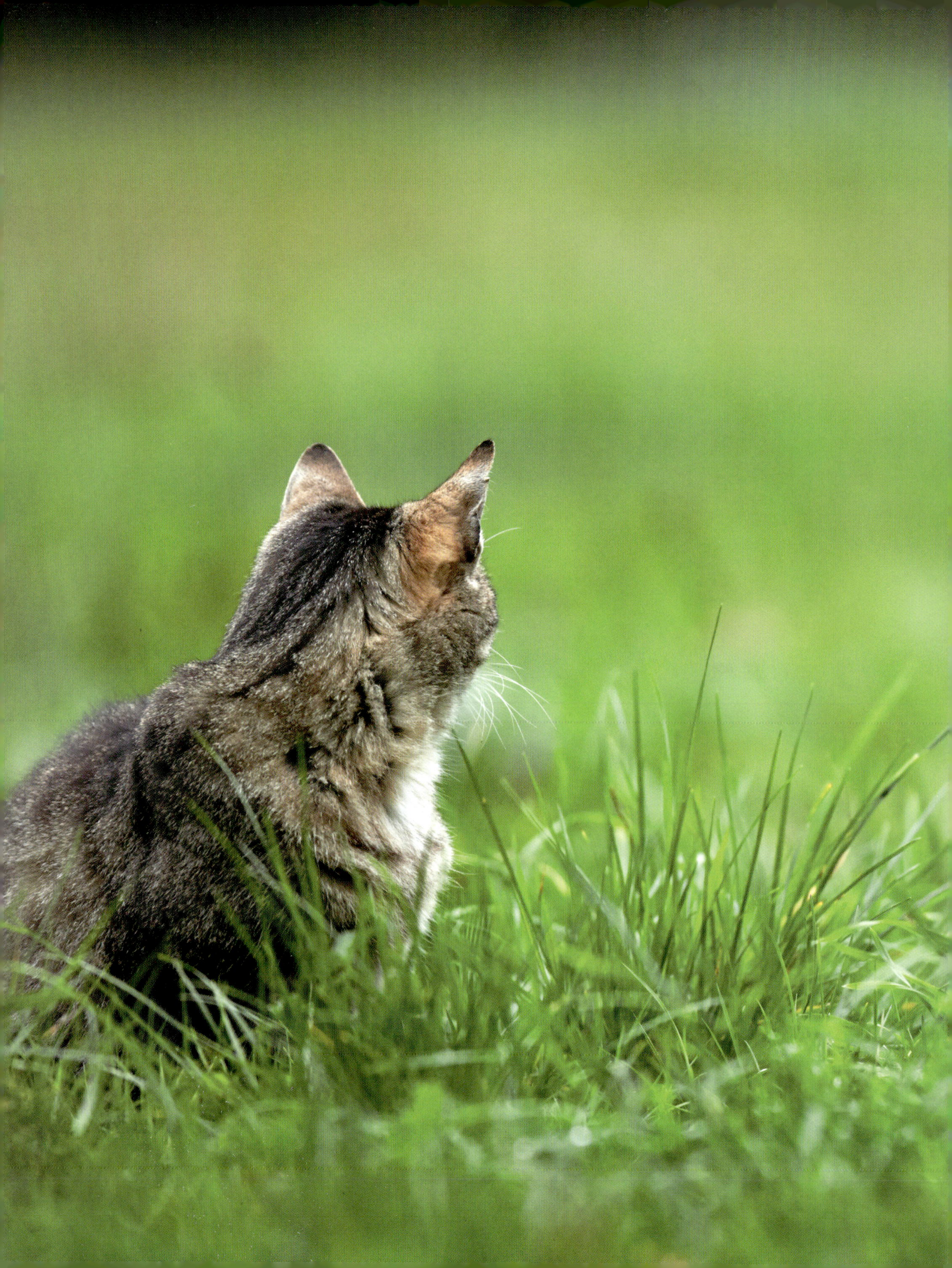

Ich weiß auch nicht, warum Pablo Picasso sagte, dass Katzen die rücksichtsvollsten Gesellschafter seien, die man sich nur wünschen könne. Aber vielleicht hat er auch nicht richtig mitbekommen, welche Pumaart sein Atelier in Besitz genommen hatte, er hatte ja immer viel zu tun.

Meine Katzen sind entzückend, wunderhübsch, waldorfmäßig, aber unter keinen Umständen rücksichtsvoll. Sie tauchen auf, wann sie wollen, bringen, egal ob ich das will oder nicht, tote Vögel, Mäuse und gelegentlich eine Ratte mit, und zwar in Aggregatzuständen, auf die ich an dieser Stelle nicht ausführlich eingehen möchte. Es ist ihnen egal, ob ich einen Abgabetermin habe oder ein Kind zum Zahnarzt fahren muss. Wenn sie da sind, möchten sie gesehen und gekost werden oder gefüttert oder gelobt oder meinetwegen auch ein bisschen geschimpft, weil sie der Vogelpopulation im Garten zusetzen oder den Wasserschnecken im Teich unserer Nachbarin (eine Spezialität unseres Katers, der eher auf langsamere Beutetiere aus ist). Sie möchten, dass ich meinen Lieblingssessel im Wohnzimmer verlasse, damit sie es sich abends vor dem Fernseher gemütlich machen können, und sie möchten auch nicht das Futter aus den Tütchen mit den blauen Streifen, sondern nur das mit den rosa und hellgelben. Und sie können dieses stumme Miau …

Trotz allem möchten wir sie nicht missen. Wir können uns ein Leben ohne unsere Katzen einfach nicht mehr vorstellen – auch wenn wir den Verlust von ihren Vorgängern tränenreich betrauerten und ich jedes Mal beschloss, nie wieder eine Katze in mein Herz zu schließen, weil es so weh tut, sich von ihnen zu verabschieden. Denn Katzen sind einfach unwiderstehlich: Sie sind, auch wenn sie ausschließlich tun, was sie wollen, für uns da. Sie trösten uns, wenn wir traurig sind, Liebeskummer haben oder krank sind. Sie bringen uns zum Lachen, weil sie sich die merkwürdigsten Spiele ausdenken und zu sehr überraschenden Aktionen fähig sind, bei denen jeder Akrobat des chinesischen Staatszirkus vor Neid erblassen würde. Sie rühren uns, weil sie gerne mit uns zusammen sind, obwohl wir außer Dosen öffnen und streicheln nicht viel können und in ihren Augen wohl eher minderbemittelt sind. Und sie bringen uns zur Ruhe, wenn die Stürme draußen mal wieder sehr wild toben. Kurz: Diese wilden, unzähmbaren Haustiger machen mit ihrer besonderen Lebenskunst unser Leben reicher und glücklicher. 🐾

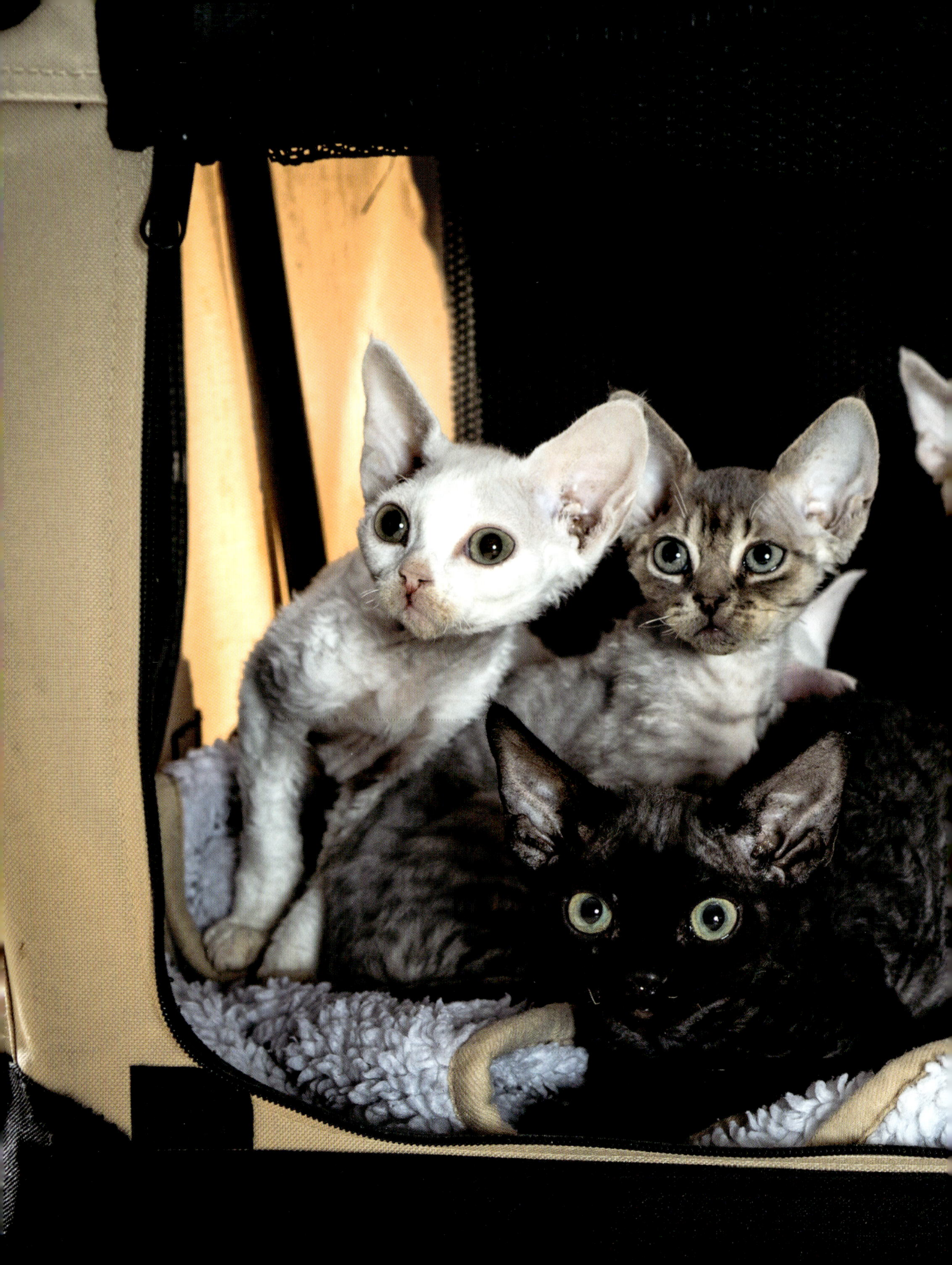

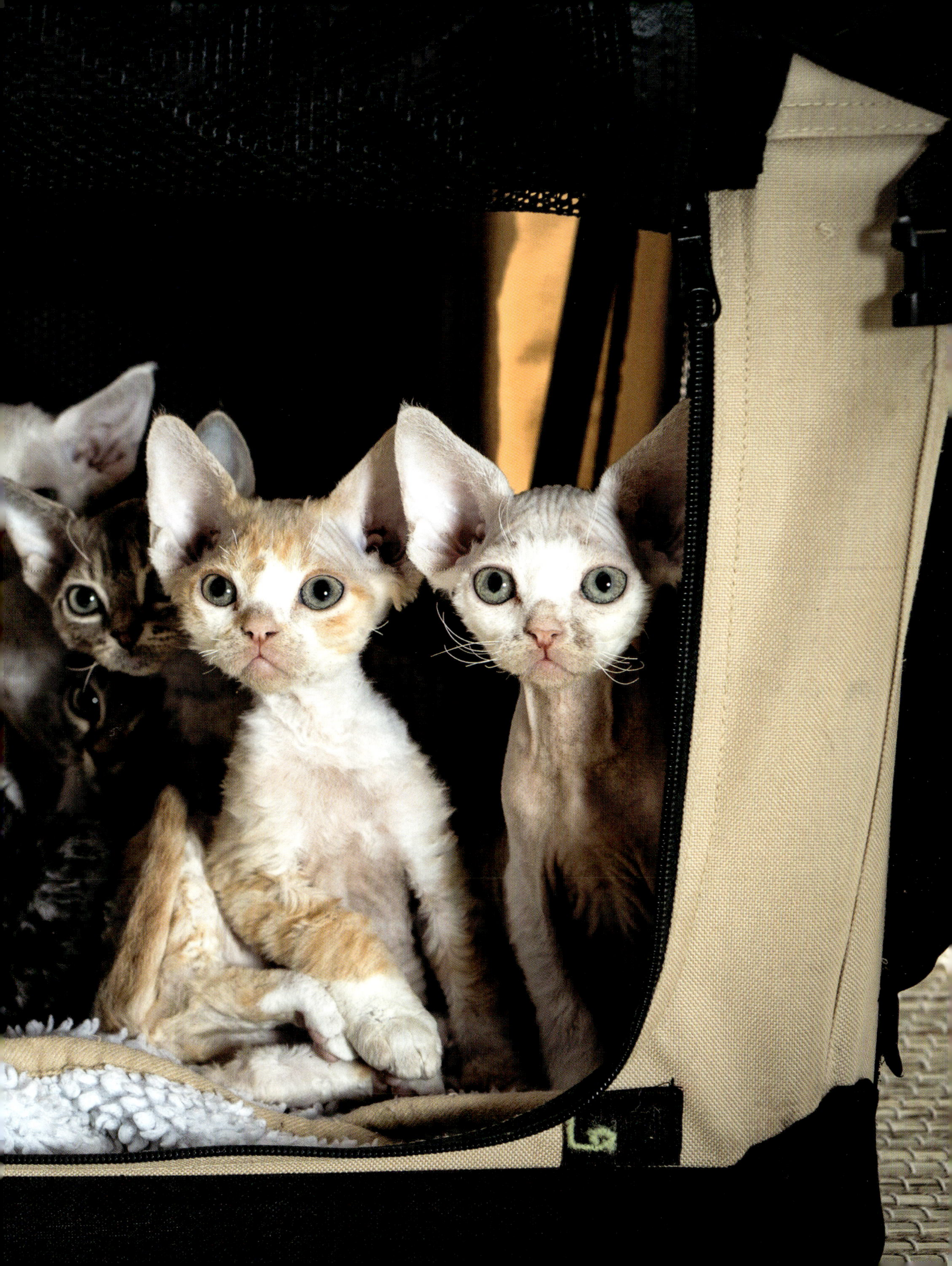

Wie wir Katzen sehen

Das sagt die Wissenschaft: Vor etwa 65 Millionen Jahren lebten in Europa, Kanada und China die Urahnen der heutigen Hauskatze, die sogenannten Katzenartigen (lat. *Feloidea*, *Feliformia* oder *Aeluroidea*). Unglaublich, aber wahr: Neuere Forschungsergebnisse haben gezeigt, dass unsere süßen Hauskatzen (lat. *Felis silvestris catus*) wie die Hundeartigen (lat. *Canoidea*) von einem gemeinsamen Ururahnen abstammen.

Geschichte: Wie die Domestizierung der Katze tatsächlich vonstatten ging, bleibt nach wie vor einigermaßen rätselhaft. Sicher ist, dass schon unsere jungsteinzeitlichen Urahnen mit Katzen zu tun hatten und so enge Bande knüpften, dass sie sich mit ihnen bestatten ließen. Für Liebhaber der Samtpfoten ist es keine große Überraschung, dass sich die Katze einst zur Göttin aufschwang. So geschehen im alten Ägypten vor gut 4 000 Jahren in Form der wichtigsten weiblichen Gottheit Bastet, die als Inbegriff von Fröhlichkeit und Liebe, Schönheit, Weiblichkeit, Anmut und Fruchtbarkeit galt. Hunde konnte man jagen, ihnen Sachen an den Kopf werfen und nach Belieben auch verspeisen. Wer eine Katze nur beleidigte, war schnell einen Kopf kürzer.

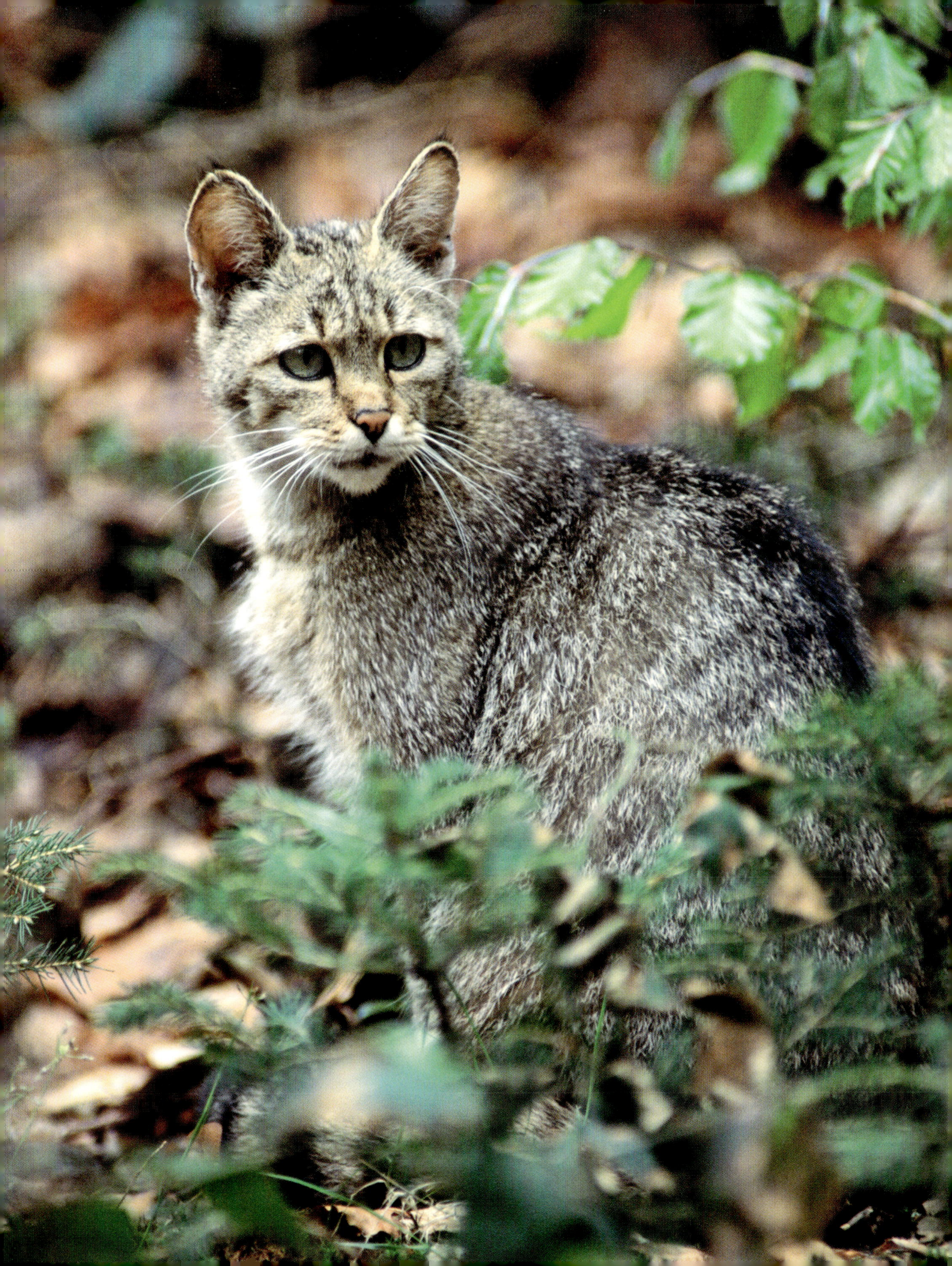

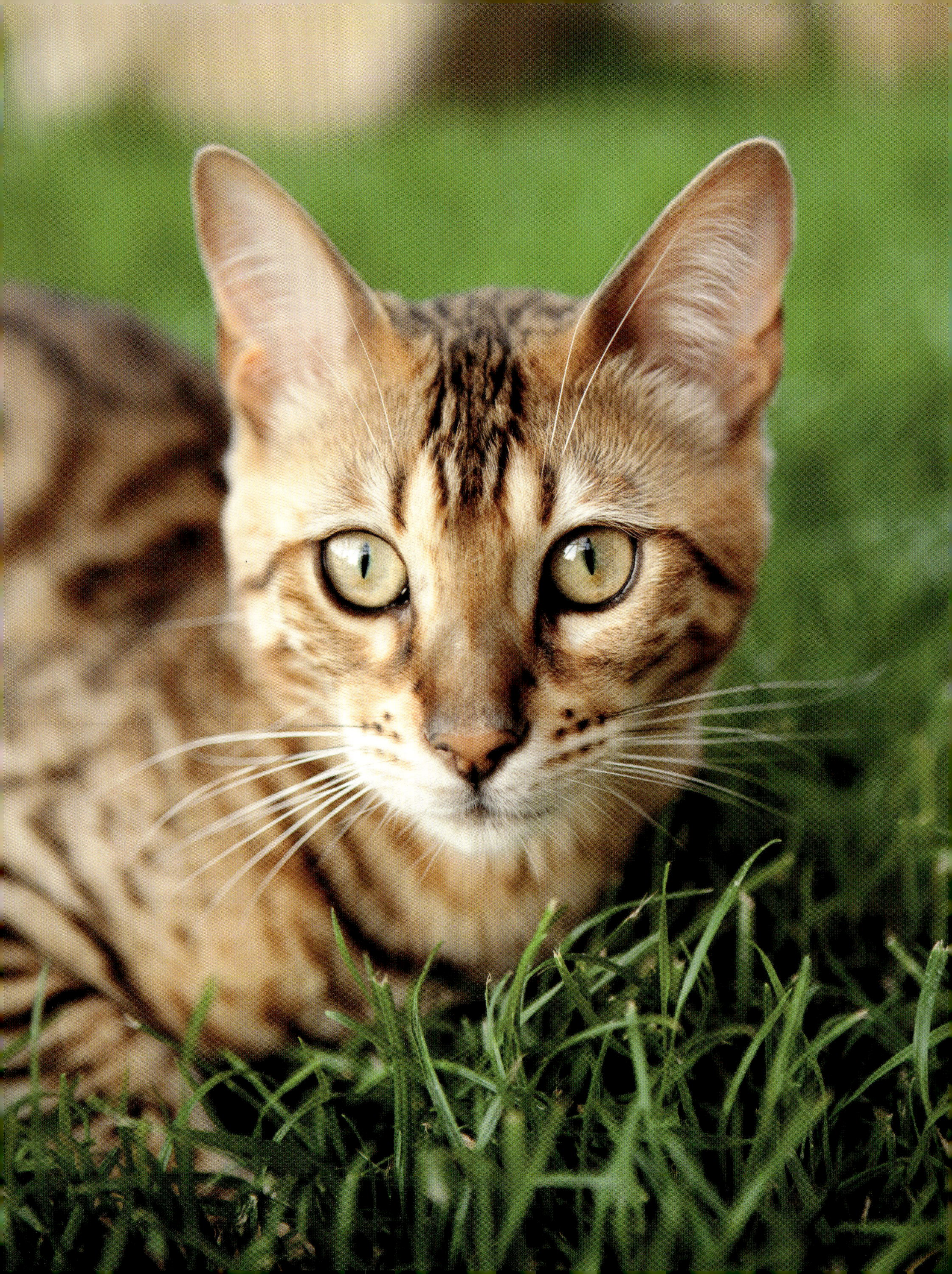

The eyes of a tiger: Ja, Katzen sind im Gegensatz zu Hunden, die Nasentiere sind, Augentiere. Da gibt es eine winzig kleine Übereinstimmung mit uns Menschen, die wir auch zu dieser Gattung gehören. Bei normaler Beleuchtung sehen wir sogar gleich gut. Allerdings hat die Katze in Sachen Weitblick das Näschen vorne: Aus 100 Metern Entfernung kann sie unter zwei Menschen genau ausmachen, wer ihr Dosenöffner ist. Bei schlechterem Licht sieht sie sogar mehr als doppelt so gut wie wir und hat dann auch noch so tolle, magische Glitzeraugen, die im Dunkeln leuchten.

Killerzähne: So süß, wenn sie schläft – dann schauen an den Seiten die spitzen Fangzähne raus. Und wenn sie ihr Mäulchen aufreißt und entzückend gähnt, sieht man, dass man es mit einem echten Mini-Pumakiller zu tun hat. Mit ihren Eck- und Fangzähnen kann sie Maus, Amsel oder Ratte in Sekundenbruchteilen töten (natürlich erst, nachdem sie fertig mit ihnen gespielt hat). Aber sie muss den Tötungsbiss erst lernen, und manche Wohnungskatze wird ihn nie beherrschen. (Sookies kleiner Bruder Thali ist übrigens keine Wohnungskatze, kann ihn aber immer noch nicht, was zu einem gewissen geschwisterlichen Neidpotenzial führt ...) Wenn eine Katze den Tötungsbiss jedoch kann, dann aus dem Effeff.

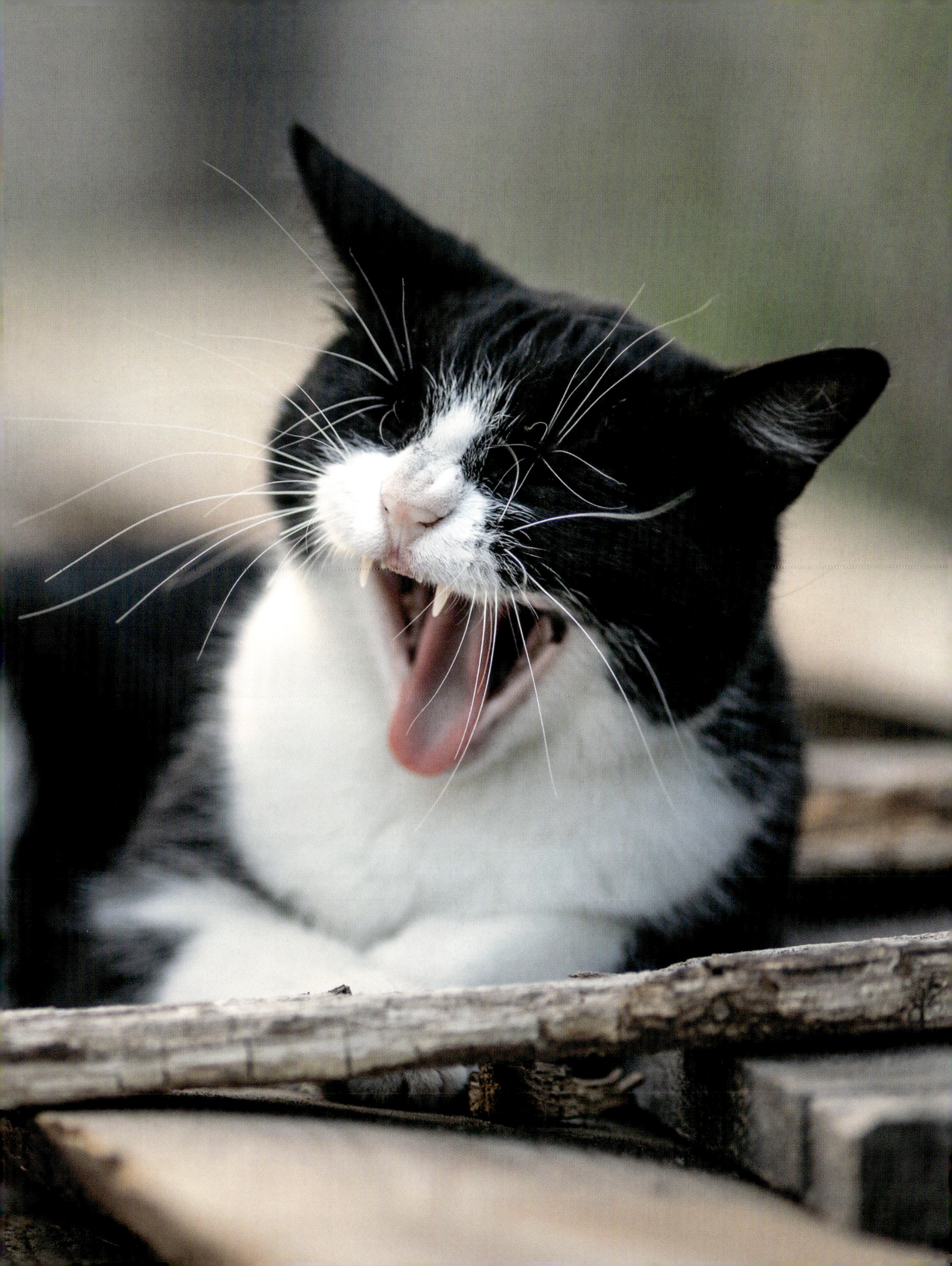

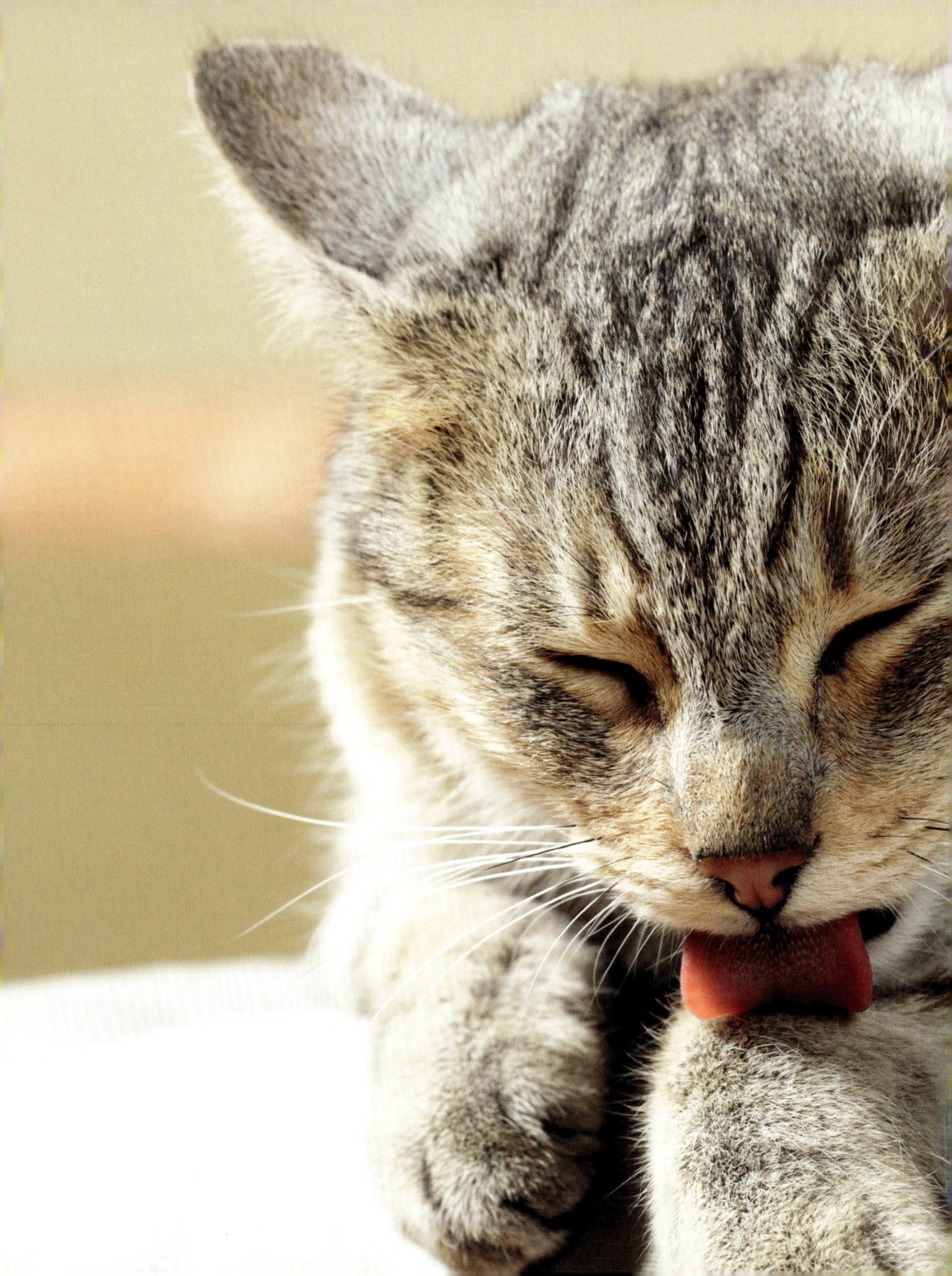

Katzenzungen: Kaum etwas ist putziger, als wenn sie uns hingebungsvoll mit ihrer kleinen Schmirgelpapierzunge ableckt. Das ist der Fall, wenn wir etwas Leckeres angefasst haben (Fisch, Krabben, gekochten Schinken) oder schön sauber duften. Was die Katze dabei als schön sauber empfindet, ist individuell unterschiedlich und erstreckt sich von einer Abneigung gegen bestimmte Parfüms oder Aftershaves bis hin zu Zwiebel-, Nikotin- oder Alkoholgeruch. Mit ihrer tollen Zunge kann die Katze nicht nur sehr ordentlich Knochen abraspeln, sie setzt sie auch als Waschlappen, Massagehandschuh, Bürste sowie Kamm mit integriertem Befeuchter ein – und das an jeder Körperstelle, weshalb man sich überlegen sollte, wie putzig es wirklich ist, wenn sie einen abschleckt.

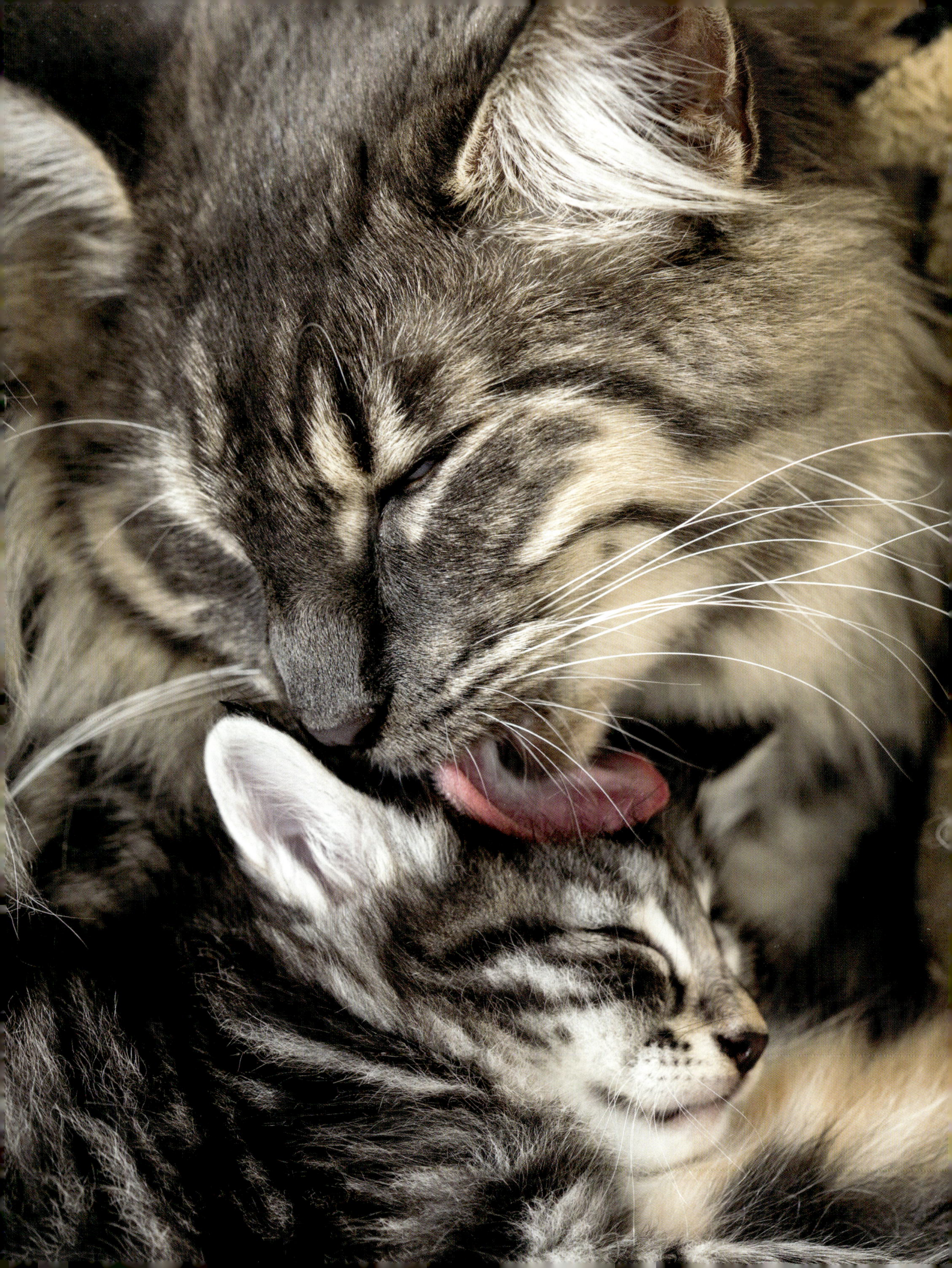

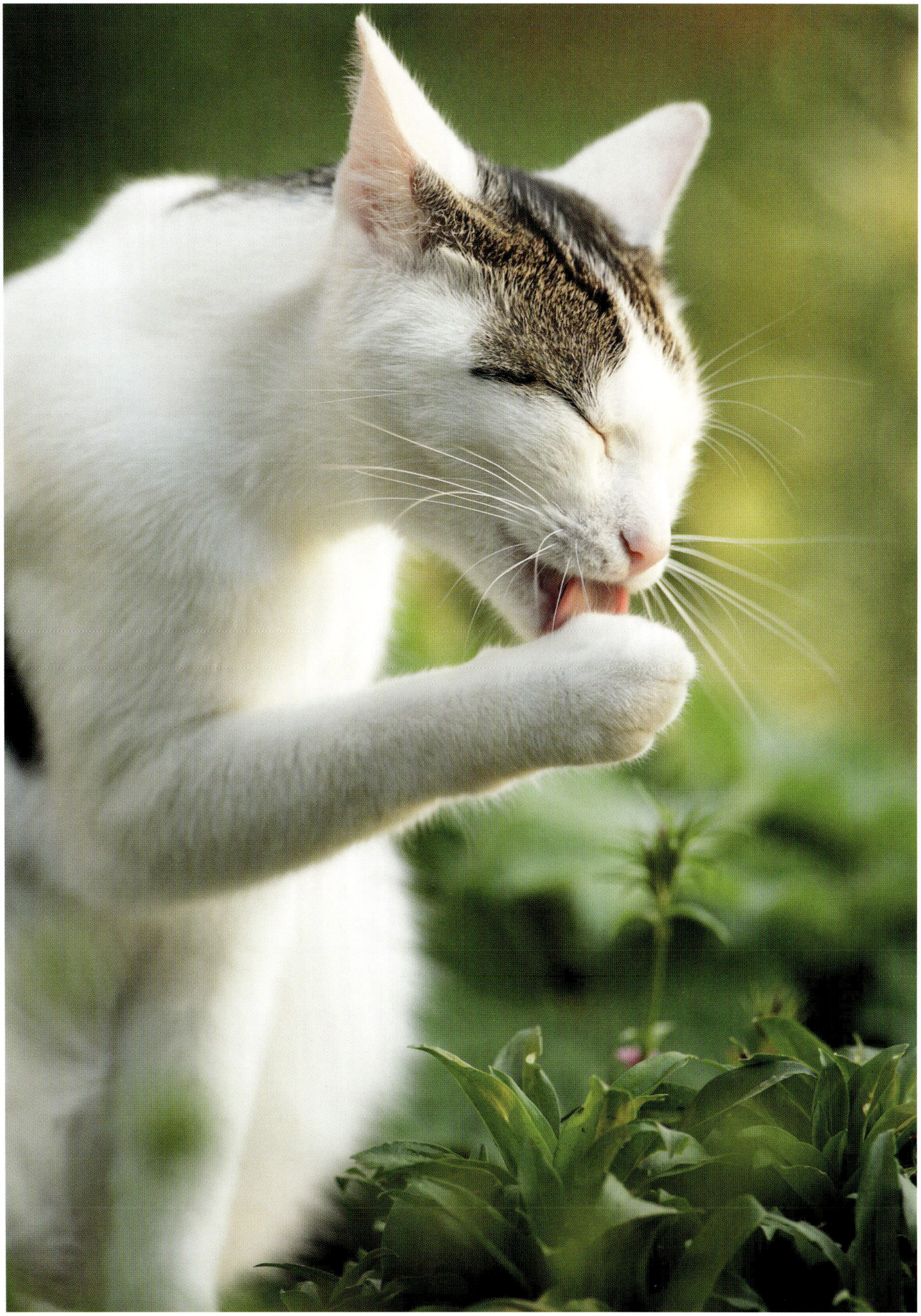

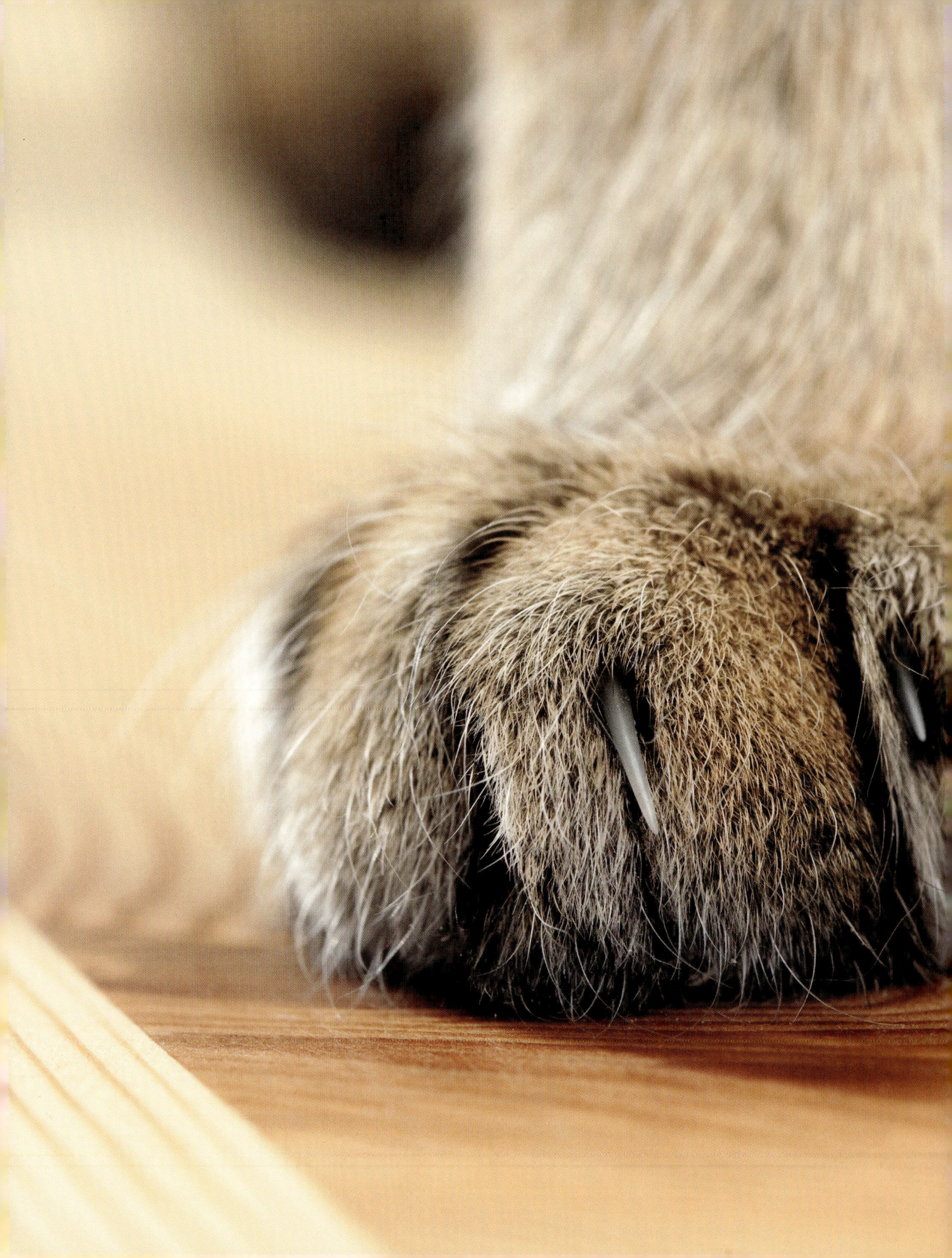

Krallen: Sie kann sie ausfahren und nach Bedarf wetzen. Dazu werden Krallen magisch angezogen von Möbeln jeglicher Art (auch Stilmöbeln, Klavieren, Polsterstühlen und -sofas) sowie von Hosenbeinen, Waden im Allgemeinen und gerne auch blickdichten Strümpfen. Das gilt allerdings nur für die Krallen der Vorderpfoten, die der Hinterpfoten schleift sie mit ihren Zähnen. Das Schärfen ihrer Krallen macht der Katze viel Freude, entstresst sie und sorgt für eine zusätzliche Entspannungseinheit in ihrem ohnehin ausgeruhten Alltag, der doch aus durchschnittlich 16 Stunden Schlaf besteht.

Fledermausgehör: Gut, das ist vielleicht ein bisschen übertrieben, aber die Katze hört supergut, sogar besser als ein Hund. Und ihr Gehörsinn funktioniert auch im Tiefschlaf. Weil sie ihre Ohrmuscheln unabhängig voneinander bewegen kann, ist sie in der Lage, Geräusche aus den verschiedensten Richtungen aufzufangen, ohne den Kopf bewegen zu müssen. Was sie komischerweise nicht so gut hört, ist ihr Name, wenn man sie ruft, tadelt oder herlocken möchte.

Verdauungsapparat: Es muss leider gesagt werden, auch aus Fairness den Hunden gegenüber (siehe Seite 43): Katzenflatulenzen können einem Giftgasangriff ähneln und auch der Geruch ihrer Ausscheidungen hat etwas unzweifelhaft Toxisches. Das weiß jeder, der unbedachterweise einmal an einem frisch benutzten Katzenklo vorbeigekommen ist oder wahlweise an einem Blumentopf, den die Katze zum Pissoir umfunktioniert hat.

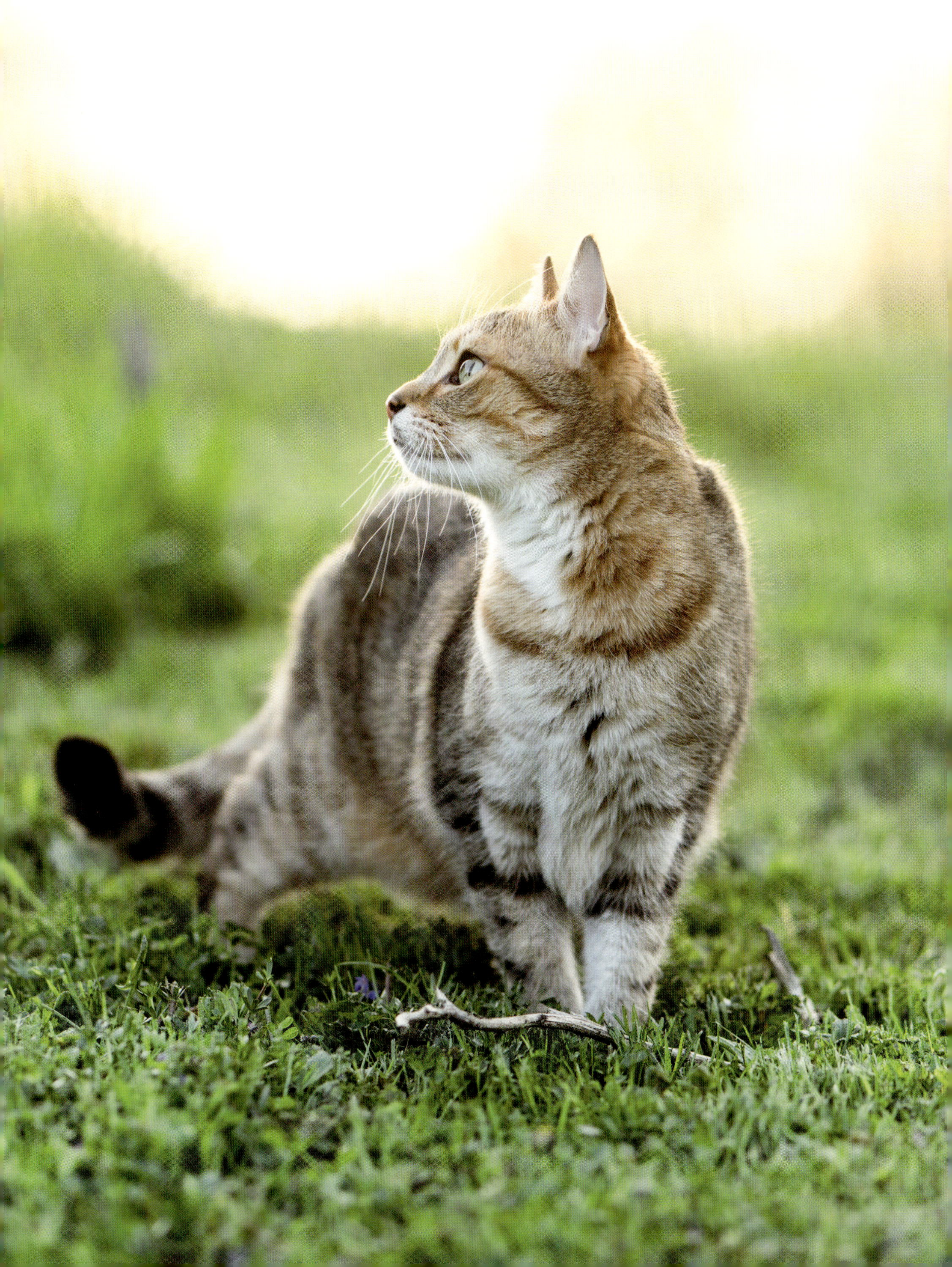

Wie Katzen uns sehen

Das sagt die Wissenschaft: *Homo sapiens sapiens* oder: großer, weitgehend unbehaarter Dosenöffner-Sklave, in unterschiedlichen Körpergrößen und mit verschiedenen Stimmlagen erhältlich. Manchmal riecht er gut, manchmal nicht. Der Mensch verbringt viel Zeit damit, weg zu sein, kaum zu schlafen und wenn zu Hause, dann dort rumzuwursteln. Dabei macht er oft Lärm (z. B. Staubsaugen, Telefonieren). Er sitzt außerdem viel am Computer und macht mit den Fingern lustige Bewegungen auf der Tastatur (auf dieser kann man es sich auch bequem machen, dann hebt der Mensch einen aber wieder runter und tippt anschließend noch ein bisschen hektischer und sagt Sachen wie: „Mistmistmist."). Kleinere Menschen (Kinder, siehe Seite 29) sitzen oft vor ihrem Tablet-PC oder gucken in ihr Smartphone. Sie kann man sehr gut ablenken, wenn sie dabei liegen und indem man ihnen ihr Ohr ableckt oder das Gesicht. Man kann auch kleine Angriffe auf ihre Zehen starten, letzteres ist oft sehr lustig, wenn auch von lauten Geräuschen begleitet. Wichtig: Der Mensch kann sich nicht gut verbiegen (auch wenn er Yoga macht) und er kommt mit seinem Gesicht nicht bis an seinen Po.

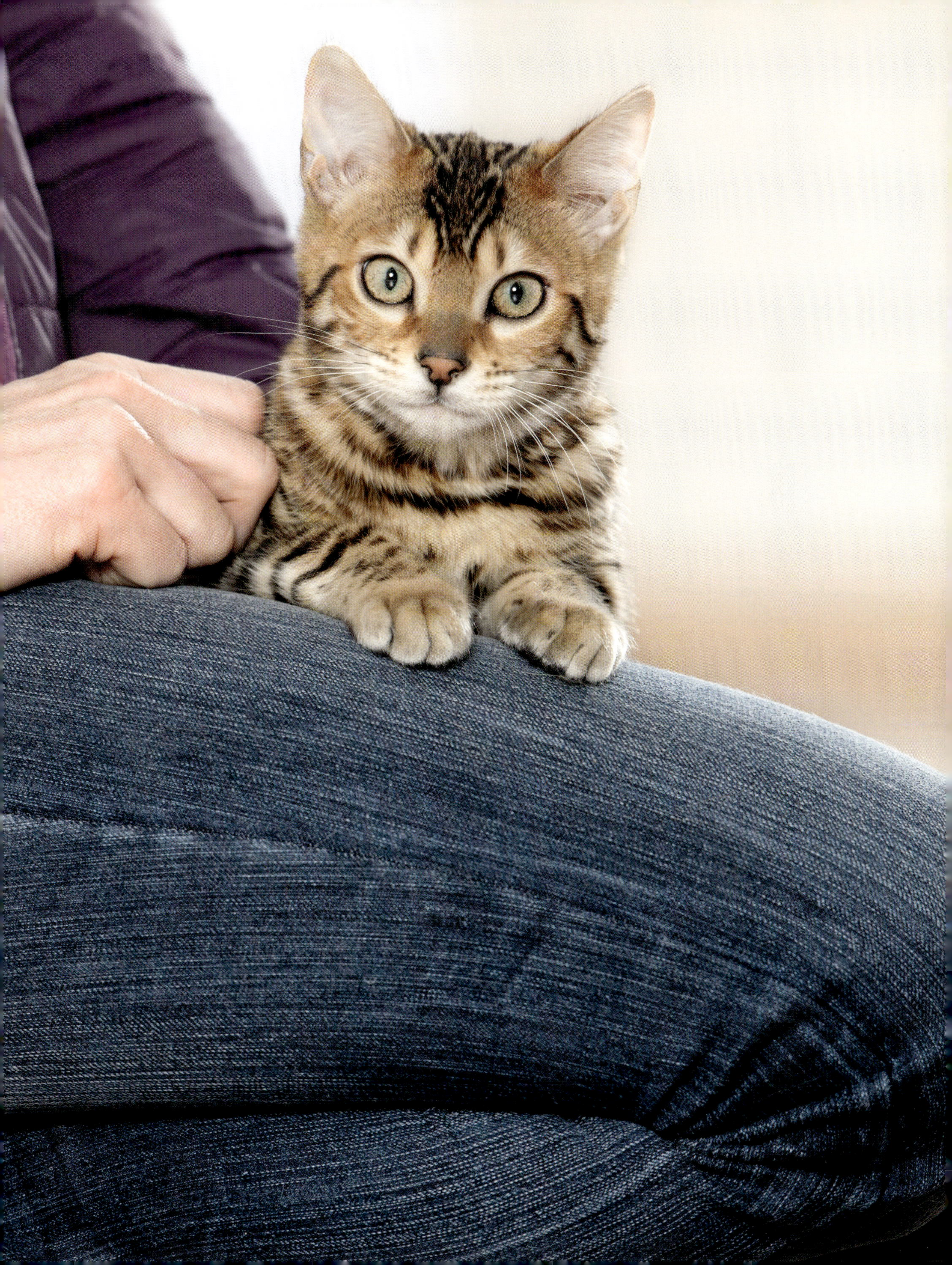

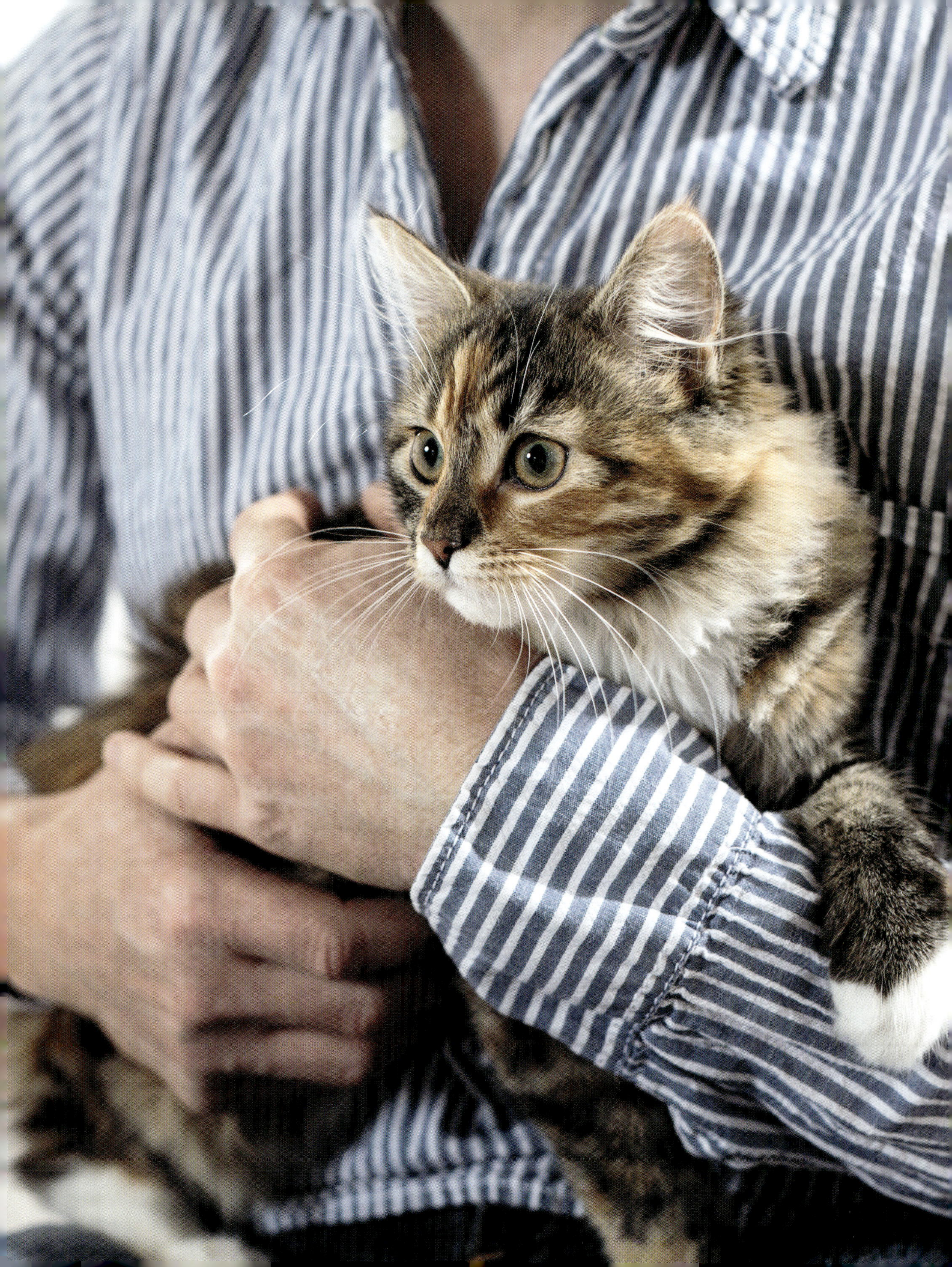

Differentialdiagnose

Merke: *Männer* tun alles für einen, wenn sie denken, man liebt sie. Sie basteln dann Kuschelkästen und man darf sich den schönsten aussuchen, sie kaufen auch das wahnsinnig teure Spezialfutter, und wenn man sich auf ihrem Schoß zusammenrollt, bewegen sie sich die ganze Zeit nicht, um einen nicht zu stören. Toller Trick: Guck ihm beim Baden oder Rasieren zu oder komm einfach, wenn er deinen Namen ruft.
Frauen sind Katzen (leider) etwas ähnlich, weshalb sie sie auch besser durchschauen. Hier funktionieren nicht dieselben Tricks wie bei Männern! Sie haben trotzdem eine weiche Seite, die es der Katze ermöglicht, sie dahingehend zu erziehen, dass die Haushaltsführung auf ihre Bedürfnisse abgestimmt wird. Wenn die Frau ärgerlich oder aufgeregt ist, sollte man ihr nicht im Weg sein.
Kinder können das wahre Grauen sein (je nach Alter, Geschlecht oder Gehirngröße). Sie schleppen einen herum, am schlimmsten mit dem Bauch nach oben, oder ziehen am Schwanz. Sie können aber, wenn sie nicht dieser Monsterspezies zuzuordnen sind, zu den besten Menschen der Welt mit den tollsten Schlaf- und Kuschelplätzen gehören.

Geschichte: Der Mensch bastelte schon vor 10 000 Jahren in der Levante kleine Katzenlehmfigürchen, ein etwas alberner Brauch, aber als Anbetungsgeste durchaus annehmbar. Gut machten es die Menschen zur Zeit des alten Ägyptens mit Extra-Kultstätten, lecker Essen und Katzenpartys. Weniger gut war die Zeit der Inquisition, in der Katzen zusammen mit vermeintlichen Hexen einfach verbrannt wurden. Aber wer sagt schon, dass es in der Geschichte immer gerecht zuging.

Heute gibt es Pferdeliebhaber (kann man ignorieren), Hundeliebhaber (die Ärmsten), Vogelliebhaber (sehr amüsant), Fischliebhaber (lächerlich!) und diverse andere Absonderlichkeiten sowie eben Katzenliebhaber (insgesamt ein wenig minderbemittelt, aber durchaus lernfähig).

Physiologie

Mund: Aus diesem kommen viele Geräusche. Manchmal auch in Form des eigenen Namens oder bestimmter Aufforderungen („Du sollst doch nicht auf dem Tisch sitzen", „Nein, nicht die Gardinen", „Nicht am Sofa kratzen", „Na, wo ist denn mein kleiner Liebling?"), was man allerdings nach Belieben ignorieren kann. Wichtig: Das Wort „Fressi" bedeutet, dass der Napf gefüllt wird. Je nach Hungergefühl kann man darauf reagieren.

Ohren: Leider wenig geeignet, um wirklich etwas zu hören. Deshalb – falls der Blick nicht auf die Katze gerichtet ist, die ein stummes, süßes Miau macht oder dem Menschen tief in die Augen blickt – laut und eindringlich mauzen oder beherzt an Möbeln in der Nähe kratzen. Das sorgt für umgehende Reaktionen (z. B. tadeln, dann streicheln, dann fragen, was los ist, oder die Tür zum Garten aufmachen).

Brustkorb & Kopf: Perfekte Liegeplätze. Auf der Brust mit einschläferndem Schaukel- und rhythmischem Pocheffekt. Kopf je nach Bewuchs sehr kuschelig.

Beine & Füße: Sehr schön zum Klettern üben und Krallen schärfen (siehe Seite 23). Toll: Überraschungsangriffe, die allerdings mit anschließender Geräuschentwicklung enden. Mit Füßen (am besten nackt oder in Socken) kann man auch sehr gut Fangen spielen. Vorsicht an Treppen, kann zu noch stärkerer Geräuschentwicklung führen.

Arme & Hände: Die wichtigsten Körperteile des Menschen, denn damit kann er Dosen oder Tüten öffnen, einen mehr oder weniger geschickt kraulen (siehe Seite 36) und die Ohren kneten – oder, wenn man darauf gerade Lust hat, einen im Arm halten (siehe Brustkorb).

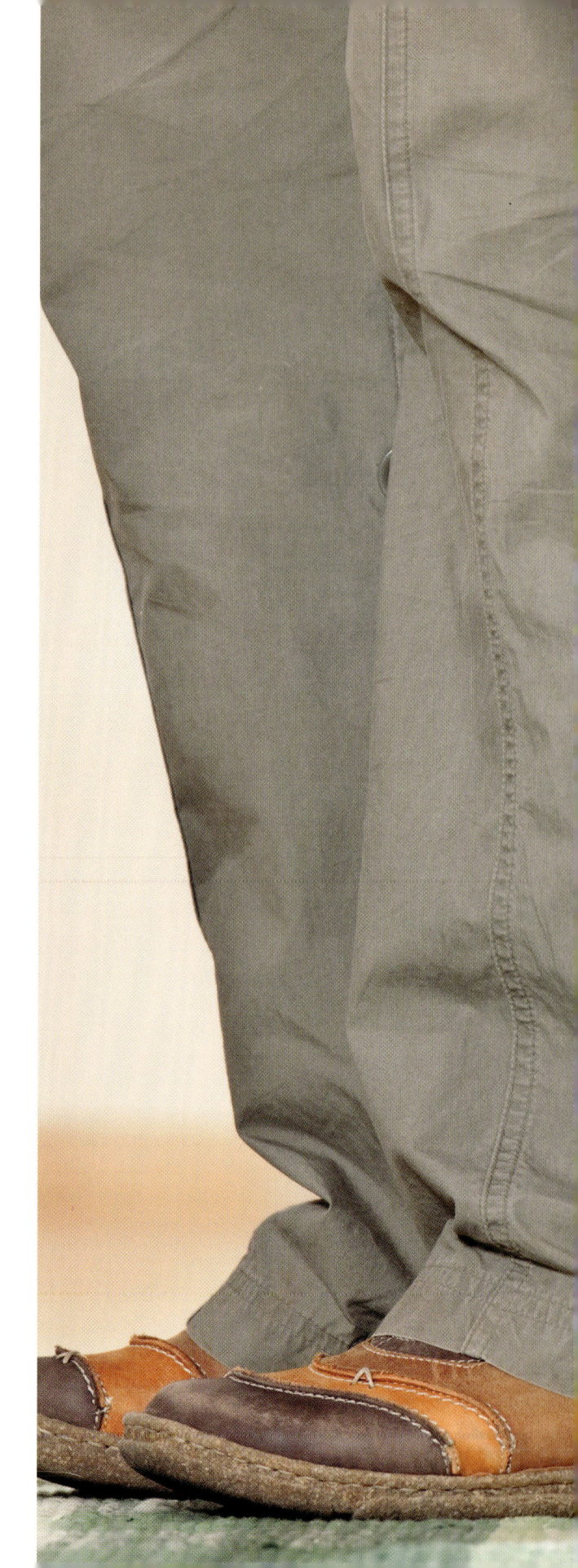

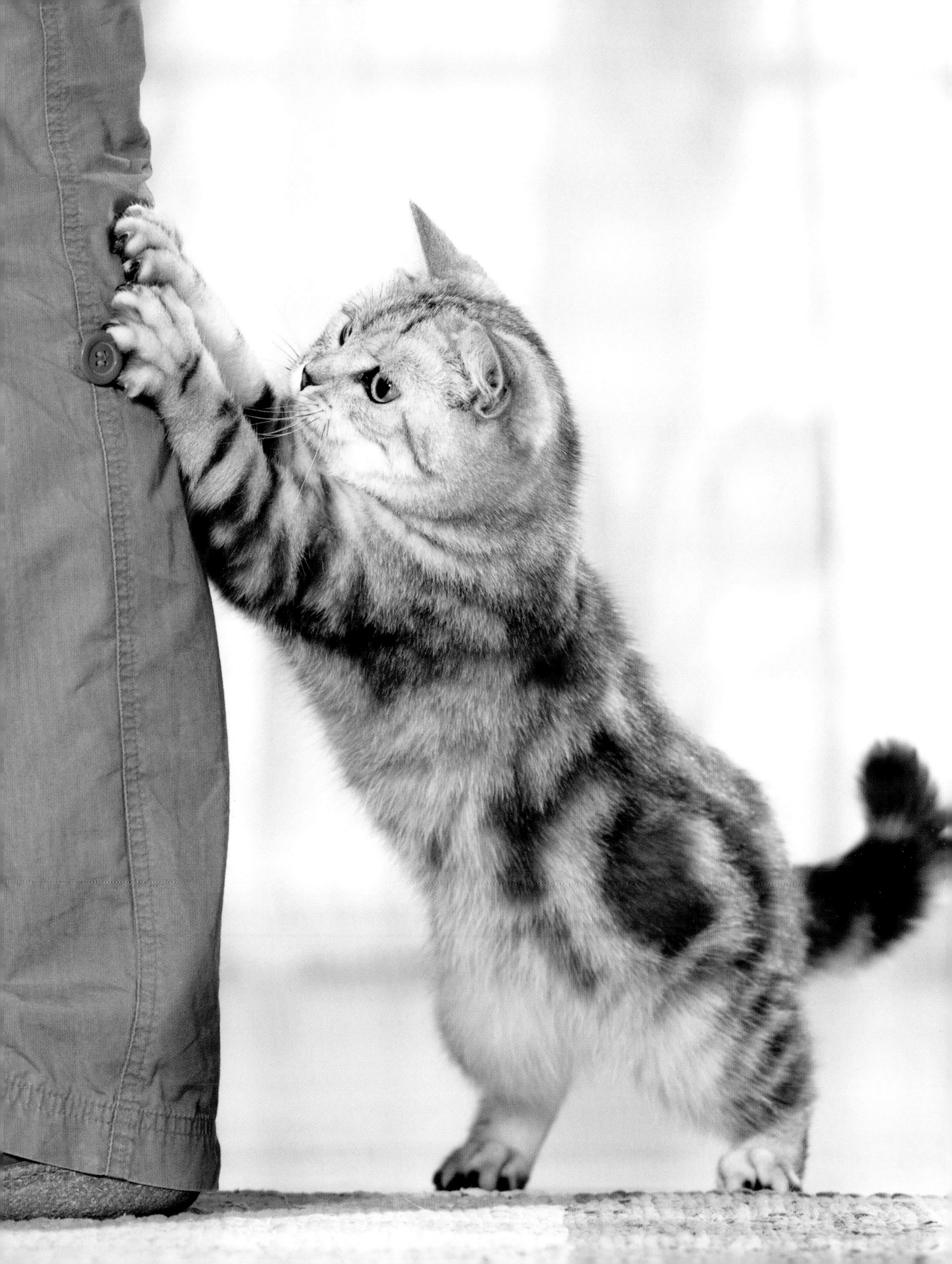

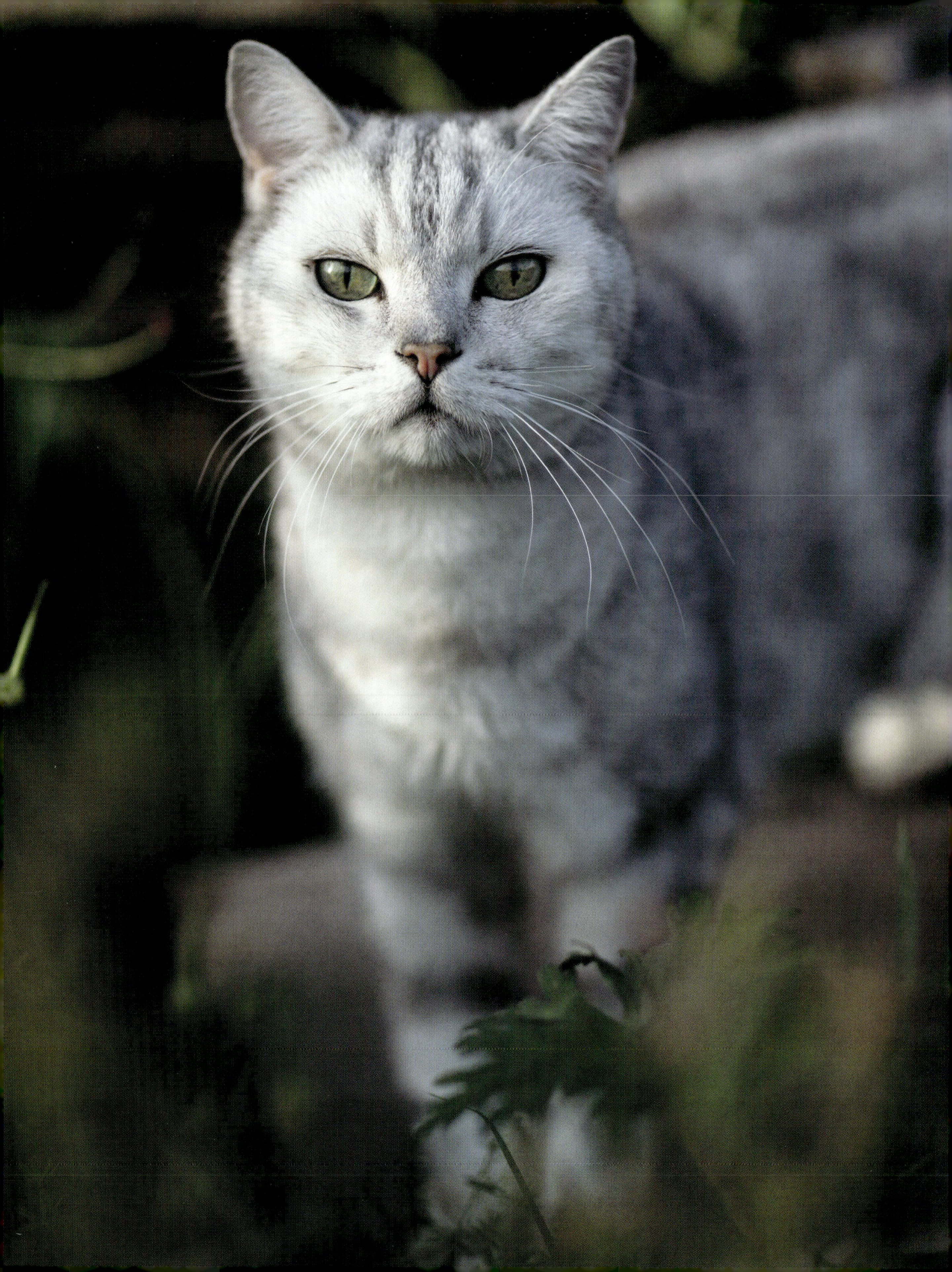

Was Ihnen Ihre Katze immer schon sagen wollte

Ihre Katze ist ein wundersames Wesen. Sie ist wild und trotzdem zu einer innigen Beziehung fähig, sie kann sehr weise und allwissend wirken und ist doch wie ein kleines Kind: verschmust, anlehnungsbedürftig, verspielt und – wenn wir alles richtig machen – ungemein vertrauens- und verständnisvoll. Außerdem ist jede Katze stark und frei, was man von Menschen nicht immer behaupten kann, und wir sind in ihrem Leben auch nicht immer ihre Lieblingshelden (das haben wir uns allerdings selbst zuzuschreiben, und außerdem ist jede Katze ihr eigener Lieblingsheld). Wir sind auch nicht immer gute Katzenversteher, selbst wenn wir uns viel Mühe geben. Das liegt daran, dass sich Katzen in erster Linie über ihre Körpersprache äußern, aber wenn man die Signale richtig zu deuten weiß, kann man ihre jeweilige Stimmungslage auch richtig beurteilen. Bestimmte Themen im Katzenleben sind nun so essenziell, dass es sich lohnt, einen genaueren Blick darauf zu werfen: Das betrifft das von Dosenöffnern weithin unterschätzte Feld des Kraulens, das komplexe Thema Hund, das Traumathema Tierarzt und das Horrorszenario Weihnachten. 🐾

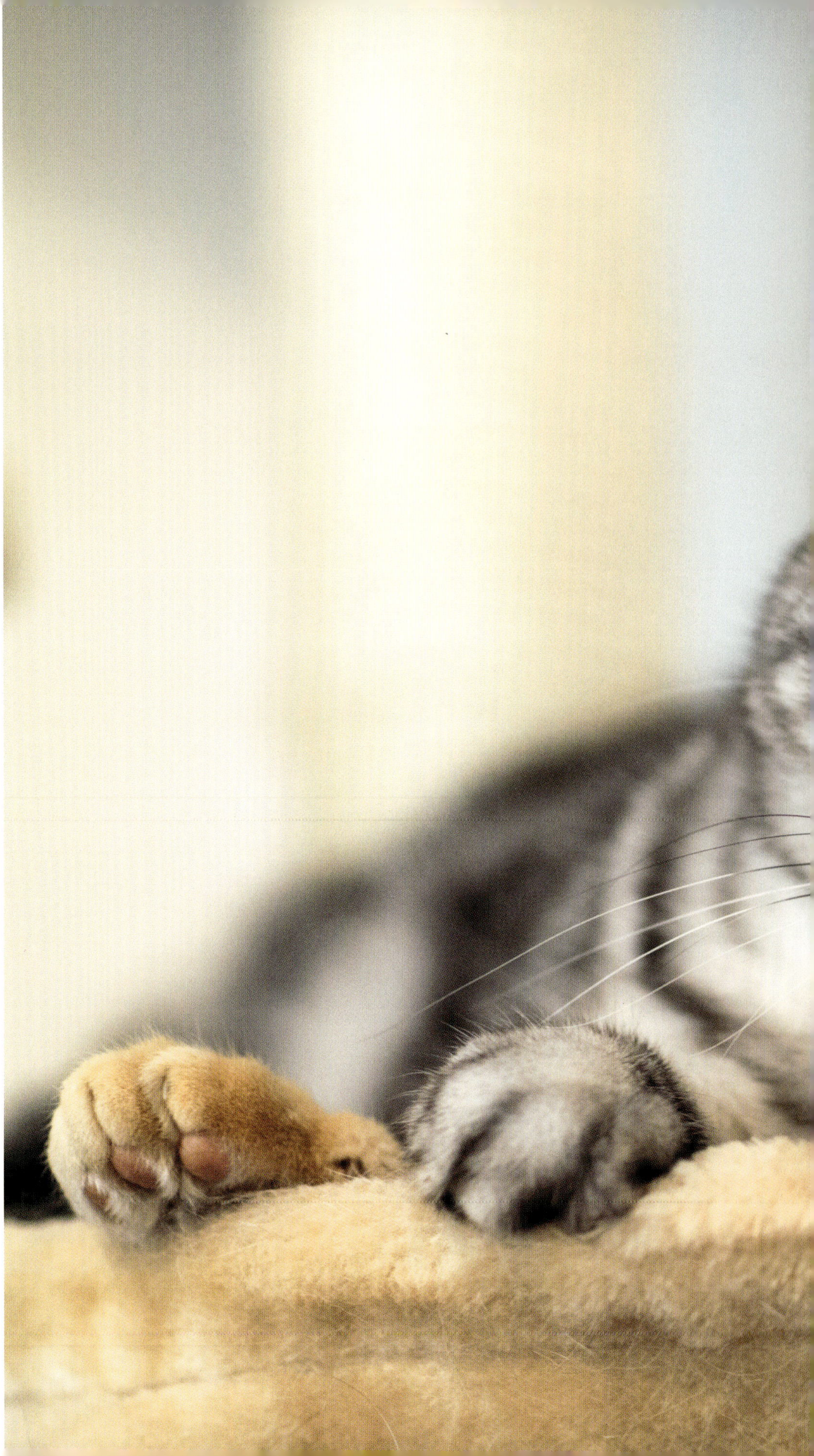

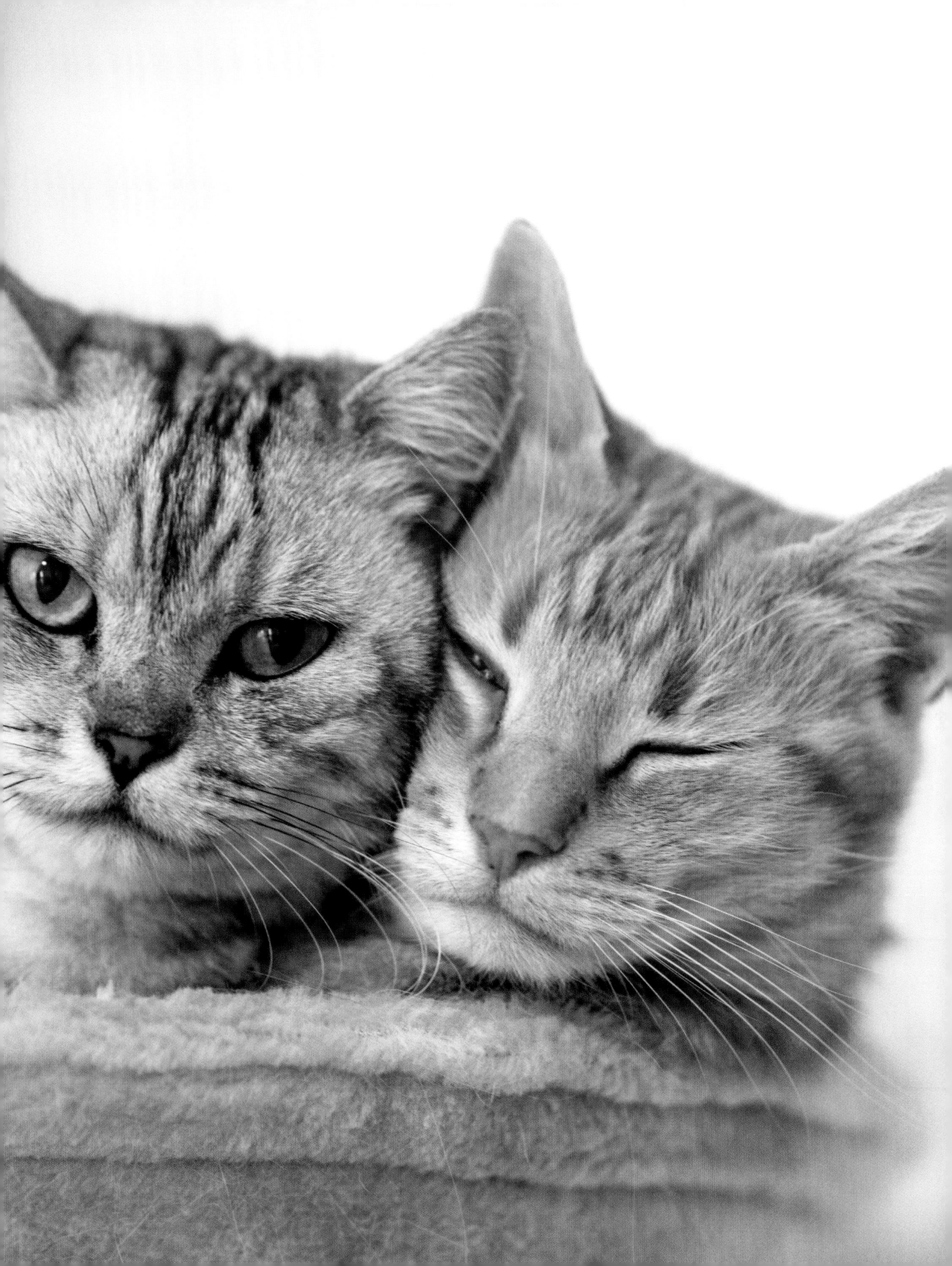

Zum Thema richtiges Kraulen

Hier sind die wichtigsten Punkte, die Sie bei diesem zentralen Thema unbedingt berücksichtigen sollten.

Erstens: Es ist immer die Katze, die bestimmt, wann sie gekrault werden will, nicht Sie. Eindeutige Kennzeichen können sein: um die Beine streichen (kann auch bedeuten, dass die Katze Hunger hat, ihr gerade langweilig ist oder Sie die Tür nach draußen öffnen sollen, weil sie keine Lust hat, den Katzenschlupf zu benutzen), sich auf den Rücken legen und das flauschige Bäuchlein darbieten (Vorsicht: Kraulversuche an dieser Stelle können zu sehr schmerzhaften Konsequenzen führen, wenn Ihre Katze versucht, Ihnen ihren Katz-und-Maus-Griff zu zeigen. Tadeln ist dann nicht erlaubt, weil Sie selbst schuld sind, wenn Sie auf den Trick reingefallen sind) oder auf die Computertastatur, das Buch, die Zeitung legen. Manchmal auch: sich auf den Tisch setzen und einen durchbohrend anblicken (kann aber auch ein Zeichen von Langeweile sein oder reine Herrscherwillkür nach dem Motto: Ich kann das, ich darf das).

Zweitens: Nie die Katze tätscheln, klopfen oder kneten. Effekt: Die Katze verschwindet und wird nicht mehr viel von Ihnen halten, Sie Kraul-Ignorant. Im schlimmsten Fall legt sie die Ohren an, dann Finger weg!

Drittens: Wenn Sie ihr wirklich schön den Rücken kraulen (rhythmisch, sanft, nicht zu fest und nicht zu leicht), wird das mit einem Schnurren quittiert, dann sind Sie ein guter Katzenkrauler. Hören Sie nie auf zu kraulen, solange Ihre Katze das nicht möchte! Sie wird Ihnen signalisieren, wenn es genug ist (aufstehen, vom Schoß oder der Tastatur hüpfen, sich strecken, in Ihre Hand beißen).

Übrigens: Sollten Sie keine Zeit zum Kraulen haben, gilt das nicht. Ihre Katze wird auf dieser Form der Zuwendung bestehen oder sich anderweitig mit Ihnen amüsieren (Möbel zerkratzen, auf den gedeckten Esstisch hüpfen, die Zeitung zerfleddern, die Sie noch lesen wollten, Ihre Waden als Kratzbaum benutzen etc.).

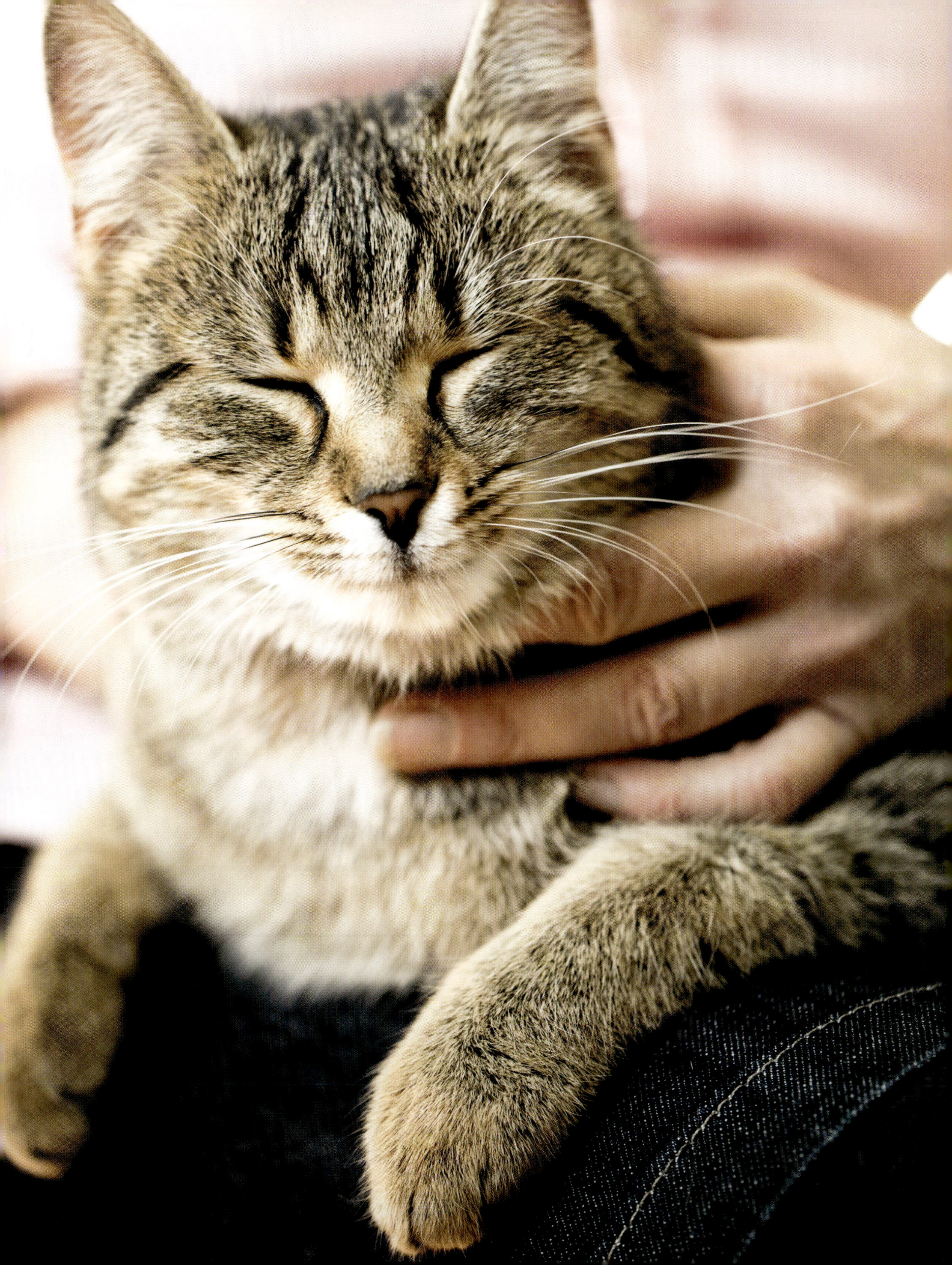

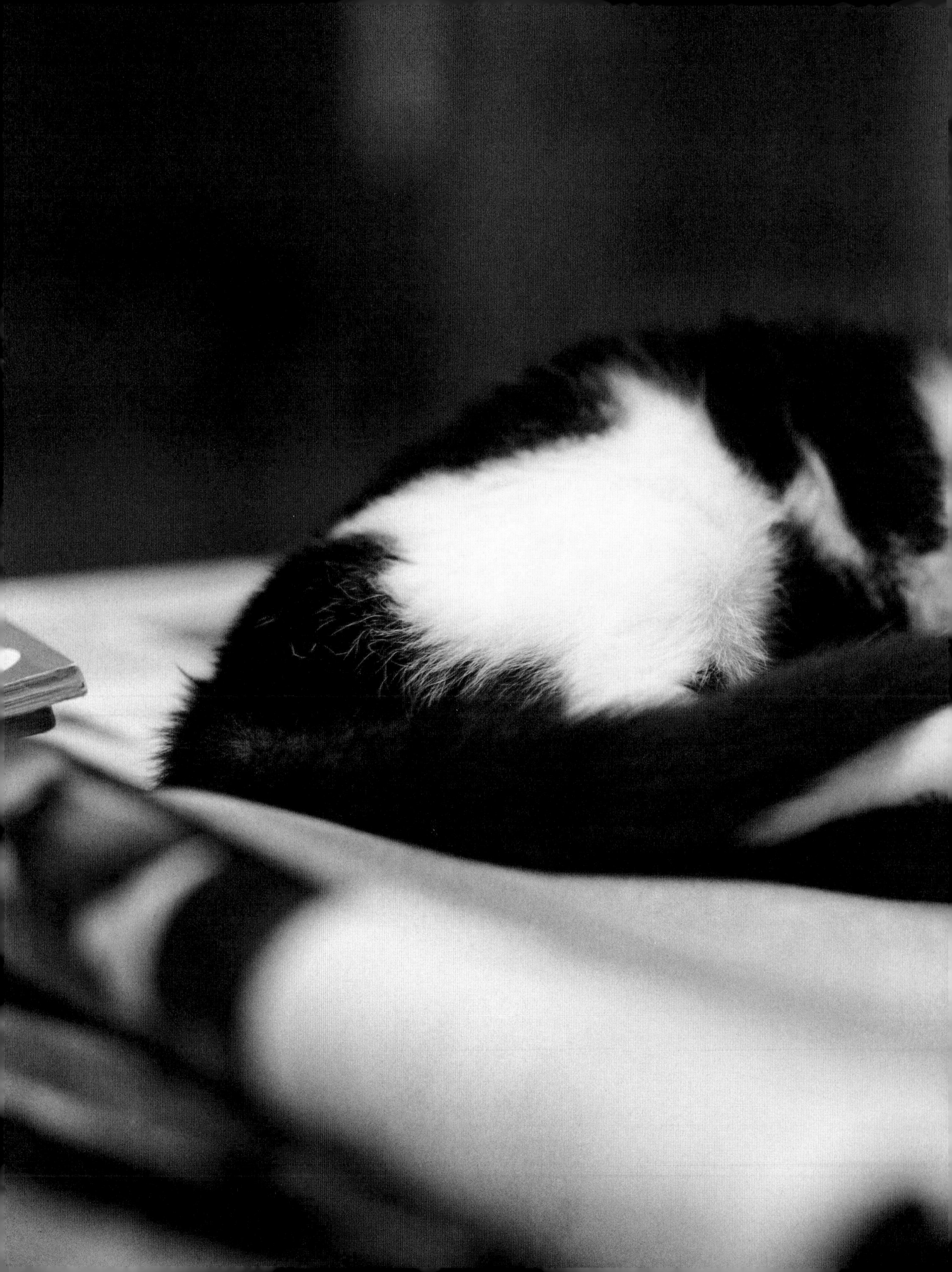

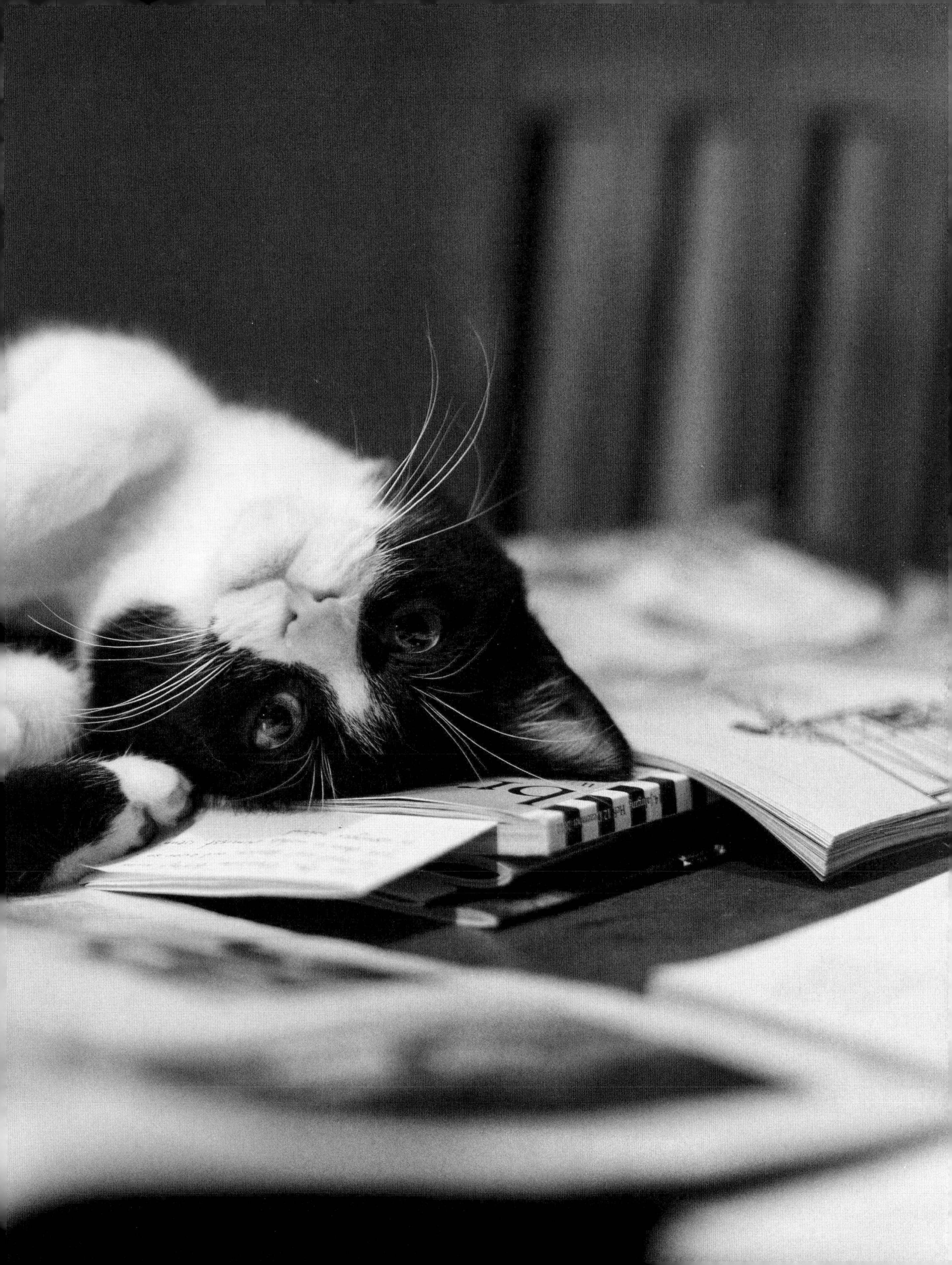

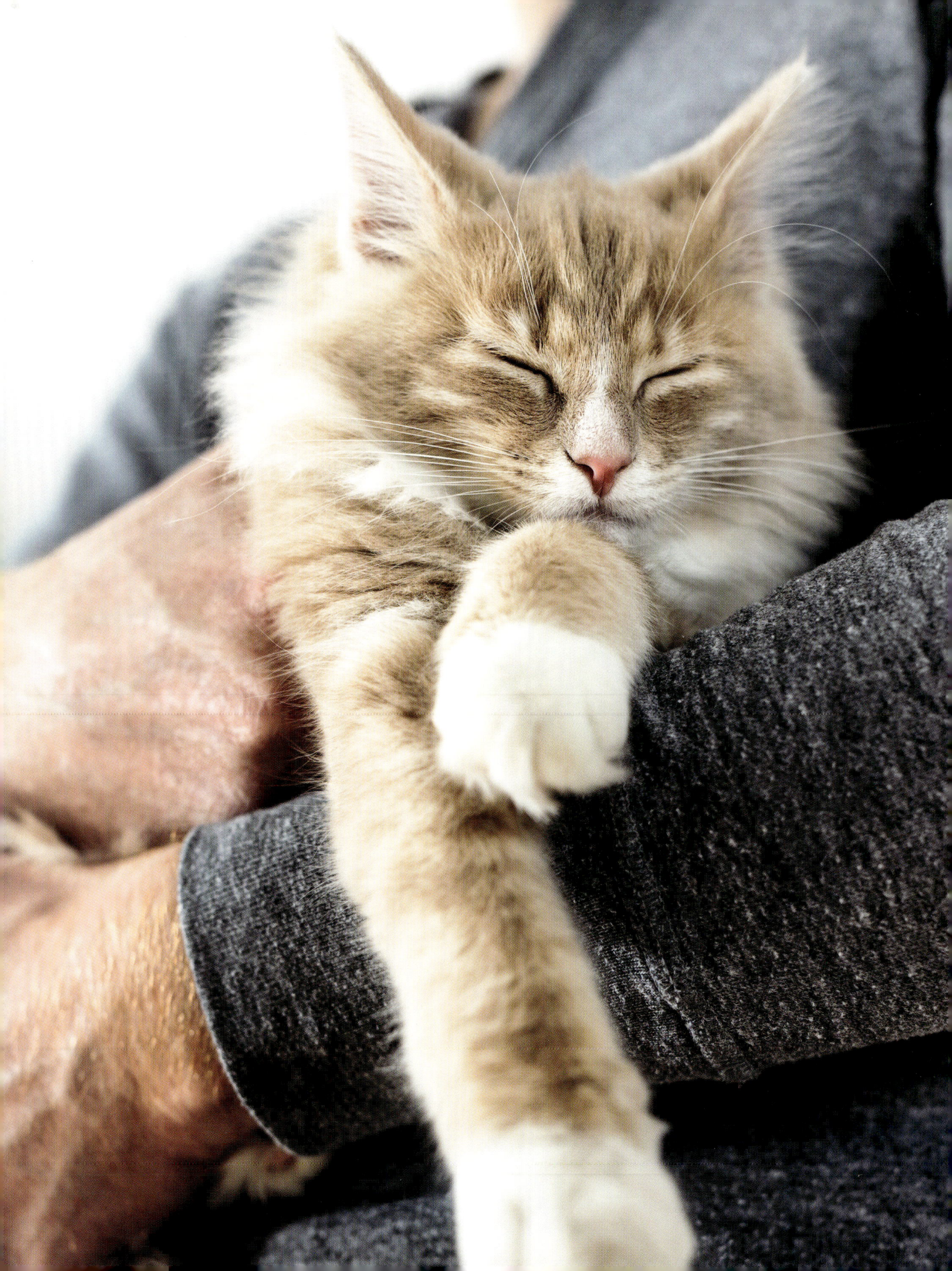

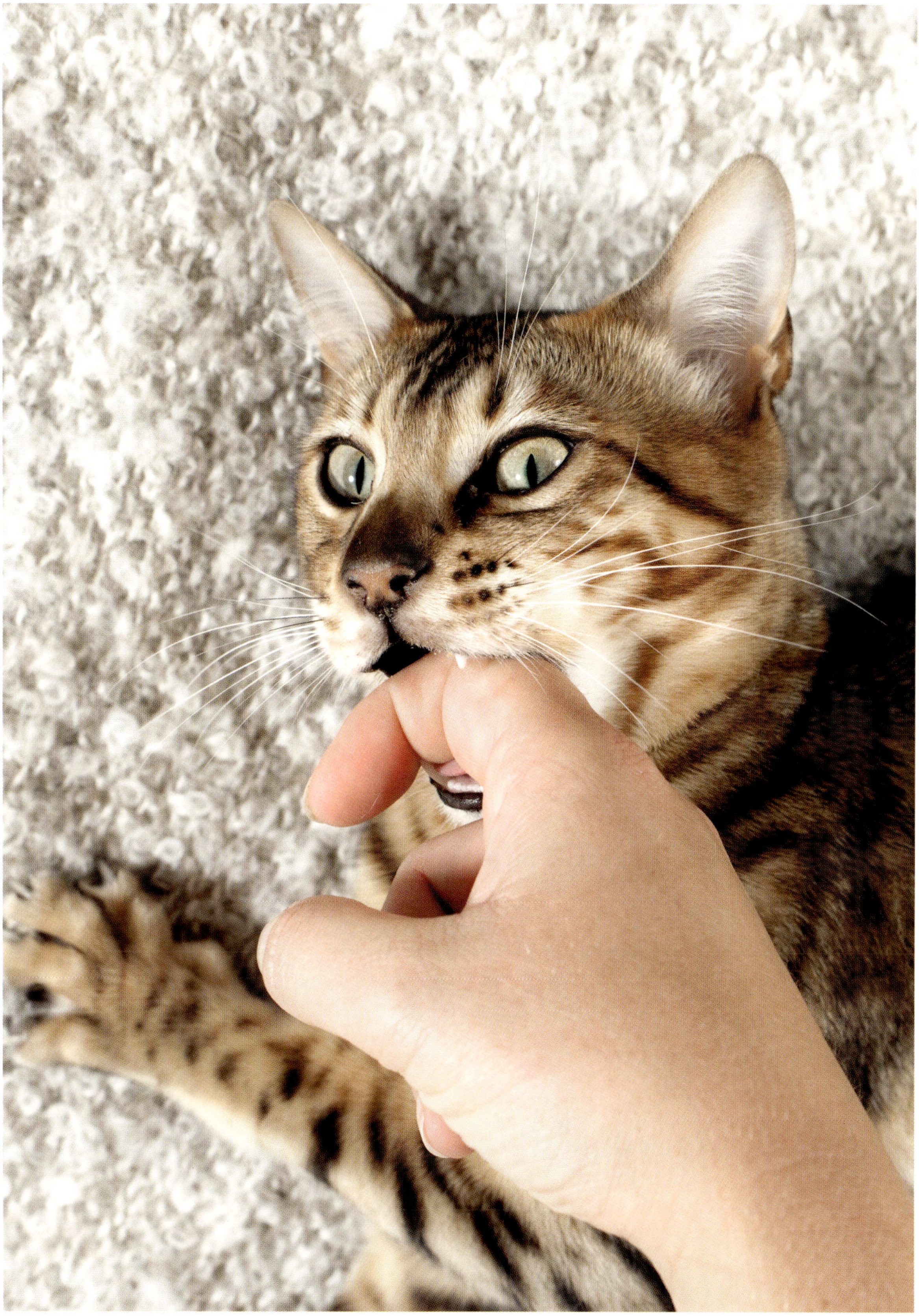

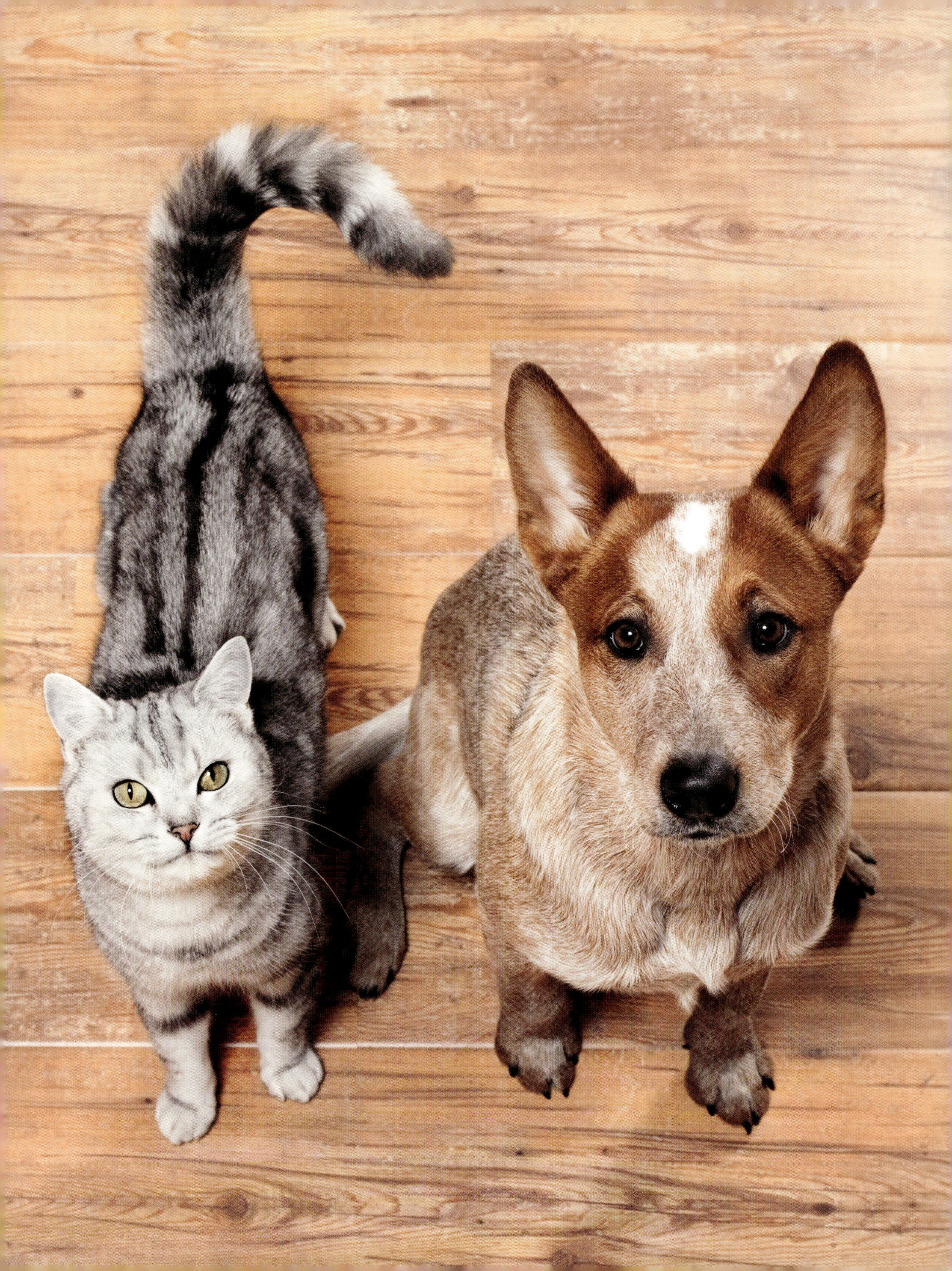

Zum Thema Hund

Hunde sind in den Augen einer Katze nicht nötig für ein schönes Leben. Es gibt zwar weitaus Schlimmeres (siehe Tierarzt und Weihnachten), aber ob Golden Retriever, Labrador oder Mops – wer bellt, ist für eine Katze schlichtweg ein überflüssiges und durch und durch unbegreifliches Wesen. Ich weiß das, weil ich katzen- und hundesozialisiert bin. Ich wuchs mit beiden Spezies auf, liebte beide und konnte mir ein recht genaues Bild von ihnen machen. Letztlich verhält es sich mit ihnen so wie mit Geschwistern, die keiner bestellt hat: Als mein ältester Sohn vier Jahre alt war und sein frisch geborener jüngerer Bruder, der stets zwischen acht und neun Uhr abends seine Schreistunde einlegte, sich plötzlich lautstark bei uns zu Hause bemerkbar machte, fragte er verzweifelt: „Mama, kannst du den wieder zurückgeben?" Als ich dies verneinte und ihm tröstend über den Kopf strich, schlug mein kleines Sensibelchen vor, ich solle sein Geschwisterchen doch einfach in die Mülltonne werfen. Auch diesen Wunsch konnte ich ihm selbstverständlich nicht erfüllen, obwohl das Geschrei tatsächlich etwas anstrengend war.

So wie dieses spezielle Geschwisterverhältnis gestaltet sich meist auch das zwischen den schnurrenden und bellenden Vierbeinern, wenn auch gelegentlich friedliche Koexistenzen beobachtet werden können. Zieht ein Hund in den Haushalt einer Familie ein, wünscht sich die Katze, die dort schon lange zu Hause ist, eigentlich nur eins: Die Dosenöffner mögen bitte dieses überaus seltsame, tapsige Wesen so schnell wie möglich dorthin zurückbringen, wo sie es hergeholt haben. Hunde haben, dies wissen alle Stubentiger von klein auf, höchst unangenehme Eigenschaften: Sie stinken zum Beispiel – und das leider nicht nur, wenn sie nach einem ausgedehnten Regenspaziergang nach Hause kommen (ja, das ist so, liebe Hundebesitzer, sorry!). Für Katzen ist es überhaupt nicht nachvollziehbar, wie ein Hund es aushält, ständig sich selbst riechen zu müssen. Dazu passt, dass Hunde keinen übertriebenen Wert auf Sauberkeit legen: Okay, sie lecken sich ab und zu ein bisschen das Fell, aber so gründlich und ausgiebig und an den entlegensten Körperstellen, wie Katzen dies zu tun pflegen, haben sie es nie gelernt und werden sie es wohl in 100 000 Jahren nicht lernen. →

Hunde sind zudem – auch das muss leider gesagt werden – Schwächlinge. Statt nach verlorener Rauferei tapfer weiterzukämpfen oder wenigstens die Flucht zu ergreifen, legen sie sich auf den Rücken und halten ihre Kehle hin, um sich vom Gegner hineinbeißen zu lassen. Niemals würde eine Katze sich so eine Blöße geben!

Damit nicht genug: Hunde, und jetzt wird es richtig eklig, schlappern. Sie schlappern so laut, dass Katzen es durch das ganze Haus hören können. Außerdem kennen sie die einfachsten Regeln des Zusammenlebens nicht: Die Schwanzwedler kapieren nicht, was es bedeutet, wenn eine Katze mit ihrem Schwanz schlägt, und verwechseln Kampfbereitschaft mit Freundschaft. Sie verstehen auch nicht, warum Katzen schnurren. Statt mitzuschnurren fangen sie völlig grundlos an zu knurren, womit wir beim allergrößten Problem wären: Hunde machen Lärm, während Katzen die meiste Zeit ihres Lebens nach Ruhe und innerer Einkehr suchen.

Hunde heulen, wenn Herrchen oder Frauchen nur für ein paar Stunden weg sind. Sie wuffen, aus welchen Gründen auch immer. Und sie bellen, etwa wenn der Postbote vor der Haustür steht, als ob sich jemand durch diesen lächerlichen Lärm vertreiben ließe. Kurzum, Hunde sind für Katzen einfach nur eine ohrenbetäubende Zumutung.
Das Verrückteste aber ist, dass Hunde sich freuen, wenn jemand mit einer Leine kommt und sie ihnen anlegt. Hunde führen tatsächlich Befehle aus. Sie tun gerne das, was man ihnen sagt, zumindest wenn sie ordentlich erzogen sind. Katzen hingegen tun nur das, was sie wollen, und gelegentlich kommt es vor, dass das, was die Katze zu tun geneigt ist, zufälligerweise mit dem übereinstimmt, was die Dosenöffner in diesem Moment von ihrem vierbeinigen Liebling wollen.

„Hunde haben Herren, Katzen haben Personal", befand der deutsche Schriftsteller Kurt Tucholsky. Und der britische Schauspieler und Mitglied der Kulttruppe Monty Python, John Cleese, der immer für einen guten Witz zu haben ist, brachte es auf den Punkt: „Hunde sind doch alle kleine Nazis. Sie müssen immer einen Führer haben, den sie bewundern können. Sie tun, was ihr Herrchen verlangt. Man wirft ein Stöckchen, sie rennen hinterher und bringen es zurück." (aus: „Hunde sind doch alle kleine Nazis", *Der Tagesspiegel*, 9.5.2015) Katzen fragen sich bei solchen Spielchen vermutlich nur: „Wie blöd sind die denn?" Eine Katze würde sagen: „Hol dir deinen dämlichen Stock gefälligst selber, wenn du ihn schon sinnlos durch die Gegend werfen musst!"

Das wirft natürlich auch ein Licht auf die Besitzer: Gewiss, es gibt Menschen, die Hunde und Katzen ihr Eigen nennen und einigermaßen friedlich mit ihnen zusammenleben. Aber meist sind Hunde- und Katzenmenschen grundverschieden. Künstler und Freigeister etwa lieben Katzen. Hundehaltern hingegen fehlt im schlimmsten Fall jegliche Souveränität: Sie versuchen mit ihrem Vierbeiner ihr Selbstbild aufzupolieren, egal ob es nun ein bulliger Rottweiler oder ein Papillon mit rosa Schleifchen ist. Ein Hund, der einen solchen Besitzer mit sich herumschleppen muss, müsste sich im Grunde einen anderen Halter suchen.

Katzen wurden domestiziert, um mit uns zusammenzuleben. Sie sind gesellig und im Prinzip friedlich, trotzdem sind sie kampflustig, eigenwillig, unabhängig und unberechenbar geblieben – anders als Hunde, die seit jeher darauf trainiert wurden, mit Menschen zu kommunizieren. Niemals würden Katzen einem Ball hinterherjagen oder gar ins Wasser springen, nur weil sich das irgendjemand in den Kopf gesetzt hat. Die Katze ist einfach noch immer natürlicher und näher an ihrem Ursprung als der Hund.

Ein Hund, sagt die Paartherapeutin und Psychologin Lisa Fischbach deshalb, „passt besser zur Psyche eines Mannes, man kann mit ihm toben, die Hierarchie ist klar geregelt." Frauen hingegen könnten eher akzeptieren, „dass sich jemand nicht von ihnen herumkommandieren lässt." (aus: „Geliebtes Biest", *Stern*, 15.11.2012) Aber gerade weil die Katze nicht leicht zu verstehen ist, sind lange Beziehungen mit Katzen so bereichernd. Katzenfreunde lernen von ihrem Liebling eine Menge fürs Leben. Katzen lehren uns Toleranz. Kluge Katzenbesitzer wissen, wie man eine gute Miene zum bösen Spiel macht. Sie haben erkannt, dass Geben seliger als Nehmen ist. Sie haben gelernt, dass sie sich Zuneigung nicht kaufen können und sie nur ihre kostbare Zeit verschenken, wenn sie versuchen, dem Glück hinterherzurennen. Es läuft dann ja sowieso davon. 🐾

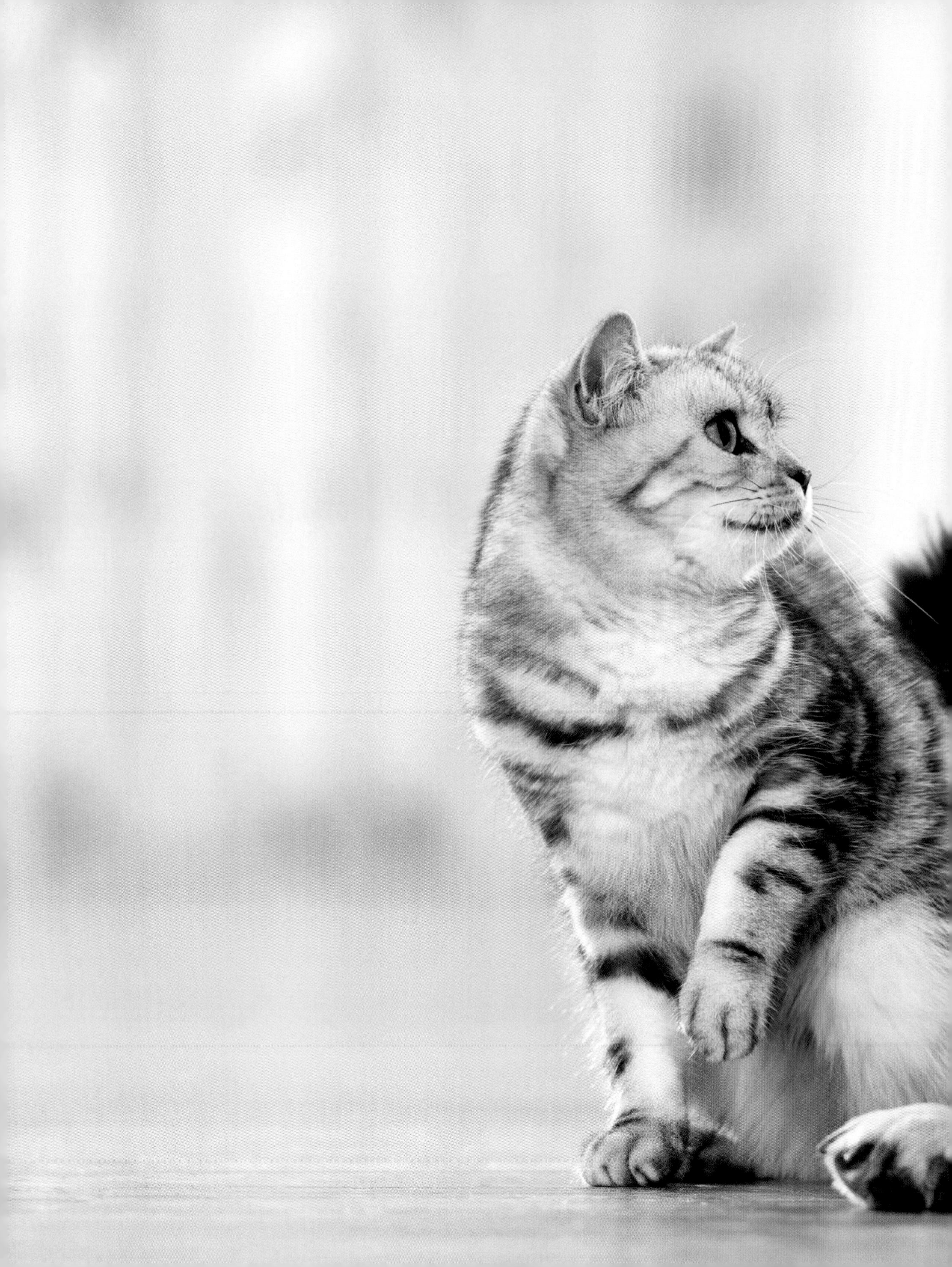

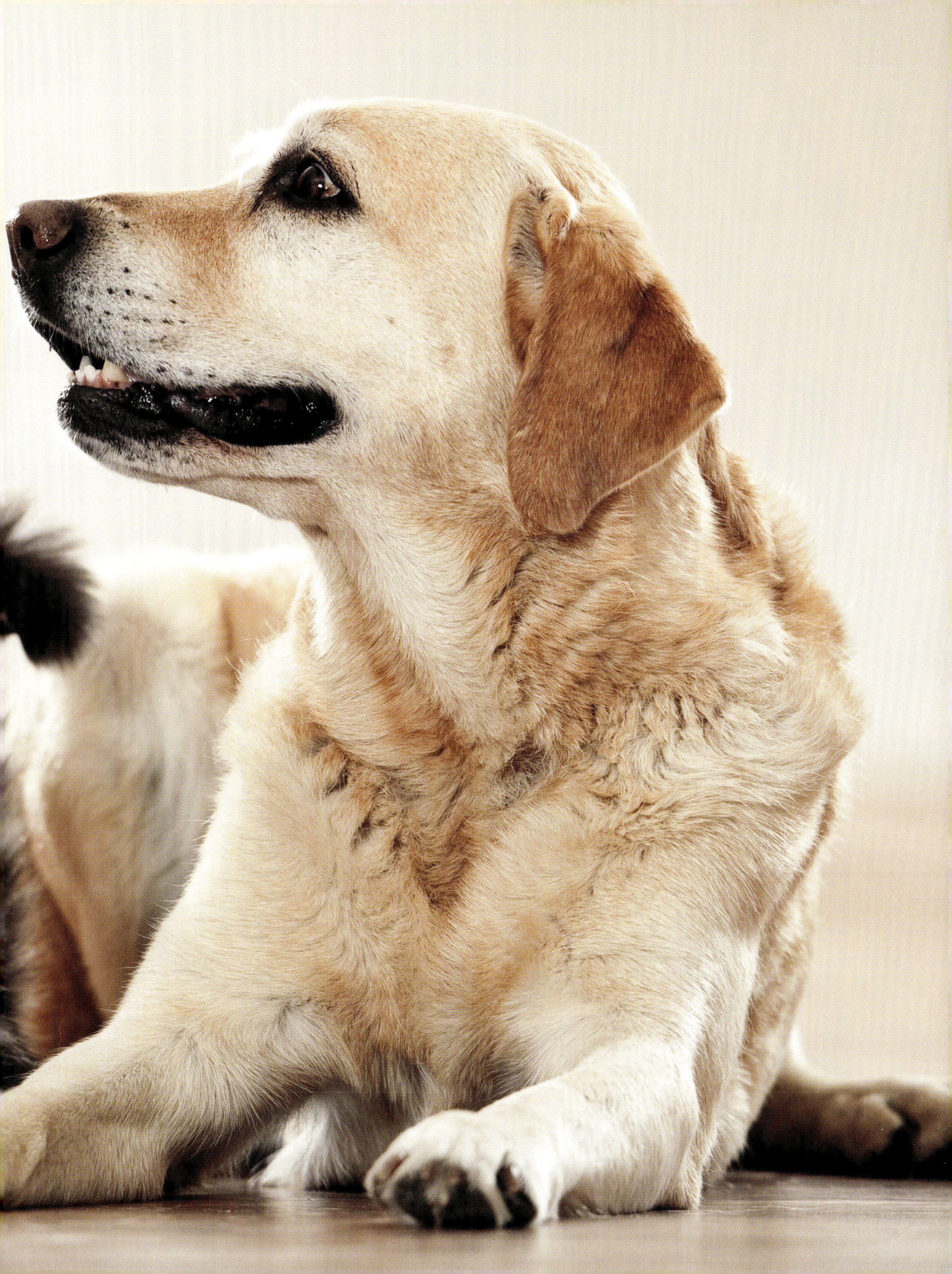

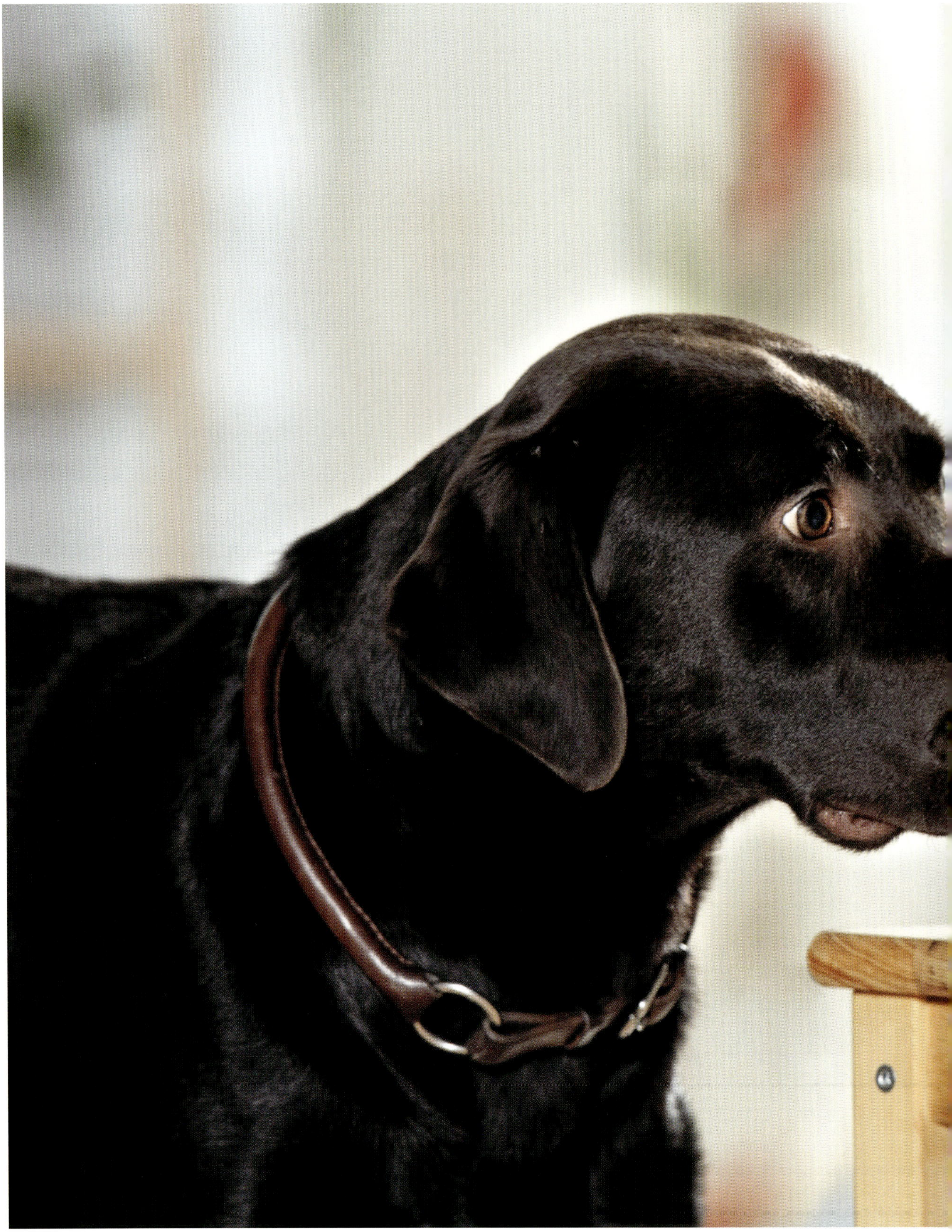

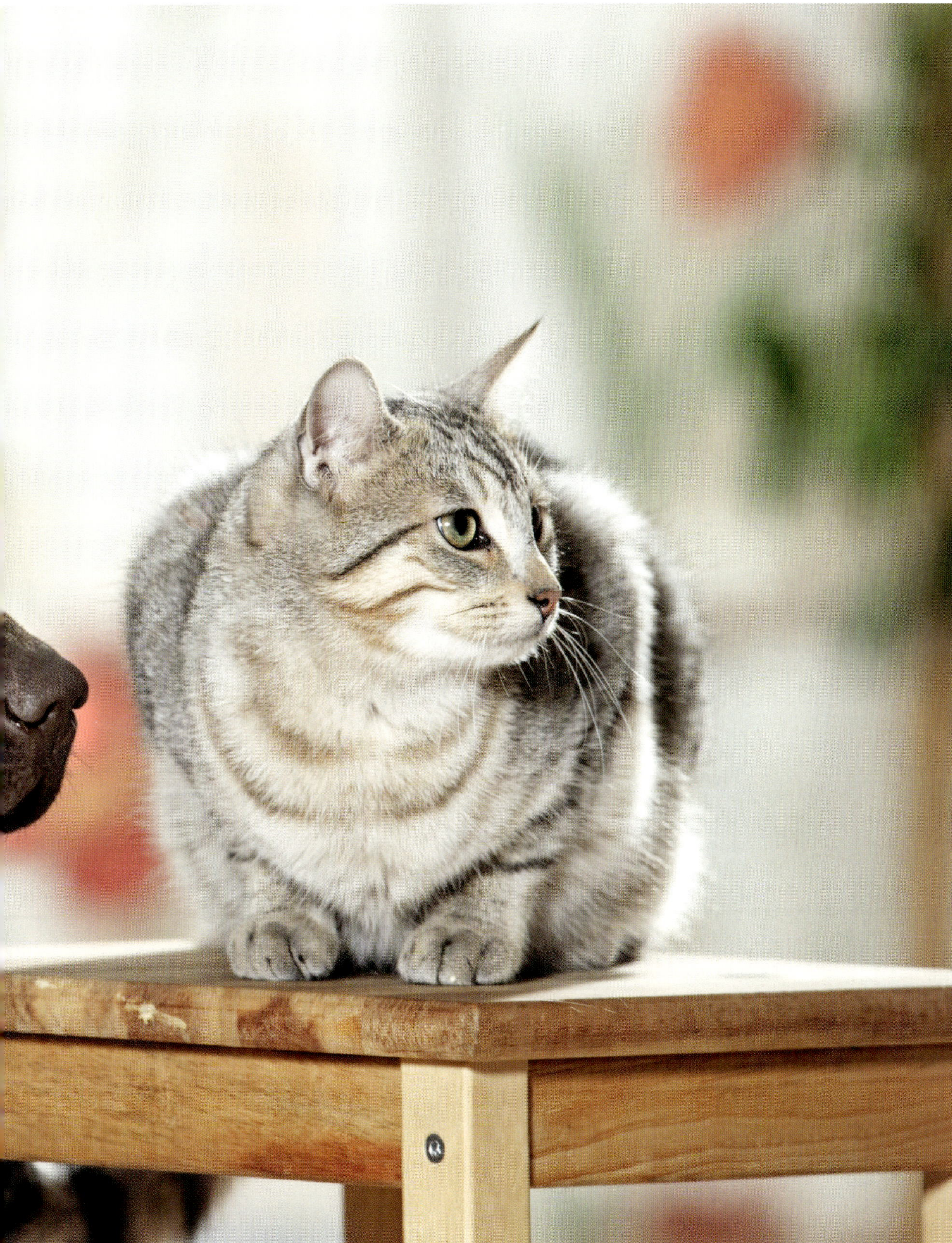

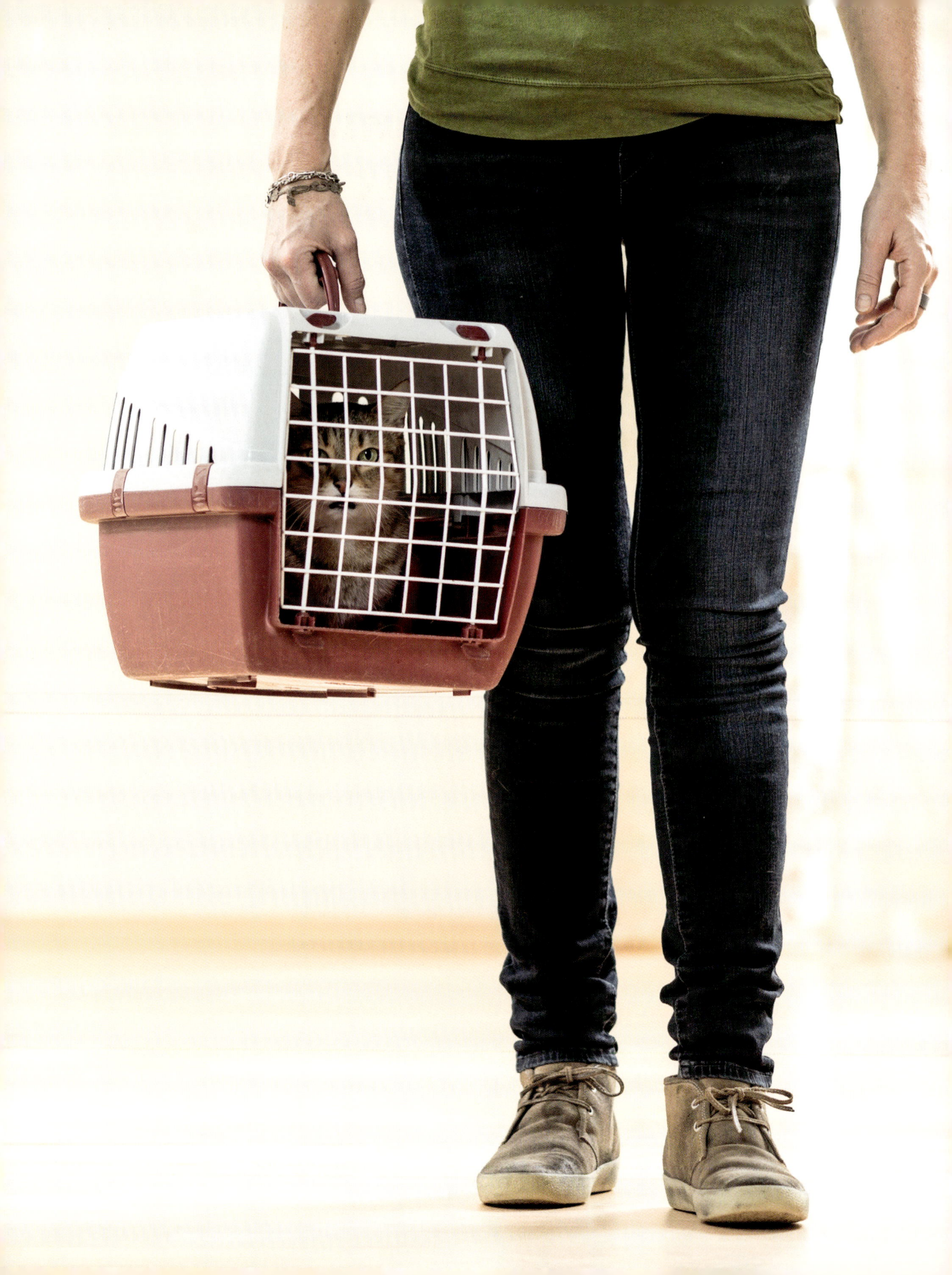

Zum Thema Tierarzt

Unser Tierarzt – eigentlich ein Spezialist für Pferdeakupunktur, aber Kleintiere kann er auch – brachte es ans Licht. Dazu muss ich ein wenig ausholen. Ursprünglich hieß unser Kater Thalia und war ein Mädchen. Dass er nach einer griechischen Muse benannt wurde, liegt nicht an mir und einem unausgesprochenen Bildungsauftrag, der sich auch auf vierbeinige Mitbewohner bezieht. Denn ich bin zwar eine Katzen-, aber gewiss keine Tigermutter. Verantwortlich für die exquisite Namensgebung des jungen Kätzchens war mein jüngerer Sohn, der damals ein Faible für die Buchreihe *Percy Jackson* hatte. Der junge Halbgott Percy (Sohn des Poseidon) verbündet sich darin mit der jungen Halbgöttin Thalia (Tochter der Athene), einer sehr mutigen und – ganz die Mama – kriegerischen jungen Frau. Und diese war nun die Namenspatronin unserer süßen schwarz-weißen Katze, die sich allerdings im Lauf der Zeit eher als äußerst verspieltes und auch ein wenig wehleidiges Wesen denn als Heldin entpuppen sollte.

Mit zunehmendem Alter stellte ich bei der Kleinen zwar gewisse Veränderungen fest, die mich an das Hinterteil von unserem längst verschiedenen Kater Luis Figo erinnerten, aber ich bin ein gutgläubiger Mensch und wenn man mir sagt, dass eine Katze ein Mädchen ist, dann bin ich auch geneigt, das zu glauben. Es kam auf jeden Fall die Zeit, als ich die beiden Katzen zu unserem Tierarzt fuhr, um sie sterilisieren zu lassen. Zum verabredeten Abholtermin empfing mich Dr. W. dann mit etwas belustigter Miene und seinem typisch rheinischen Singsang: „Die eine hab ich aber nicht sterilisiert." Ich: „Wieso, oh Gott, war da etwa schon etwas unterwegs?" (Thalia neigte dazu, gelegentlich nachts aushäusig zu sein.) „Nee, die ist ein Junge."

So fuhr ich mit meinen noch etwas benebelten Katzen und als frisch gebackene Katermutter wieder nach Hause und wir lösten kurz gesagt das Namensproblem, indem wir das weibliche „a" am Ende einfach wegließen. Seitdem heißt unser Kater nach einem indischen Linsengericht. →

Dr. W. hat bei uns zwar Klarheit in die Genderdiskussion gebracht, aber der Besuch bei ihm ist ein Pflichttermin, auf den meine Katzen gerne jederzeit verzichten würden. Dr. W. kommt in Sachen Katzen-Hassthemen leider an erster Stelle, noch weit vor Hunden und Weihnachten. Das ist problematisch, weil ich als verantwortungsvolle Katzenmutter großen Wert auf Impfungen und Entwurmungen lege. Jeder Termin bei Dr. W. ist ein großes Abenteuer für die ganze Familie und bedarf eines gewissen logistischen und psychologischen Aufwands. So taucht am Tag der Tage die Katzen-Transportbox (= Box des Todes) wie durch Zauberhand in der Küche auf, und beide Katzen wissen, was die Uhr geschlagen hat. Während Sookie sich allerdings gottergeben verfrachten lässt – sie ist einfach ein sehr tapferes Mädchen –, sucht Thali meist das Heil in der Flucht. Steckt er dann auch in der Kiste, beginnt das große Klagen, und zwar vom Moment der Abfahrt bis zum Erreichen der Parkposition. Leider habe ich es bisher noch nicht geschafft, meinen Kater durch ein gezieltes Transportbox-Training zu enttraumatisieren. Die Katzenpsychologin Katja Rüssel schreibt in ihrem Buch *Die Katzen-Trickkiste*: „Sie müssen eigentlich nur dafür sorgen, dass Ihre Katze die Box mit schönen Dingen in Verbindung bringt." Oder: „Wenn Ihre Katze schon schlechte Erfahrung mit der Box gemacht hat, (…) ist es sinnvoll, eine neue Box zu besorgen, die möglichst anders aussieht als die alte." (aus: *Die Katzen-Trickkiste – Einfache Strategien für einen entspannten Alltag mit Katze*, GU, 2015) Da mein Kater allerdings nicht doof ist, würde er die Box in jedem Fall als Box des Todes identifizieren und ich hätte mit der Zeit ein Unterbringungsproblem für die zahlreichen Katzenkisten. Manchmal denken Katzenpsychologen nicht richtig mit …

Bei Dr. W. stinkt es dann nach Desinfektionsmitteln, das Wartezimmer ist voll furchtsamer Artgenossen und anderer Tiere, die unsere Katzen normalerweise ein bisschen jagen (z. B. Kaninchen, Meerschweinchen, Schildkröten) oder ordentlich anfauchen würden (Hunde jeglicher Couleur). Die Einzigen, die der Zeit im Tierarzt-Wartezimmer etwas abgewinnen können, sind die Menschen. Der Unterhaltungswert verhält sich in etwa proportional zum Wartezimmer eines Allgemeinmediziners inklusive anwesender Senioren.
Durch die Frage: „Und was hat Ihrer?" können Sie schnell in Fachdiskussionen zu den Themen Psychosomatik, Homöopathie, Bachblüten, Impfungen, Probleme mit den Ohren, Zähnen etc. einsteigen und erfahren oft viel mehr als beim Arzt selbst. Parallel dazu beruhigen Sie Ihre Katzen und blicken mitleidig auf Hunde- und (ja, die gibt es auch) Katzenheulsusen, die sich überhaupt nicht einkriegen. →

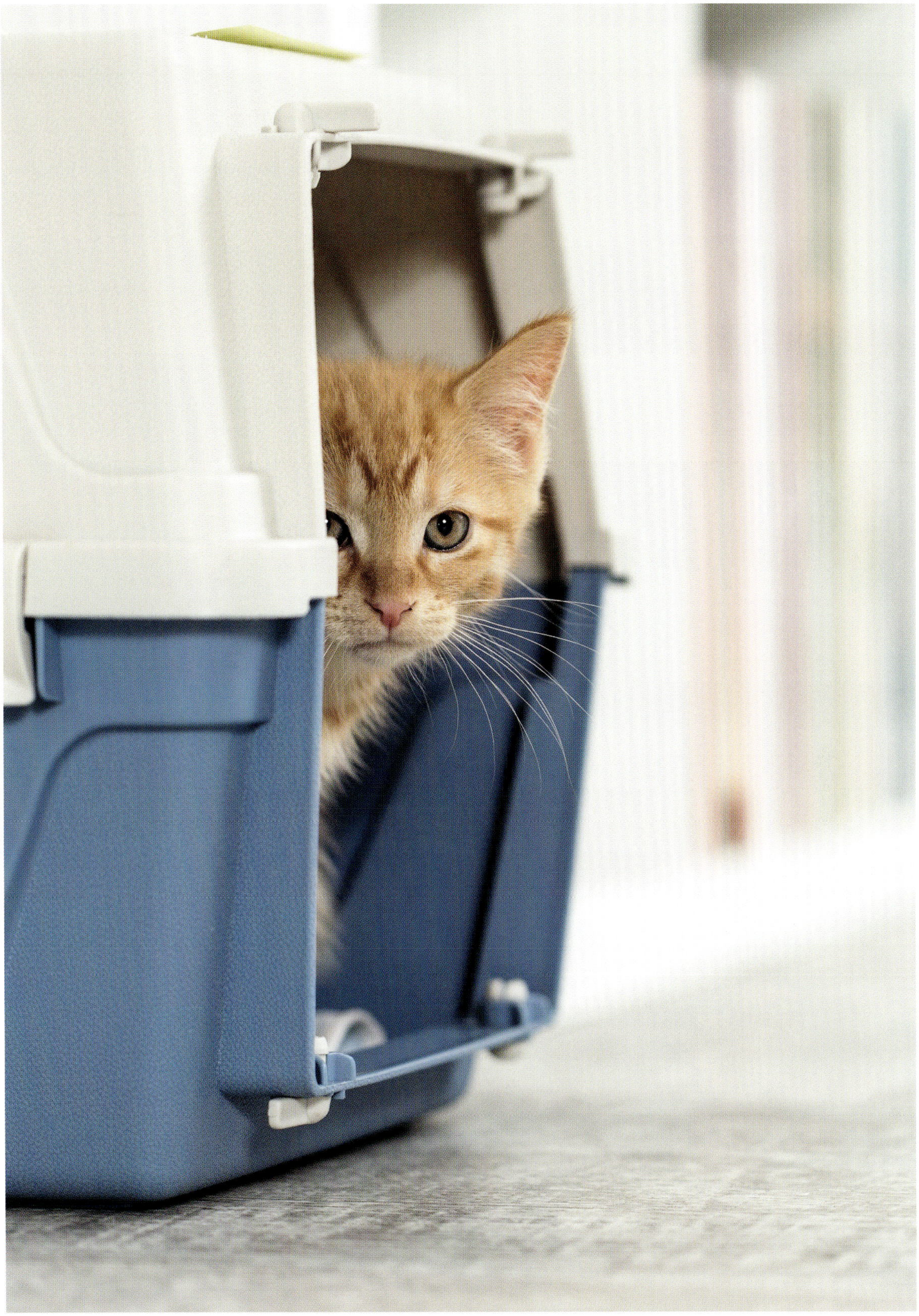

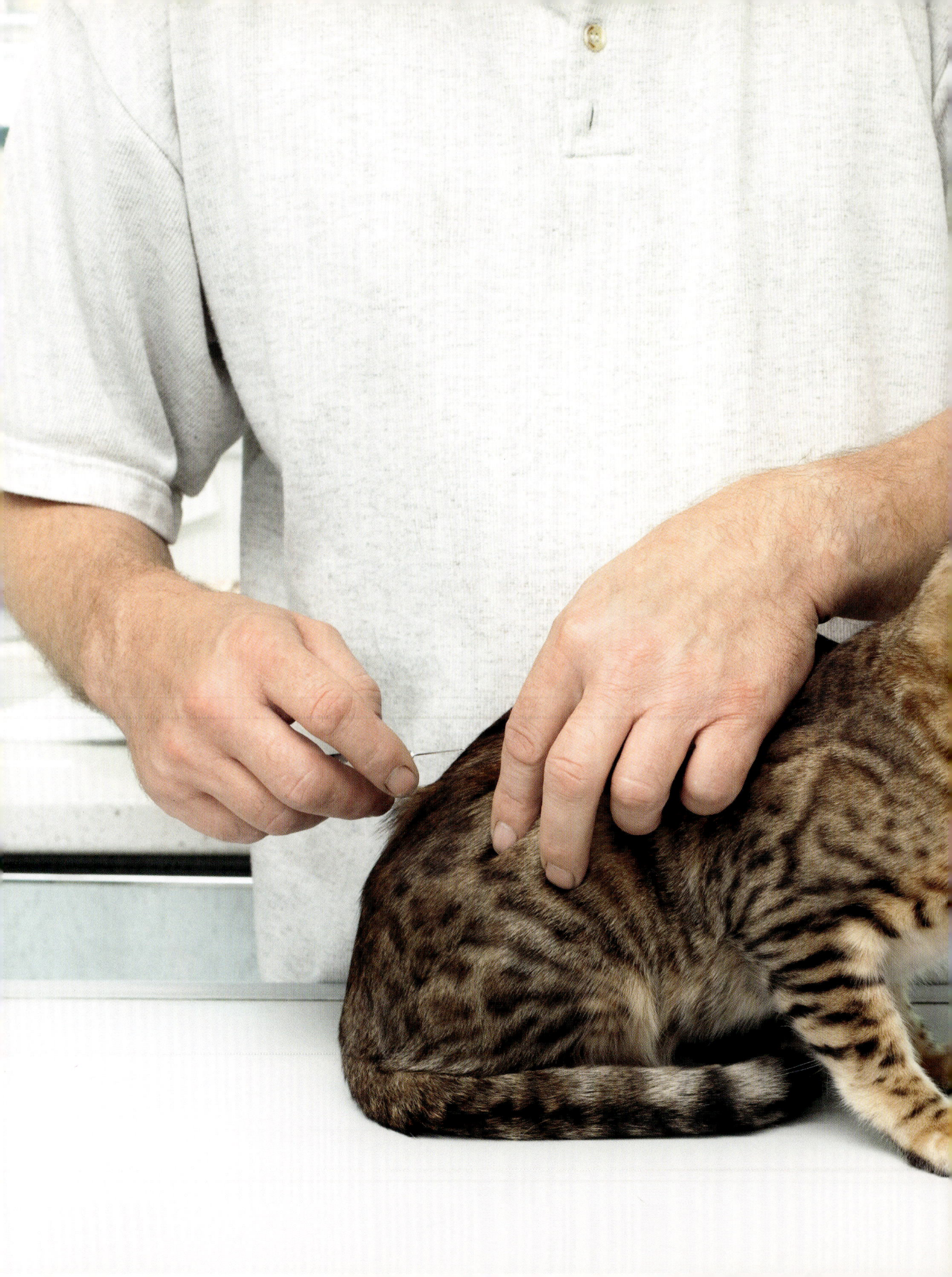

Auch meine Katzen sind meistens ziemlich fertig, und wenn die Tür zu Dr. W. aufgeht, sind sie oft so still, als wären sie gar nicht dabei. Im Behandlungszimmer setzt sich das Drama dann nach einer mittlerweile eingespielten Dramaturgie fort: Sookie lässt sich zwar etwas widerstrebend herausheben, aber halbwegs problemlos festhalten und piksen. Mit Thali beginnt immer ein Kampf auf Leben und Tod. Das letzte Mal war der Besuch richtig teuer, da Dr. W. allein für ihn drei Spritzen gebraucht hat. Und meine Söhne, die diesmal die Fuhre zum Arzt übernommen hatten, wirkten beide etwas zerkratzt und derangiert. Alle vier waren sich offenbar einig, dass das wirklich das letzte Mal bei diesem Tierarzt war. Das nächste Mal darf ich wieder ... 🐾

Zum Thema Weihnachten

Nicht nur Hunde sind für Katzen ganz und gar überflüssig. Auch auf Weihnachten würden Stubentiger liebend gern verzichten. Was für viele Menschen zu den schönsten Tagen im Jahr gehört, ist für unsere Lieblinge ein Fest der Unruhe. Weihnachten – das bedeutet für sie unnötigen Lärm (fremde Menschen, die laut schnatternd ins Haus eindringen), stachlige Fremdkörper auf dem Boden (Tannennadeln! Igittigitt), ungewohnte Gerüche (Kerzen, die fast so schlimm wie Hunde stinken). Am liebsten würden Katzen während der Festtage ausziehen. Aber draußen ist es ja meist auch nicht schöner. Dort ist es matschig-nass, weil es Weihnachten mal wieder nicht geschneit hat. Oder eiskalt und weiß, der Schnee ist aber auch nicht besser, weil der ja an den Füßen so brennt.

Der Katzenärger beginnt schon mit der Adventszeit. Backende Mütter, Väter, Kinder oder Großeltern sind oft so hektisch, dass sie nicht mehr aufpassen, wo sie hintreten. Noch gefährlicher sind heiße Bleche, die in der Küche zum Auskühlen auf dem Boden liegen, und der Backofen, der ständig so glüht, dass herumstreifende Katzen um ihre Fellhaare fürchten müssen.

Das Ganze wäre für unsere Lieblinge vielleicht nicht so schlimm, wenn wir sie wenigstens mit unserem Weihnachtsschmuck spielen lassen würden. Doch die Kugeln am Weihnachtsbaum nur ein bisschen baumeln zu lassen geht leider nicht. Sie könnten ja herunterfallen und zerbrechen. Nach dem Lametta zu greifen, ist auch nicht erlaubt. Verschluckt sich eine Katze im Eifer mal daran, hat dies unangenehme Folgen für Magen und Darm. Besorgte Tierärztekammern haben sogar schon vor „weihnachtlichen Gefahren für Haustiere" gewarnt. Außerdem geht es ja um den Baum selbst: Fällt der um, könnten echte Kerzen ganz schnell die Vorhänge, das Sofa oder das Geschenkpapier auf dem Boden entzünden. Oft bleibt daher nichts anderes übrig: Katzen bekommen während der Festtage Wohnzimmerverbot. →

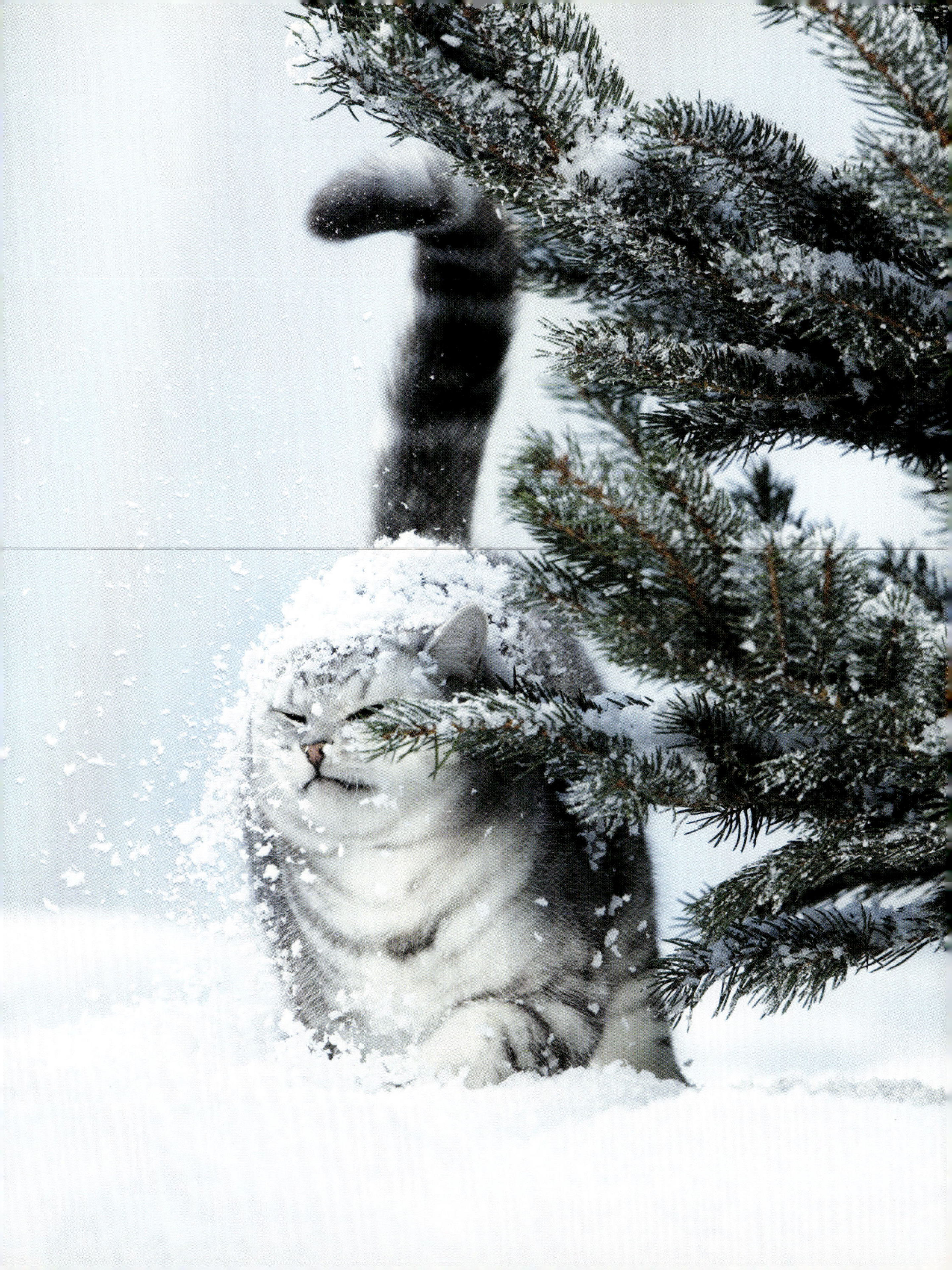

Das sind nicht die einzigen Gründe, warum unser Liebling Weihnachten ganz und gar nicht mag. Wenn es so etwas wie Nachrichten oder ein Internet für Katzen gäbe, wüssten sie auch, dass zu dieser Zeit noch viel schlimmere Gefahren lauern. Das kann schon bei den Geschenken anfangen: Manchmal landen exotische Zimmerpflanzen auf dem Gabentisch. Schon geringe Mengen von Ritterstern, Prachtlilie, Becherprimel oder Korallenbäumchen reichen aus, um Katzen zu vergiften.

Oder Herrchen und Frauchen entpuppen sich als menschliche Ekel: Nach wie vor werden zu Weihnachten leider besonders viele Haustiere ausgesetzt, darunter auch Katzen. Obwohl das in Deutschland wie in vielen anderen Ländern strafbar ist, stellen manche Halter sie anonym, verpackt in Kartons direkt vor Tierheimen ab. Für manche Besitzer werden die Kleintiere dann ein Störfaktor, wenn sie zum Beispiel niemanden finden, der die Vierbeiner während der Festtags-Urlaubsreise betreut.

Damit nicht genug: In manchen Regionen der Erde ist es sogar ganz normal, Katzen als Weihnachtsbraten zu servieren. In der Provinz Guangdong im Süden Chinas sowie im Norden Vietnams wird Katzenfleisch als wärmend im Winter geschätzt. Und auch in der Schweiz stehen Katzen bis heute auf dem Speiseplan zu Weihnachten. Zumindest in den Kantonen Bern, Luzern und Jura zählt Katzenfleisch bei manchen Familien noch immer zu den traditionellen Festmahlzeiten.

Neben den grausamen gibt es glücklicherweise auch schöne Katzengeschichten rund um die Festtage. Eine handelt von dem deutschen Modeschöpfer, Designer und Fotografen Karl Lagerfeld. An Weihnachten 2011 gab sein Model Baptiste Giabiconi sein Kätzchen Choupette bei ihm in Pension. Zwei Wochen wohnte er mit der Katze zusammen, von da an waren sie unzertrennlich. Lagerfeld gab seinen neuen Liebling nicht mehr zurück. Heute bezeichnet er sie selbst als „die verwöhnteste Katze der Welt". Choupette hat eine Tierärztin, die sie alle zehn Tage durchcheckt, von den Krallen bis zu den Ohren. Sie darf auf ihrem Platz am Tisch essen, wenn möglich gerne Shrimps. Geht Lagerfeld auf Reisen, kommt sie gelegentlich mit, samt einem speziell angefertigten Koffer, in dem ihre Bürsten, wichtige Spielsachen und Fressnäpfe mitgeführt werden. Und, ach ja, zu Hause hat Choupette ihre Katzenzofen, die sich rund um die Uhr um sie kümmern. Was für ein Katzenleben! 🐾

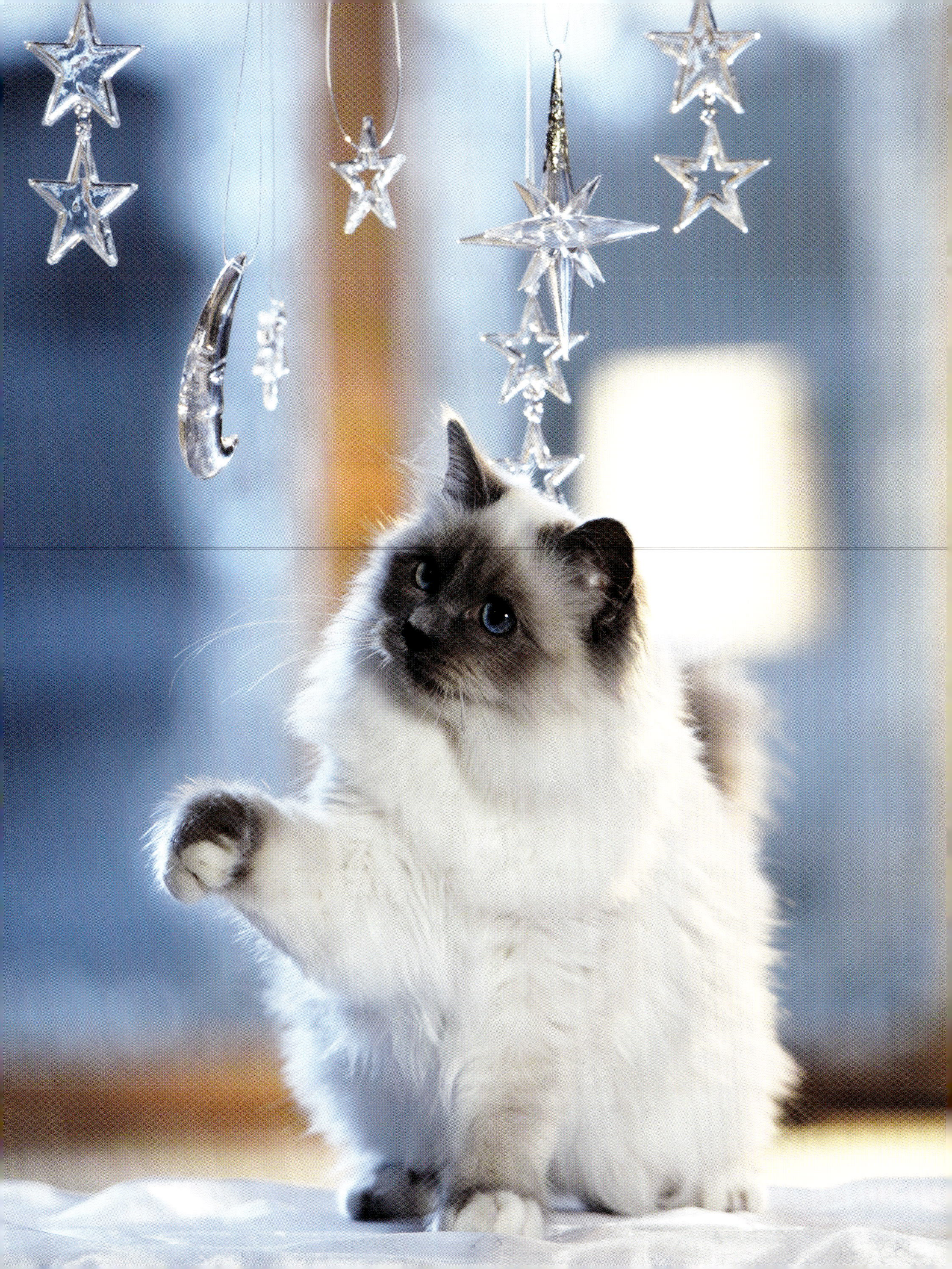

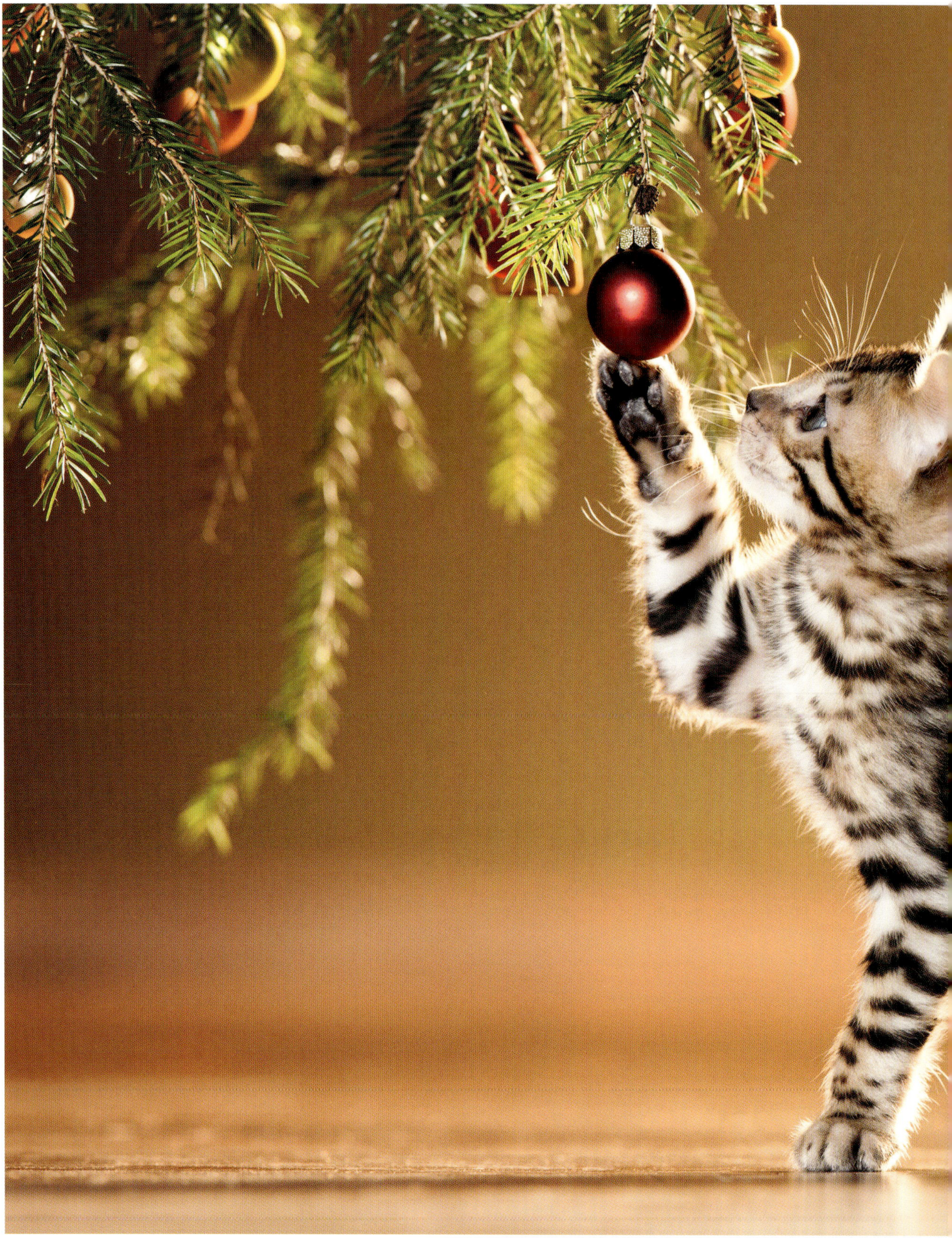

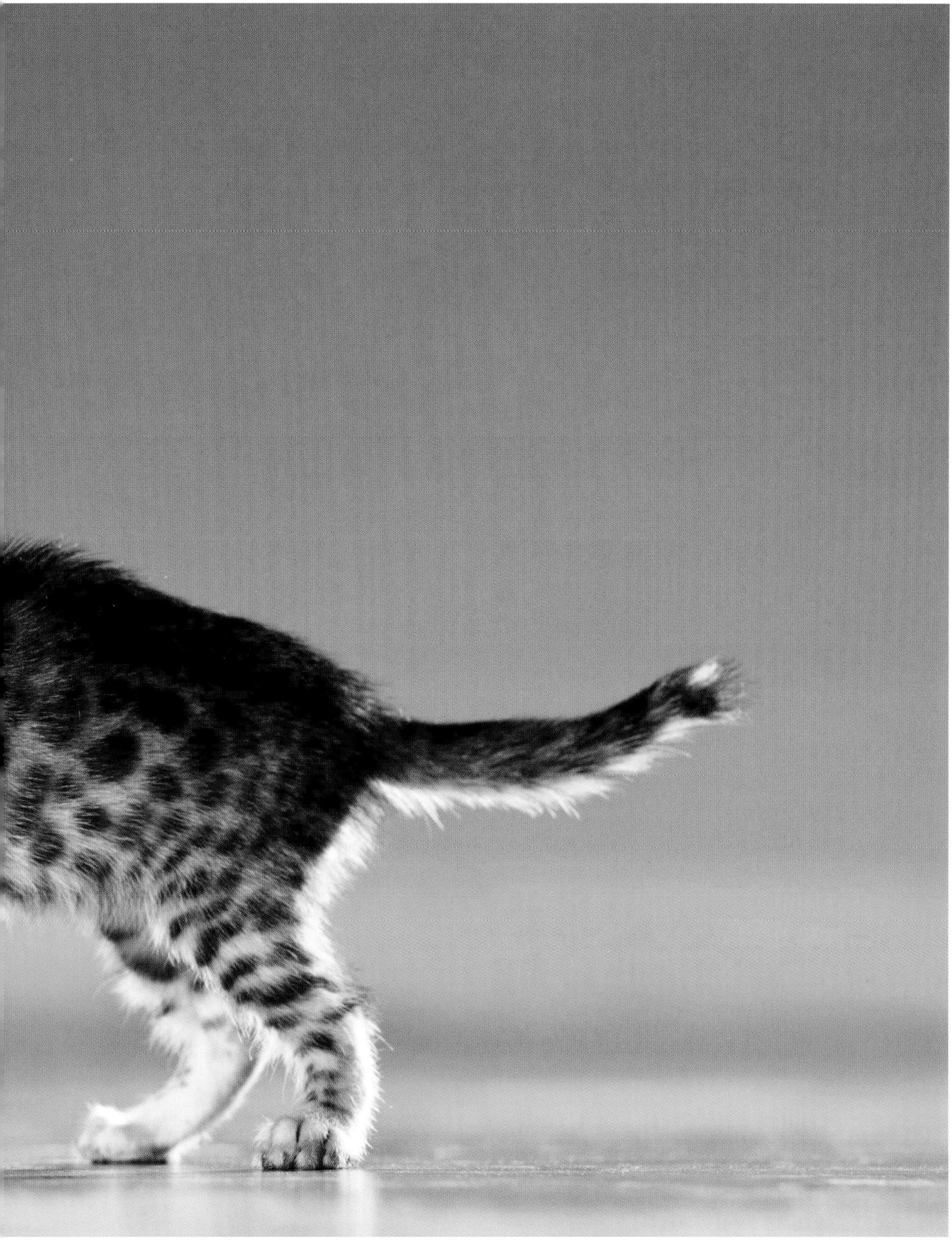

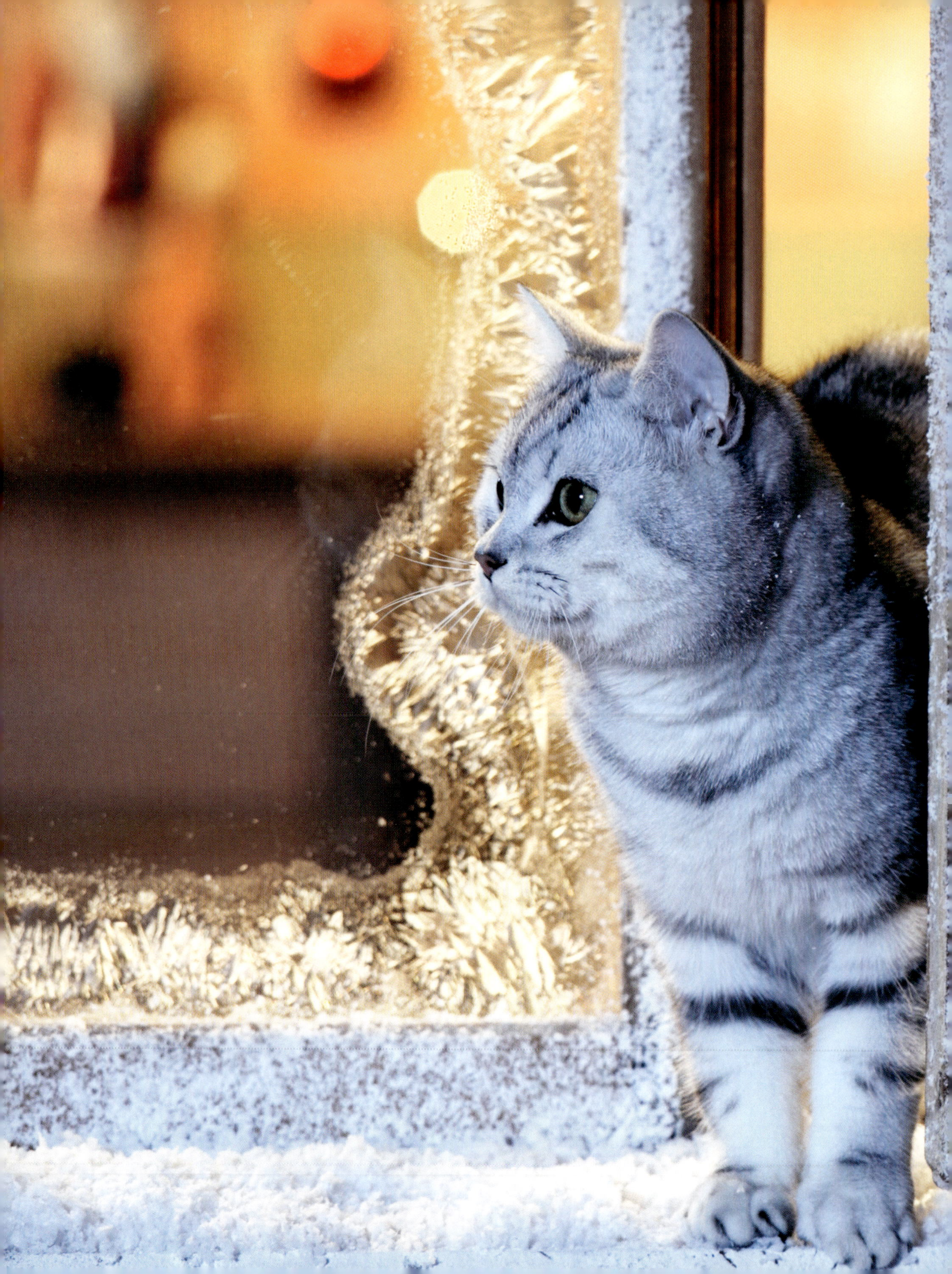

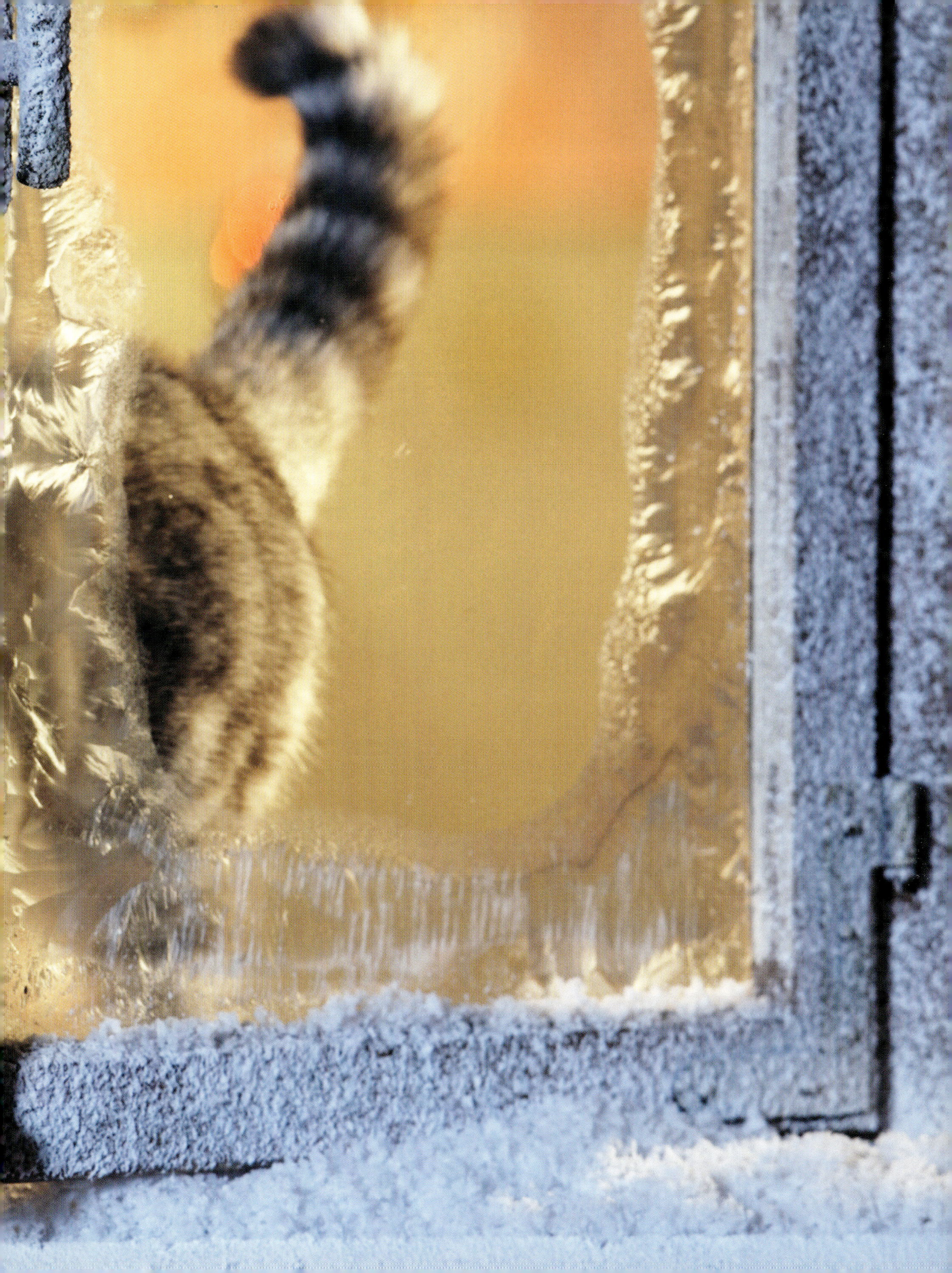

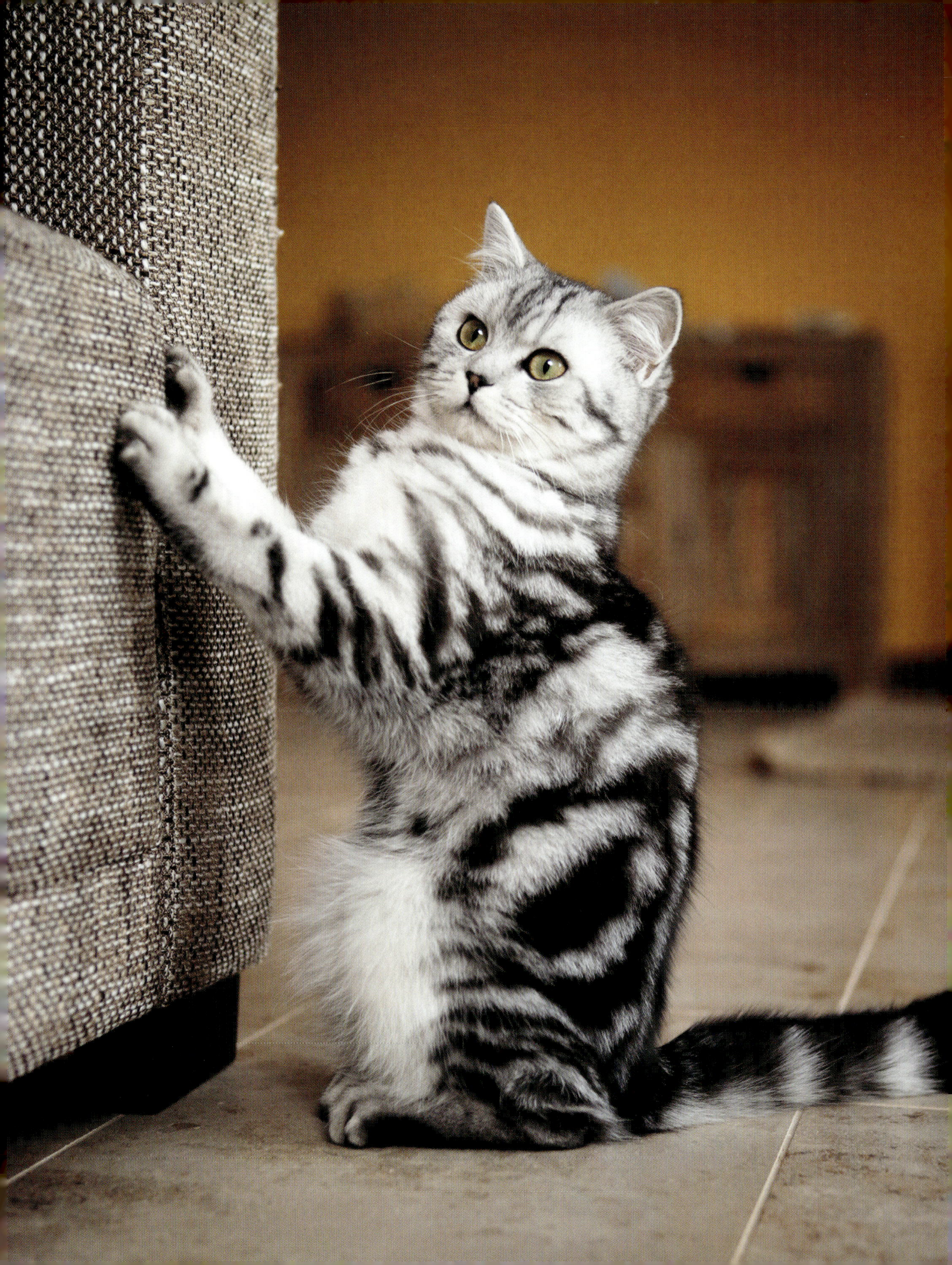

Katzentypologie

Eigentlich ist ja jede Katze ein Puma

Der eine fristet sein Leben als mehr oder minder glücklicher Moppel, der sich von seiner ursprünglich-wilden Katzennatur entfernt hat, sich aber im Grunde sein pumaartiges Wunschgewicht herbeisehnt. Die andere kriegt sich bei erstbester Gelegenheit nicht mehr ein und zerfetzt das Lieblingssofa oder irgendein anderes unschuldiges Möbelstück und verteilt scheinbar im Affekt schmerzhafte Hiebe an sich unvorsichtig Nähernde. Wieder eine andere bricht schon in zärtliches Schnurren aus und legt sich wohlig auf den Rücken in Bauchkraulstellung, sobald sie den geschätzten Dosenöffner erblickt. Noch eine andere kann nicht widerstehen, angesichts jedes herumliegenden Gegenstandes oder unbedacht platzierter Zehen in eine Spiel- und Jagdorgie zu verfallen. Genauso wie Menschen kann man Katzen unterschiedlichen Typen und Temperamenten zuordnen und findet auch hier entweder Menschliches, allzu Menschliches oder Kätzisches, allzu Kätzisches. Die kleine Katzentypologie auf den nächsten Seiten kann den großen Individualisten natürlich nur teilweise gerecht werden, trotzdem mag Ihnen der eine oder andere bekannt vorkommen.

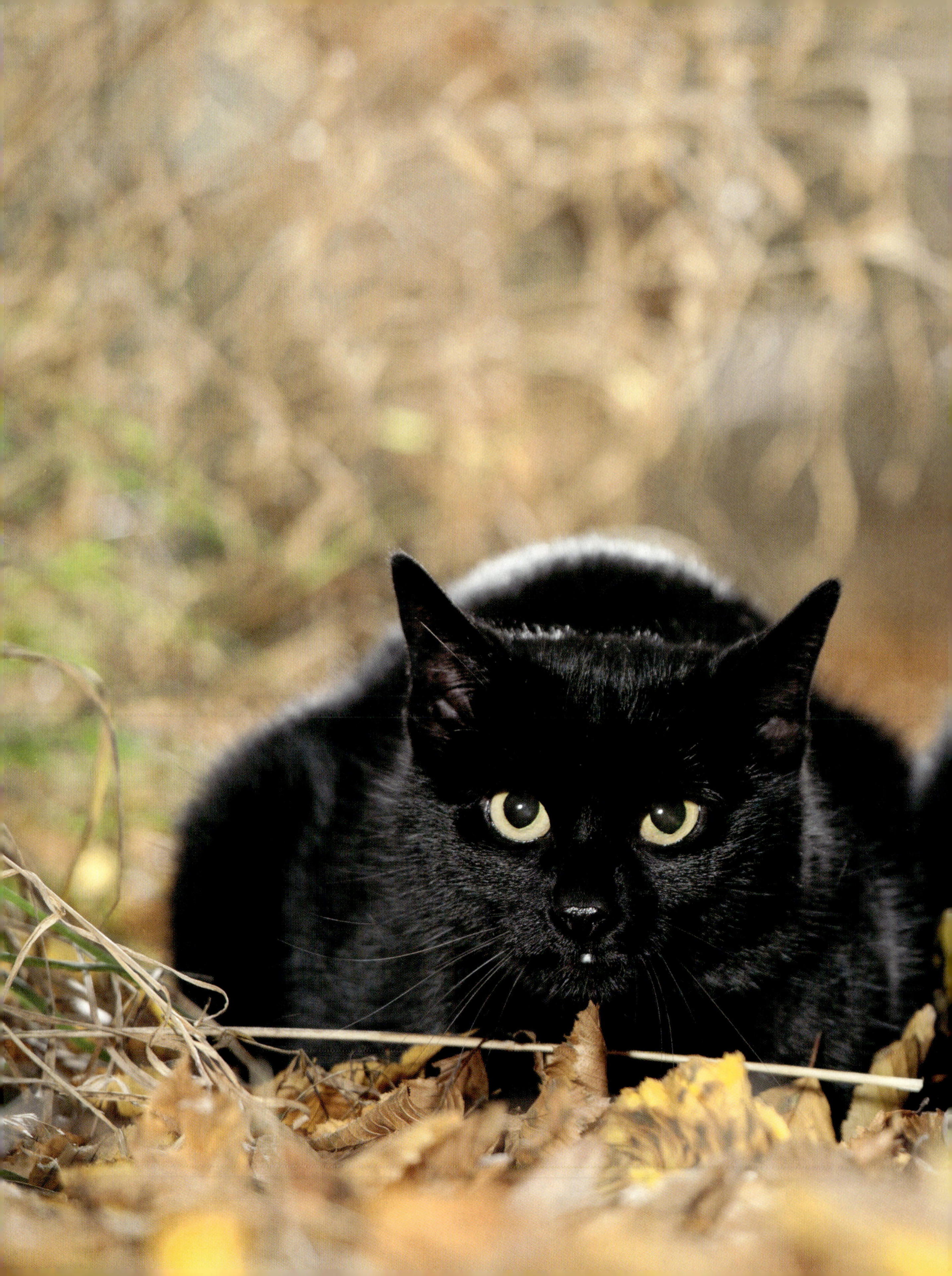

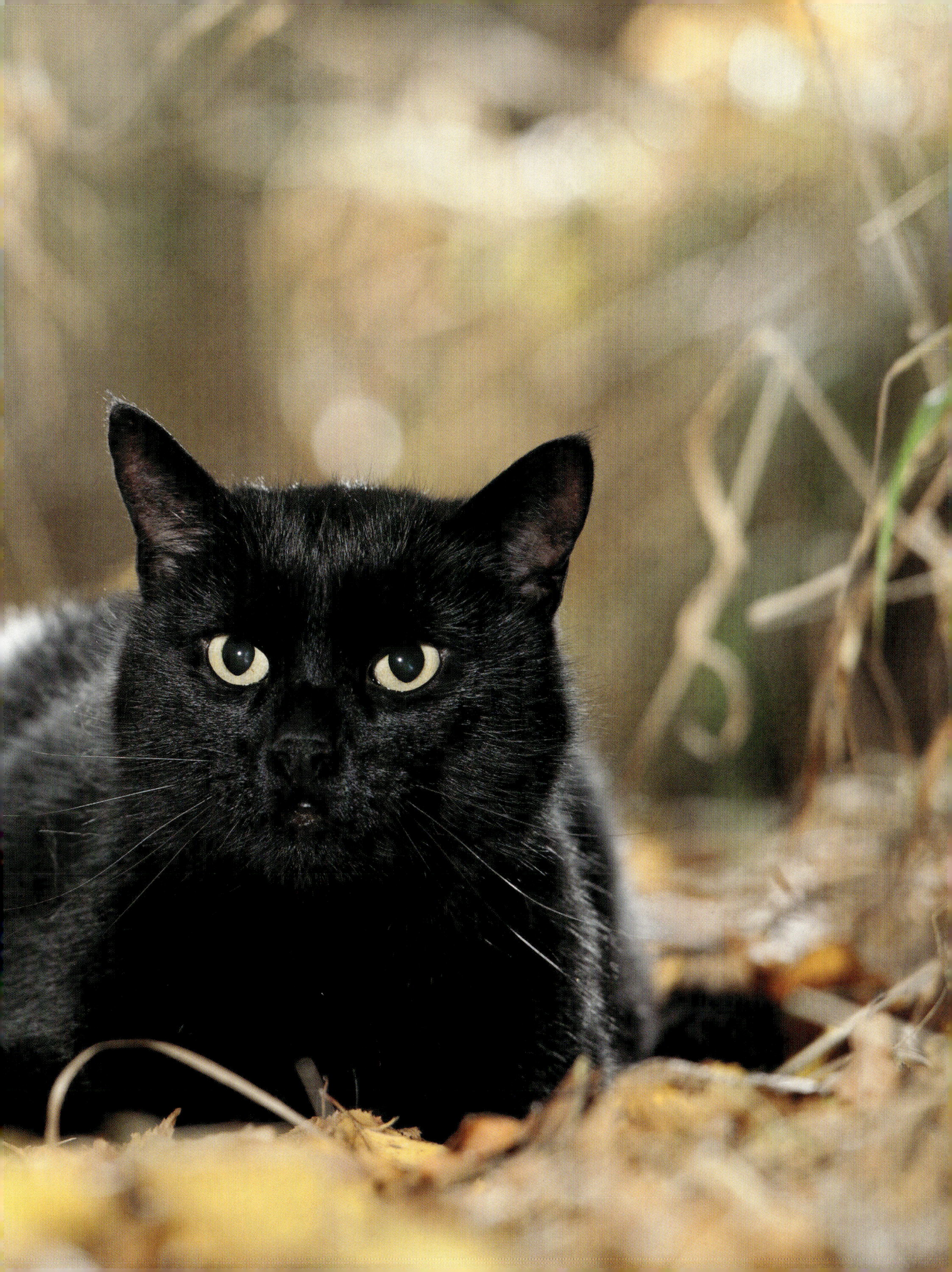

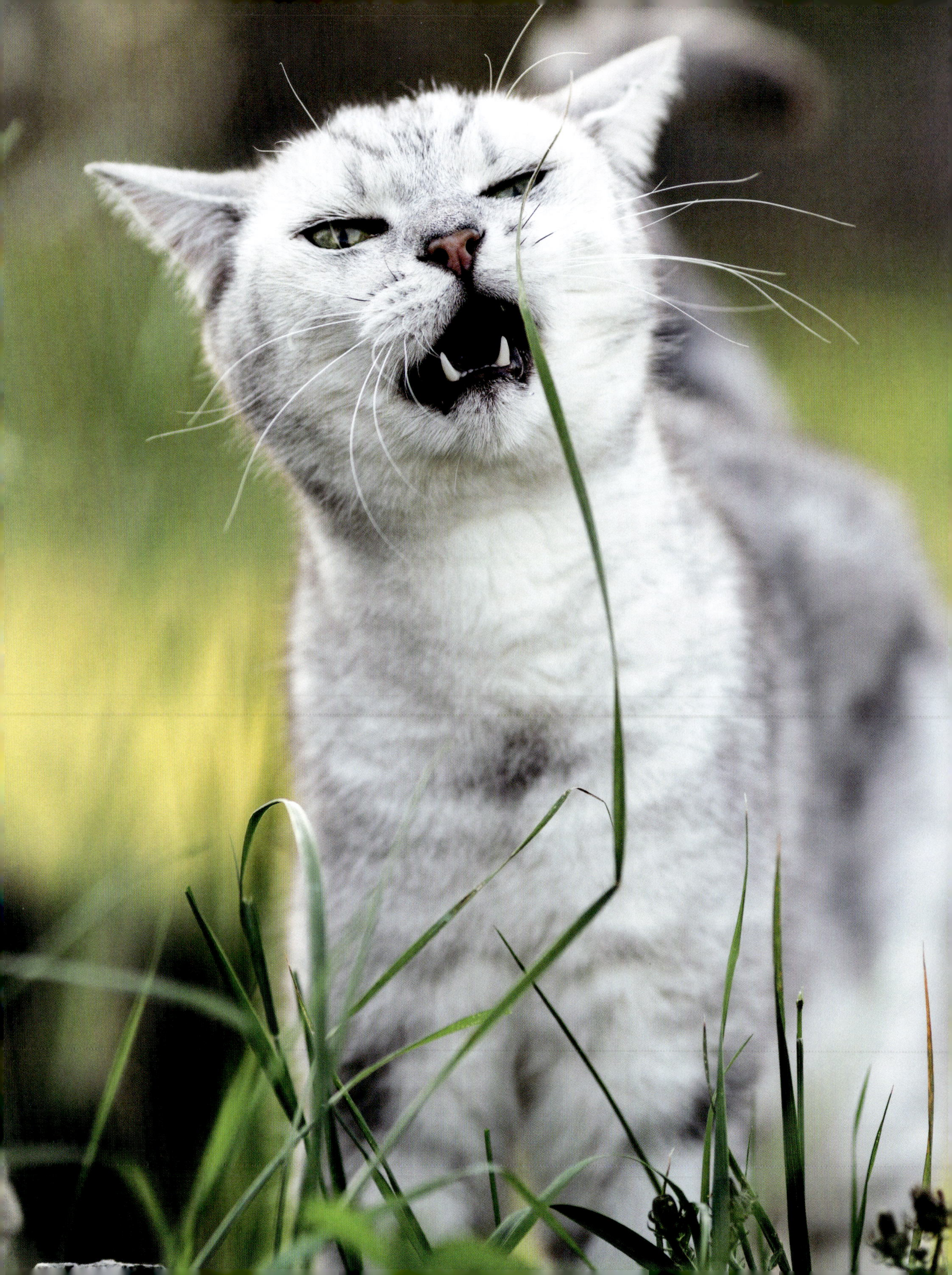

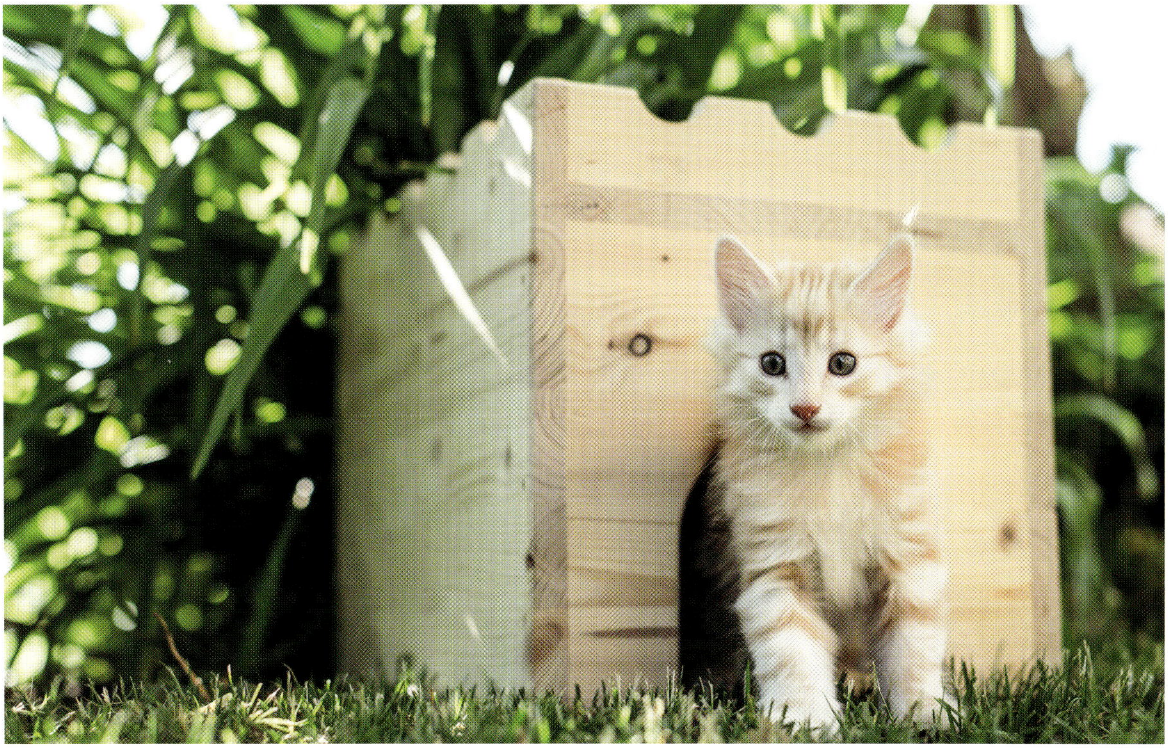

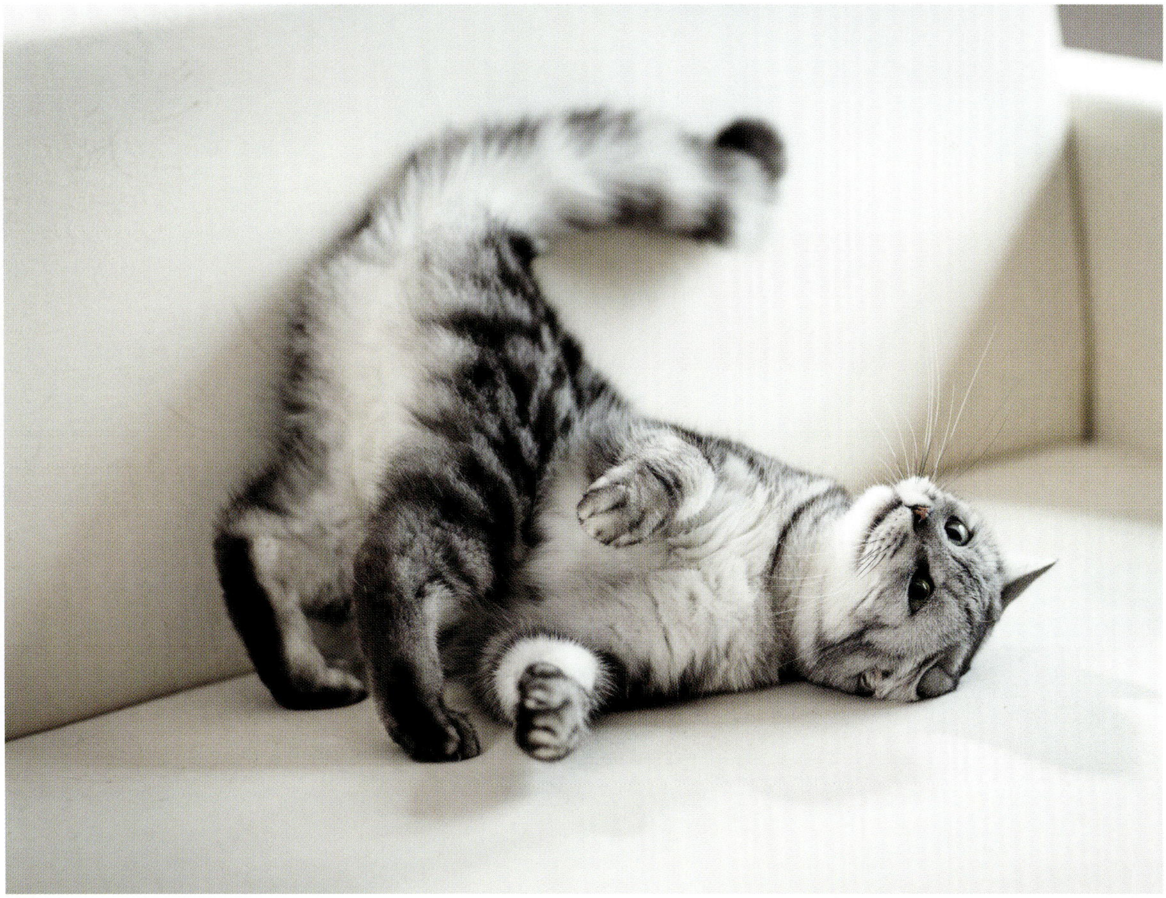

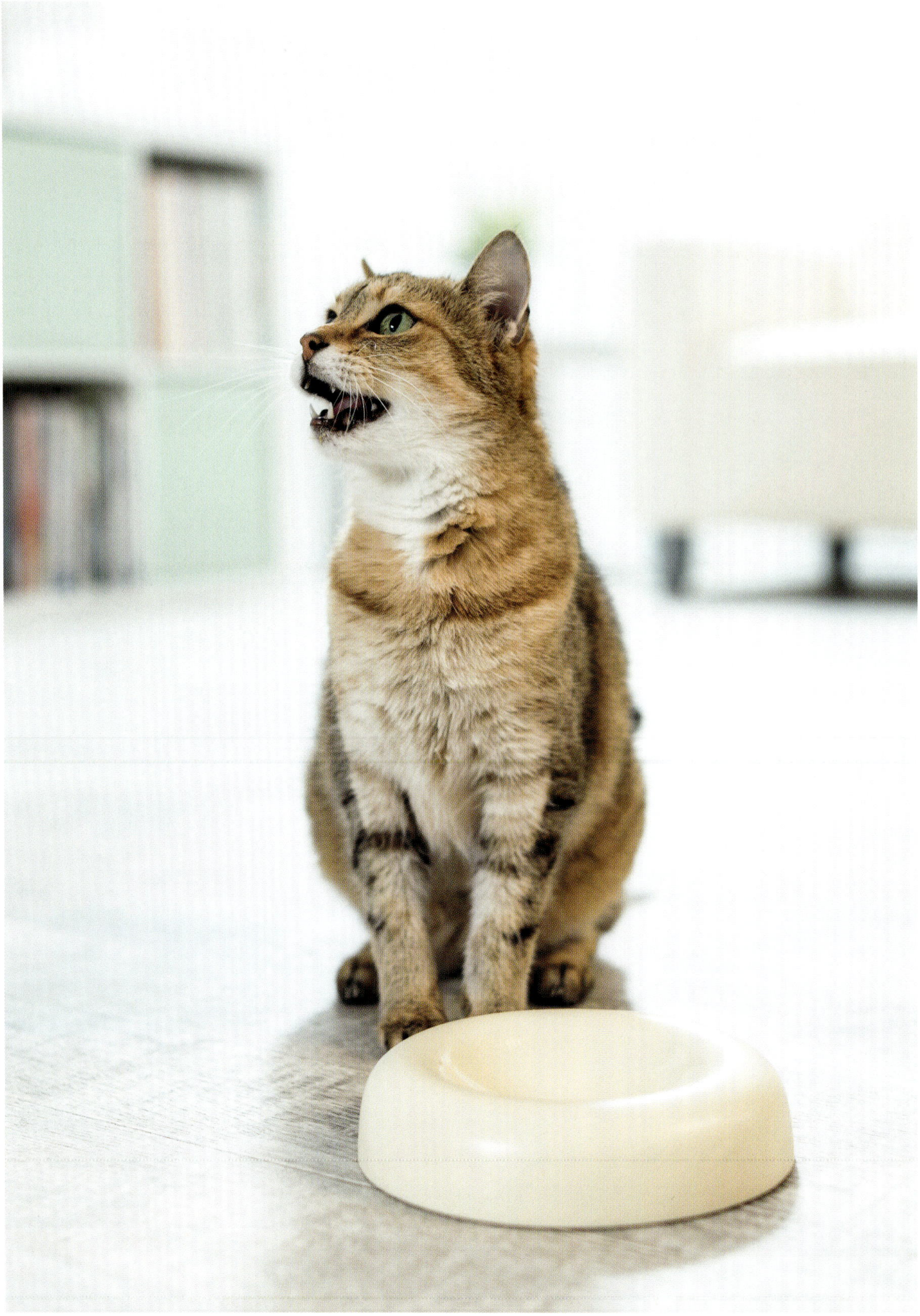

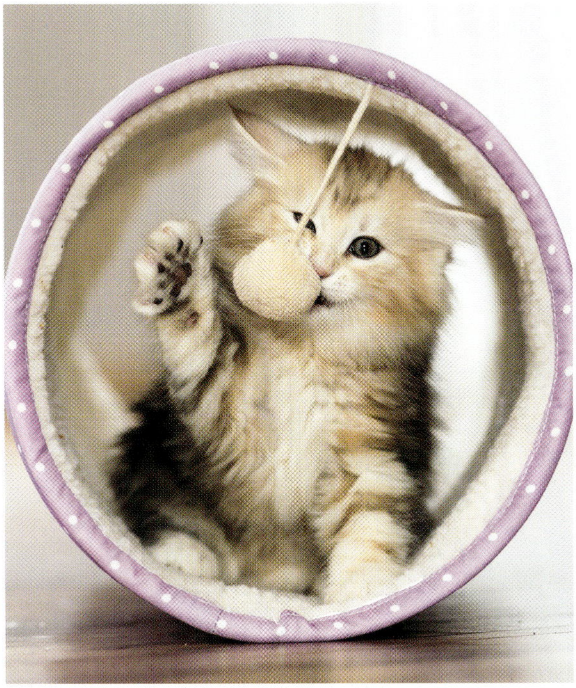

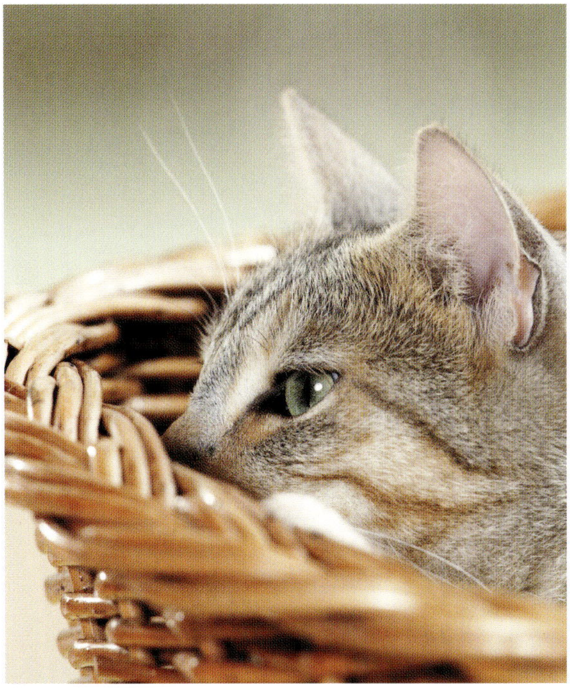

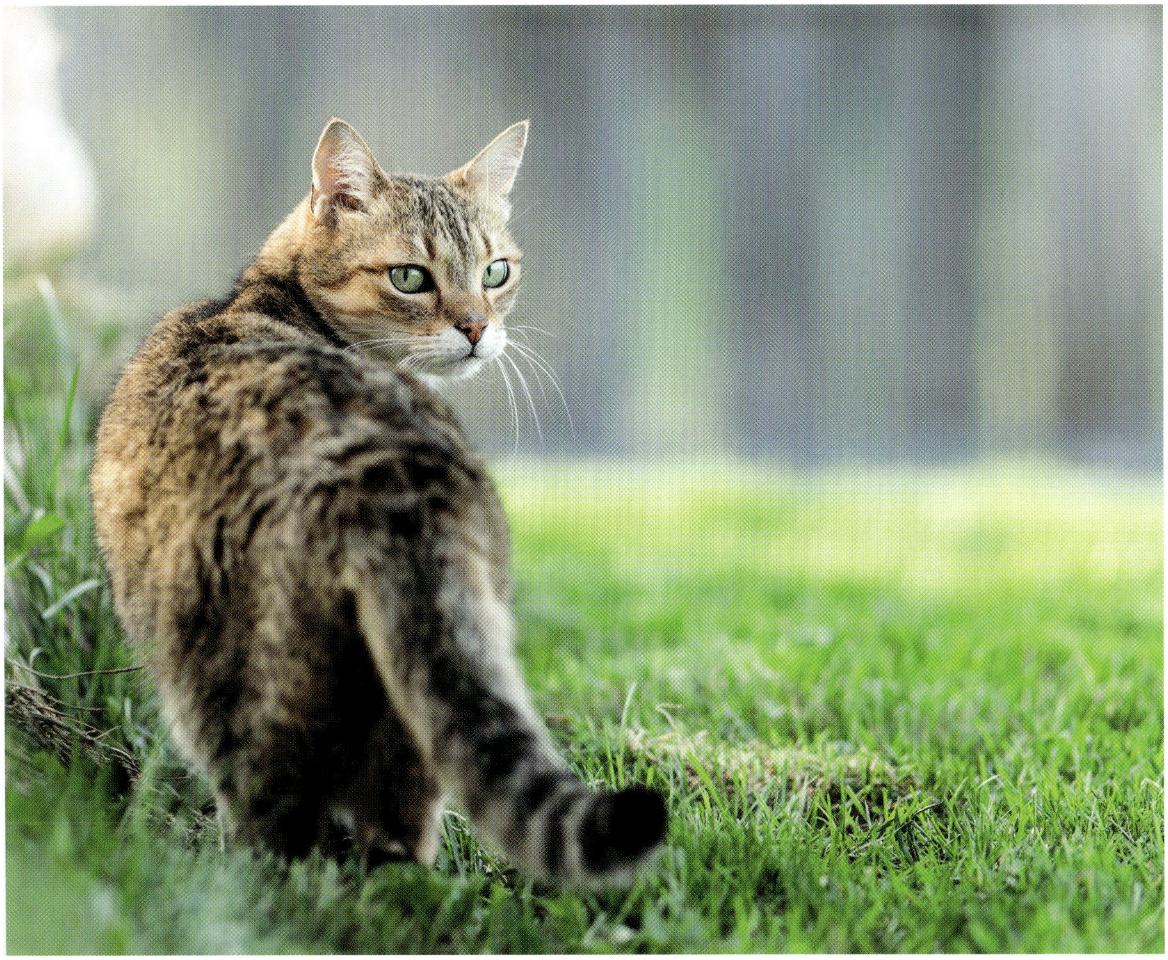

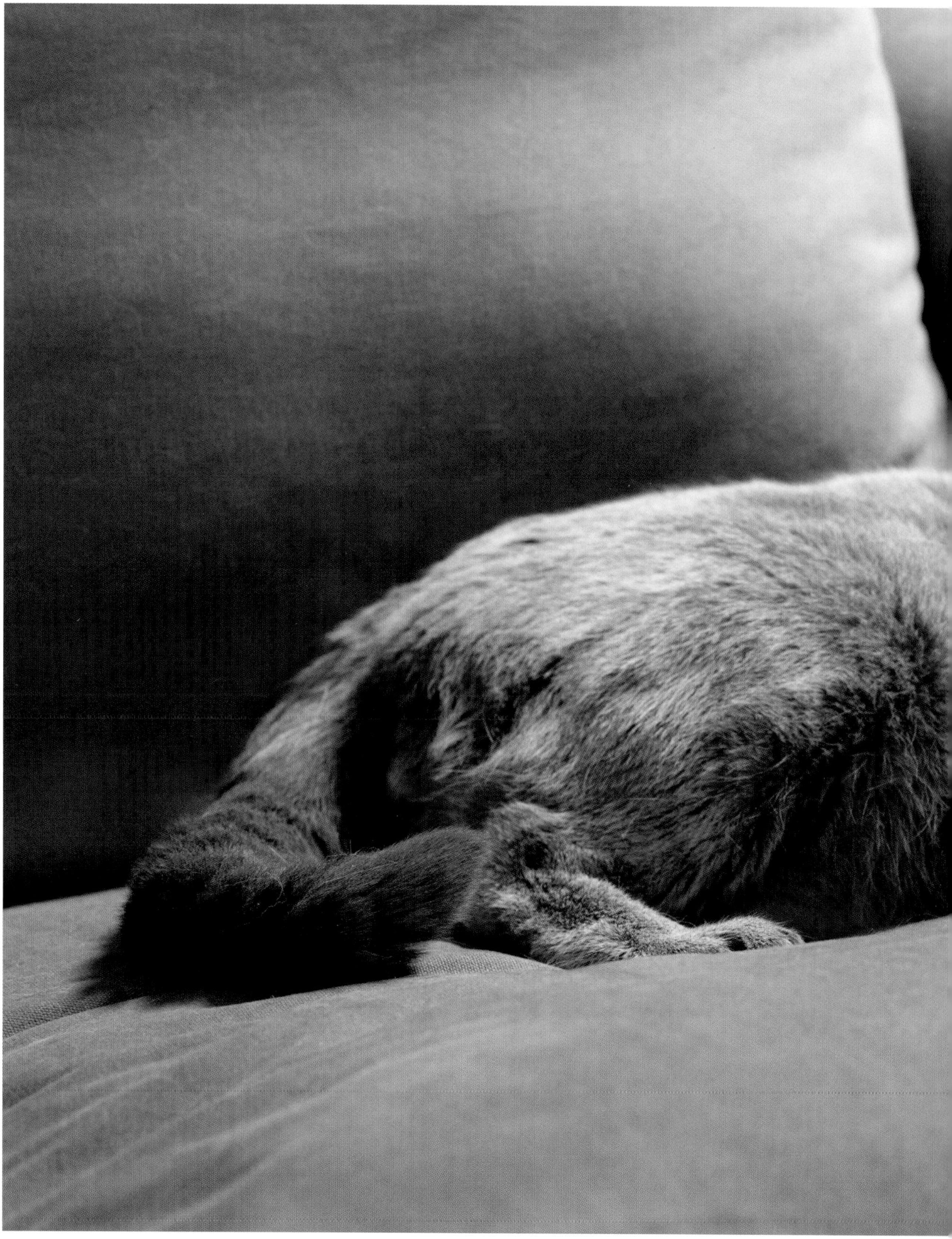

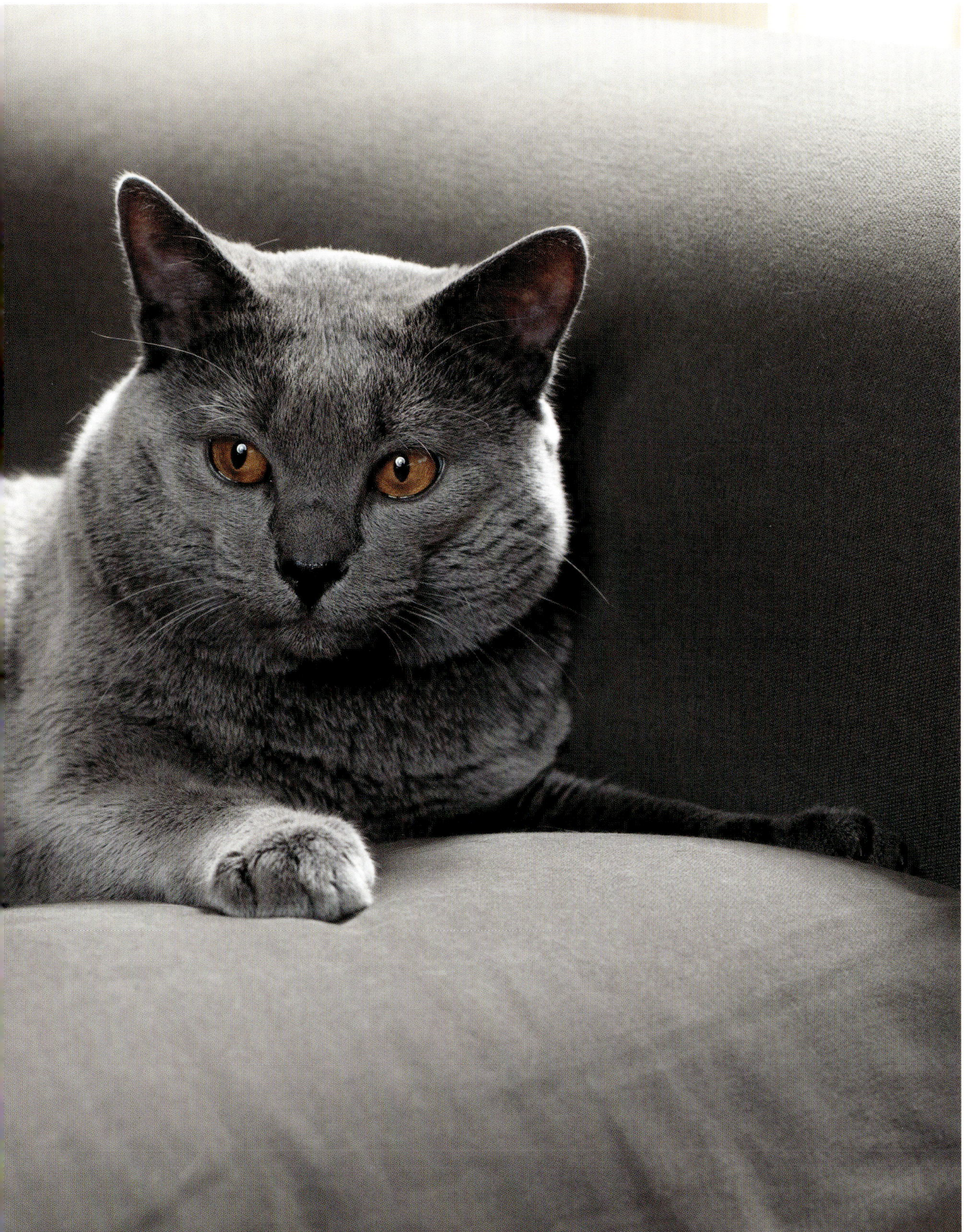

Der Gourmand

(oder: der Adipöse)

Es gibt diesen Katzentypus sowohl unter Wohnungskatzen als auch unter Freigängern. In die Katzenweltliteratur hat er Eingang gefunden als Garfield, jenem Kater mit so typisch menschlichen Problemen wie Diäten, Montagen und Langeweile. Garfield frisst in erster Linie und ruht sich anschließend vom Fressen aus. Ansonsten ist er, O-Ton: „frech, fett, faul und filosofisch".

Mir fällt dazu die Geschichte von Toby ein, unserem ehemaligen Nachbarskater, der eines Tages auf und davon zog, um sein Glück zu suchen, und heute wahrscheinlich normalgewichtig und glücklich bei einer älteren Dame lebt, die allenfalls leise Klaviermusik hört, ihm Garnelenpastete bäckt und ihm jeden Abend den Pelz bürstet.

Als wir Toby kennenlernten, war er bereits relativ übergewichtig und hatte einen Felinen Body-Mass-Index von gefühlten 75. Trotzdem hatte er einen graziösen Gang und schaffte es sogar, sich durch unseren sehr engen Katzenschlupf zu quetschen, um regelmäßig den Futternapf unseres Katers in der Küche zu inhalieren (er mochte nur Trockenfutter). Dabei machte er unglaubliche Geräusche, die an einen Schnorchler mit Stirnhöhlenproblemen erinnerten. Nicht sehr appetitlich ... Das alles gelang ihm auch bei anderen Nachbarn, was dazu führte, dass er von Monat zu Monat fülliger und gravitätischer wirkte. Natürlich nahm mich diese unverhohlene Gier, gepaart mit Stillosigkeit, nicht gerade für ihn ein, und wir reagierten zunehmend genervt auf seine Schnorreranwesenheit. Selbst Thali, der ja unser eher gutmütiges Spielkind ist, fauchte den dicken Toby mutig an, was diesen allerdings relativ ungerührt und schnorchelnd weiterfressen ließ. →

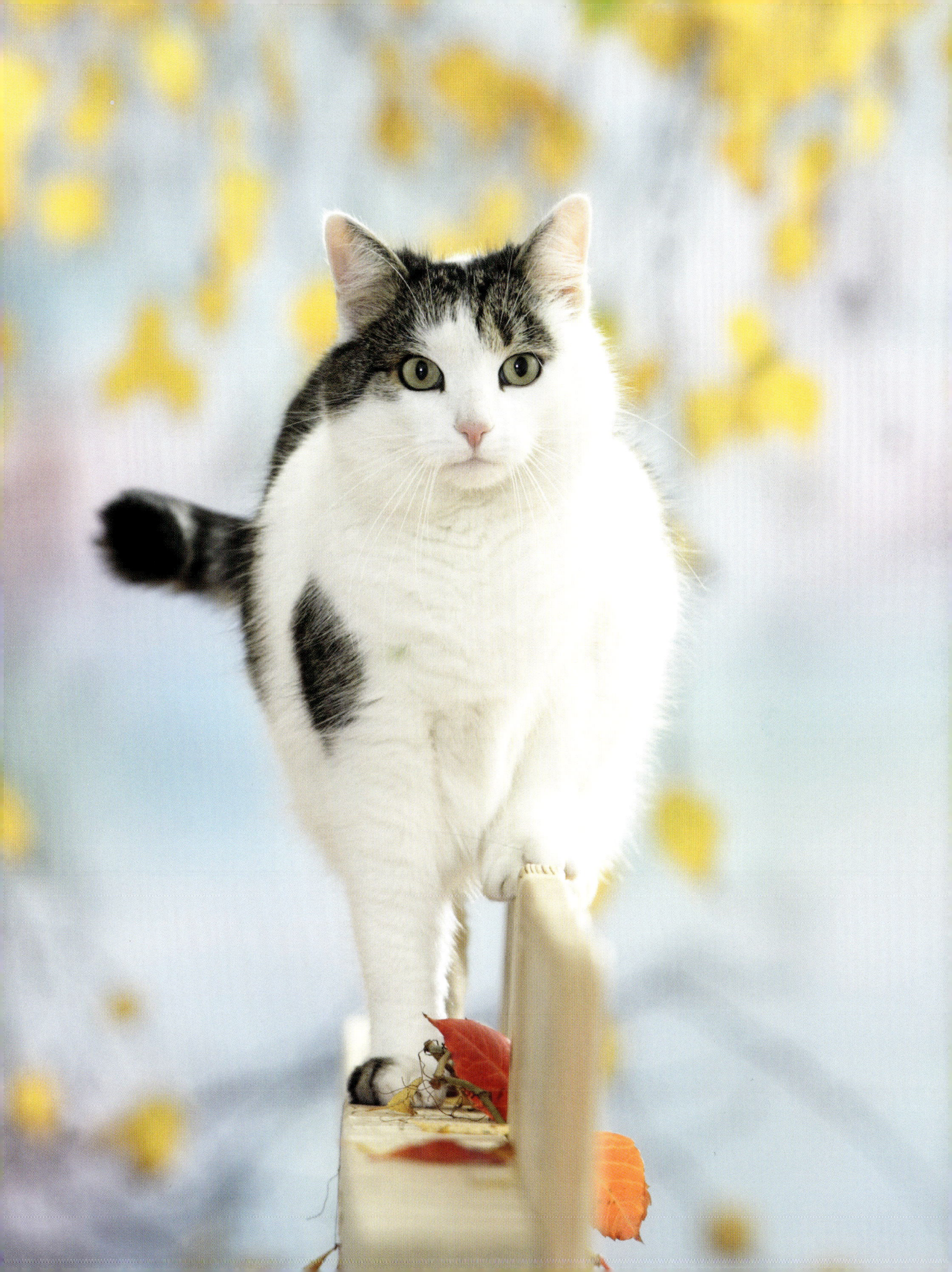

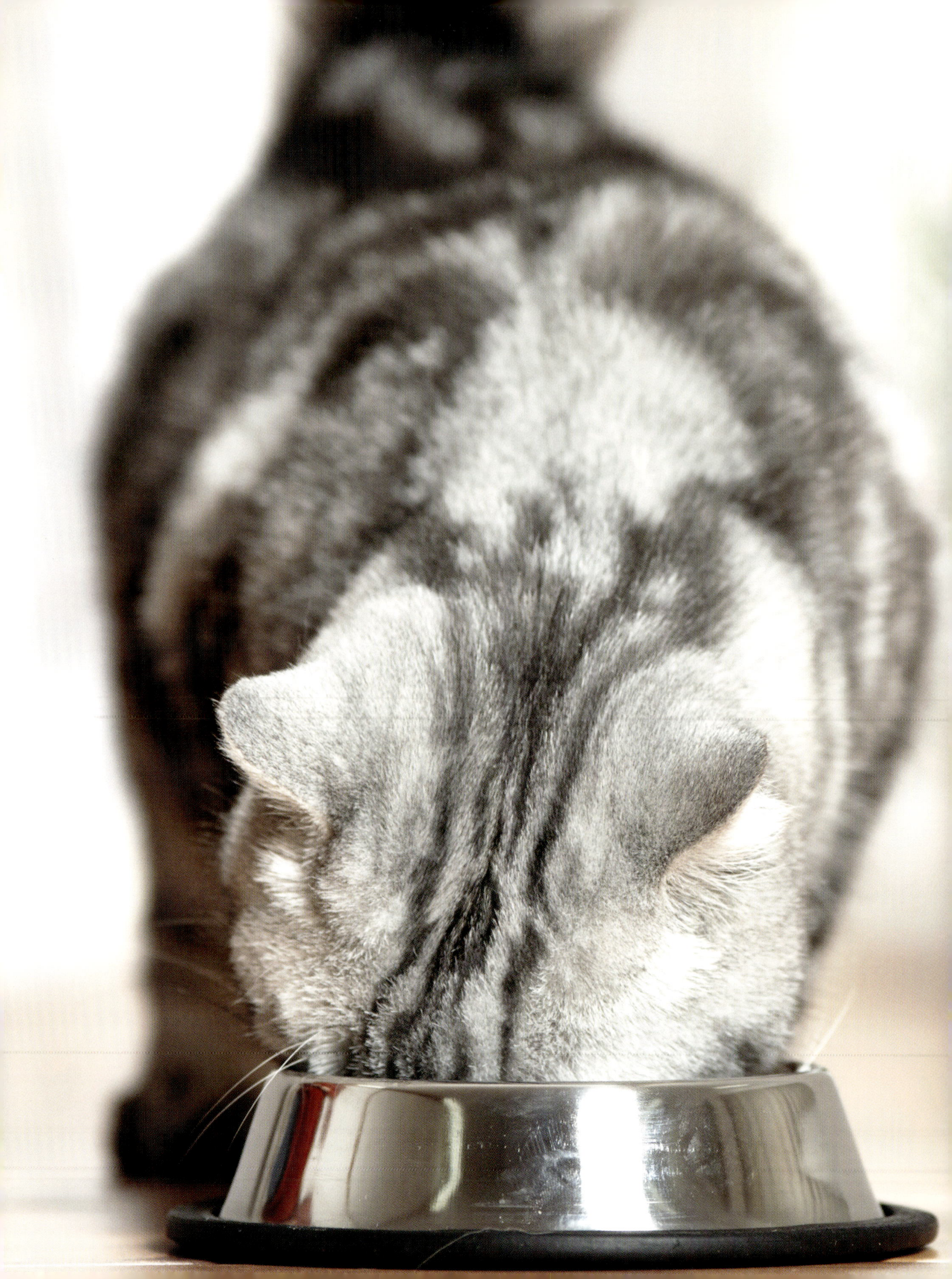

77

Der Einzige aus meiner Familie, der dem Dicken gewogen sein sollte, war mein jüngerer Sohn, der immer wieder betonte, wie arm der Arme sei und dass er mehr gestreichelt werden müsse und dass er es außerdem zu Hause einfach nicht besonders gut habe. Diese feinfühlige Beobachtung warf nun in unserem katzenpsychologisch interessierten Haushalt die Frage auf, inwiefern Tobys Bauchumfang psychosomatisch bedingt sei, und hier griff dann auch (endlich) meine katzenmütterliche Empathie.

Fakt war, dass Toby zusammen mit einer sechsköpfigen Dosenöffnersippe lebte, deren Mitglieder über ein unglaubliches Krachmacherpotenzial verfügten. Es gab auch noch zwei stumme Stallhasen zur Bespaßung der jüngsten Familienmitglieder, die fielen in Sachen Lärmtrauma aber wahrscheinlich nicht weiter ins Gewicht. Bei den Erwachsenen handelte es sich zudem nicht um echte Dosenöffner, weil Toby nur Diätfutter aus der Tüte bekam. Trotzdem war der Kater im Lauf der Zeit so dick geworden, dass er sich nicht mehr richtig putzen konnte. Sein Frauchen kam dem Zustand bei, indem sie ihn an den verfilzten Stellen beherzt rasierte, was sehr würdelos aussah und im Sommer zu partiellen Sonnenbränden führte.

Tobys Stressdrama eskalierte schließlich, als sich die Familie entschloss, einen kinderlieben Hund anzuschaffen (der gut zu ihr passte, da er das Krachmacherpotenzial noch verstärkte). Er hauste in der Diele und versperrte dem Kater fürderhin den freien Zugang zu seiner Katzenhöhle. Ganz nach dem Motto: Es tut dem Dicken nur gut, wenn er mal eine Nacht draußen bleibt und ein bisschen rumjagt.

Wenn man über Eltern-Kind-Dramen liest, in denen Vernachlässigung und Missbrauch eine Rolle spielen, taucht mitunter die Forderung nach einem sogenannten Elternführerschein auf, sozusagen als Nachweis über Basis-Erziehungswissen. Manchmal denke ich, dass ein Katzen- oder meinetwegen auch Hundeführerschein für Tierhalter ebenfalls sehr wünschenswert wäre. →

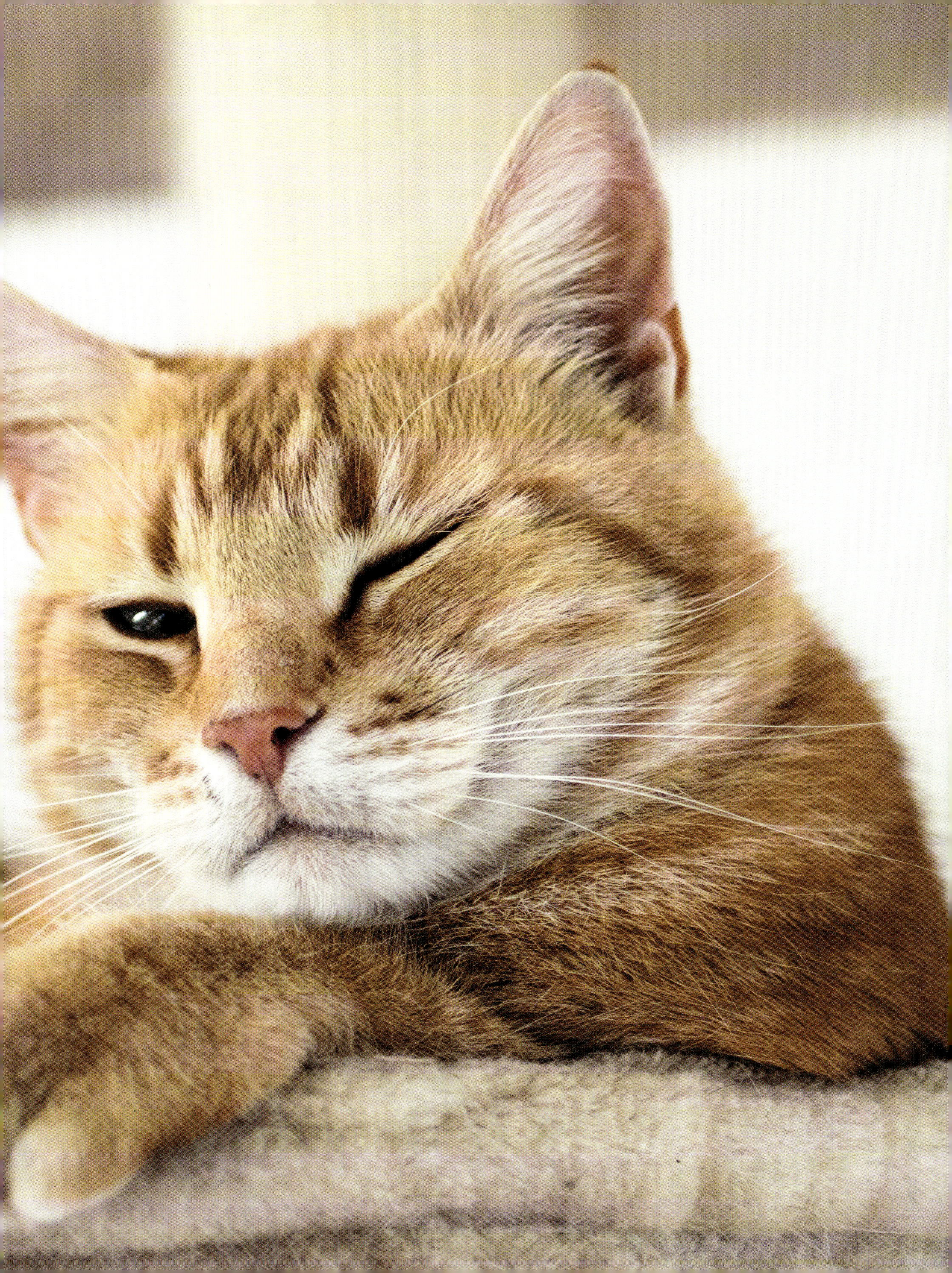

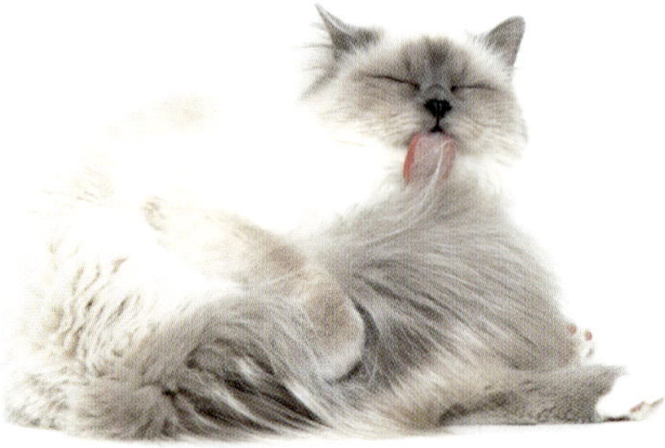

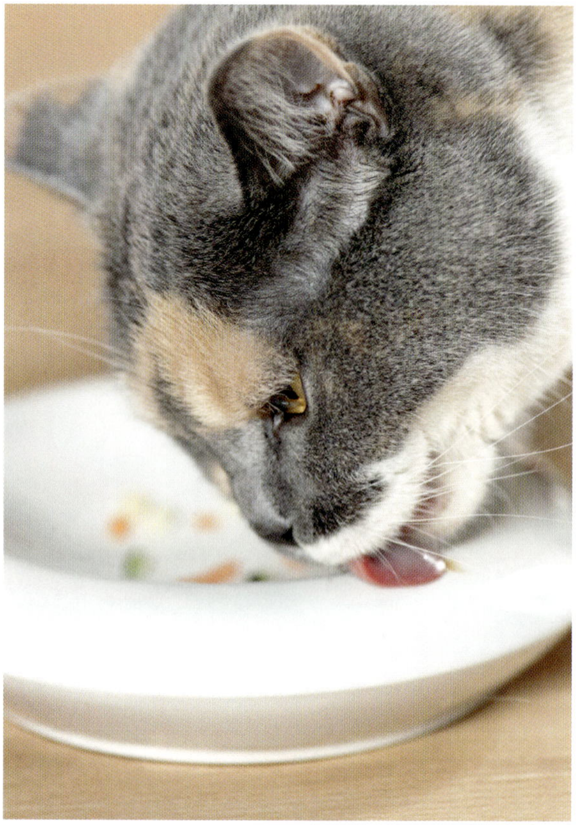

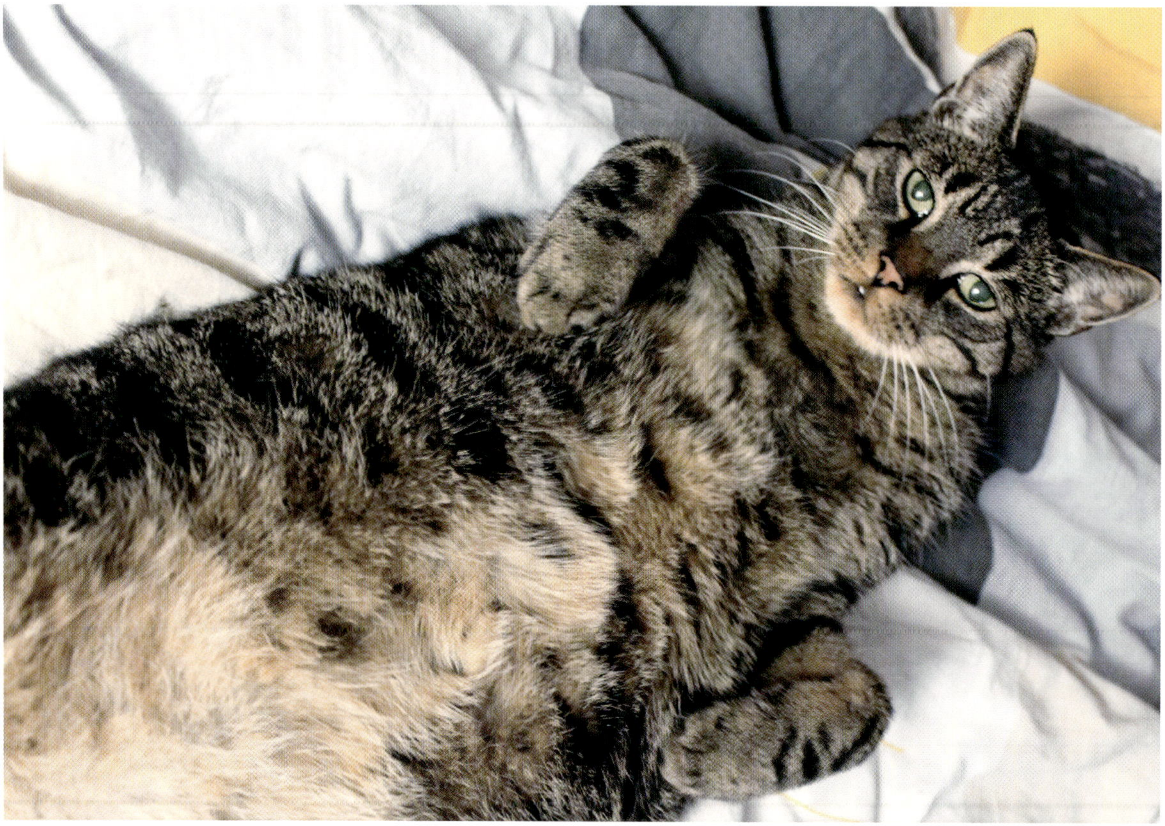

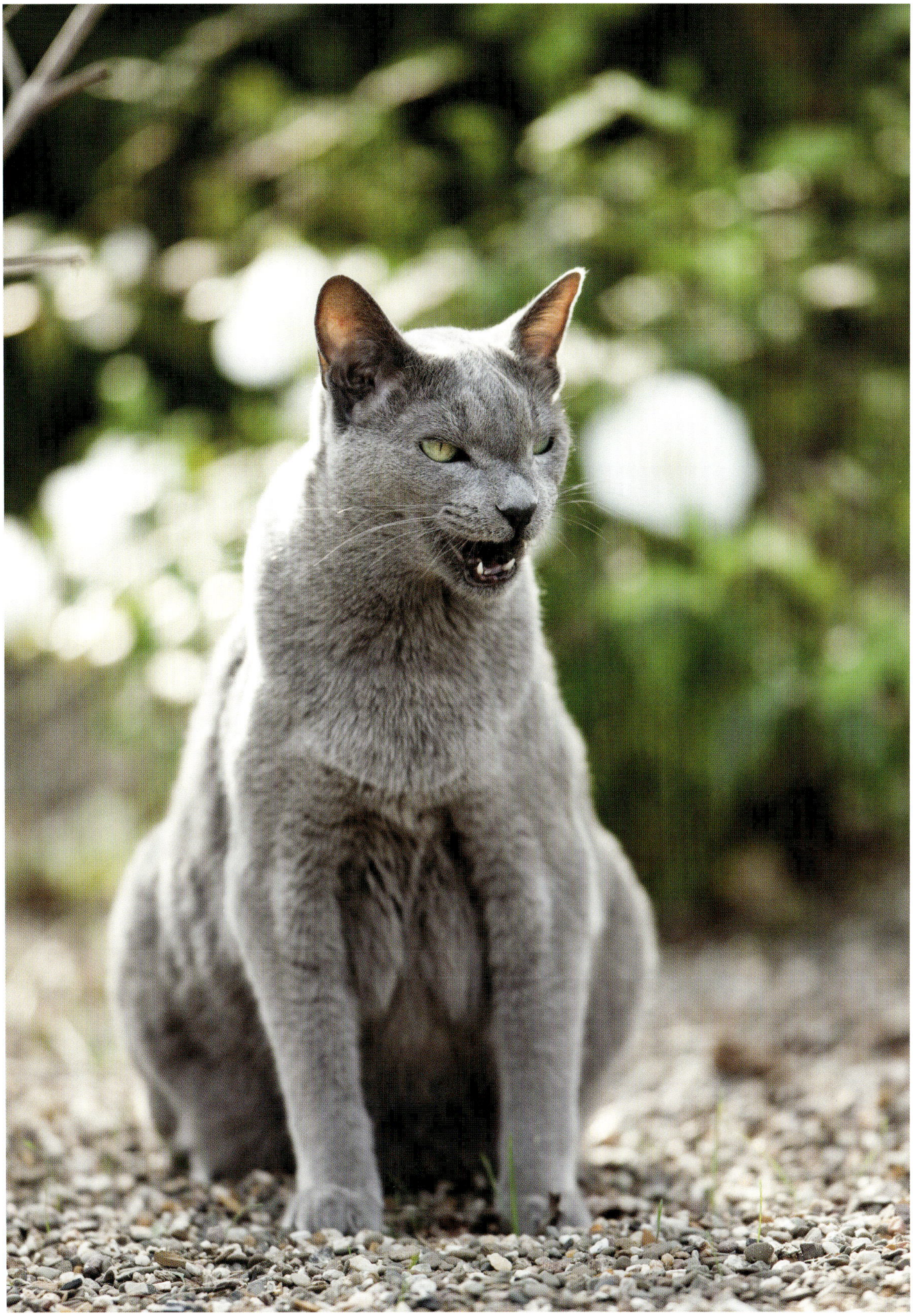

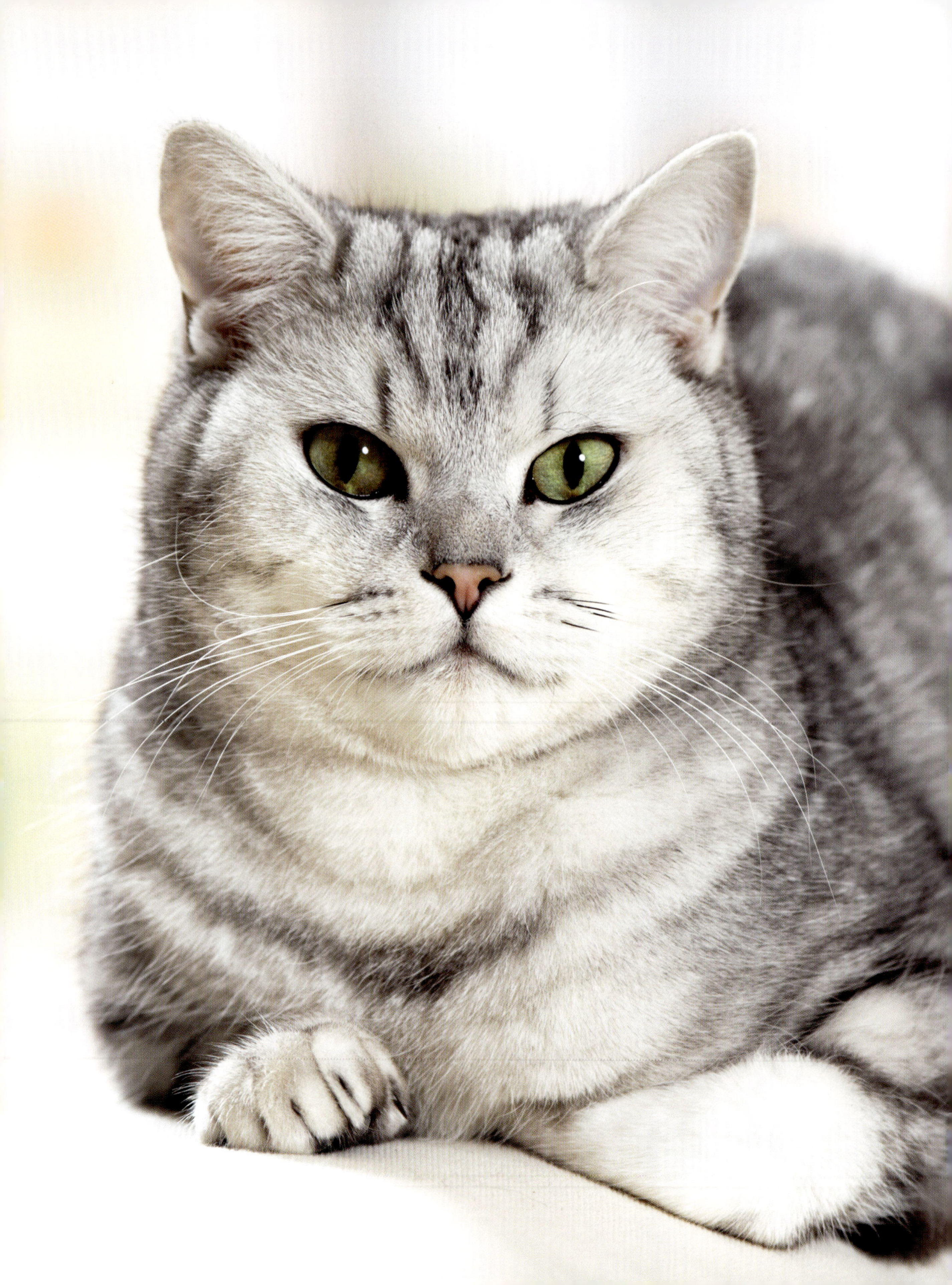

Katzenpsychologen wissen, dass eine dicke Katze in der Regel nicht glücklich ist, denn Mopsigkeit ist wider die Katzennatur. Bei den wildlebenden Katzen – und das gilt für alle, auch die Großkatzen – gibt es keine Dickerchen, bei denen der Bauch knapp über dem Boden schlenkert. Denn Katzen haben, wenn sie körperlich und seelisch gesund sind, eine natürliche Essbremse. Sie essen nur so viel, wie sie tatsächlich brauchen.

Ob eine Katze zu dick ist, kann man folgendermaßen feststellen: Wenn man einer Katze von oben auf den Rücken schaut, dann sollte der Ansatz einer Taille erkennbar sein (nicht im Sitzen!). Ist das nicht der Fall, ist die Katze zu moppelig. Bei Rassekatzen oder eindeutigen Rassemixen kann man sich zusätzlich an den Gewichtsvorgaben der Rassebeschreibungen orientieren. Denn Größe, Rasse und Körperbau müssen berücksichtigt werden, eine Britisch Kurzhaar zum Beispiel hat ein anderes Idealgewicht als eine Siamkatze (ja, oh Mann meines Herzens: Sookie ist NICHT zu dick, das ist nur ihr Fell!).

Warum eine Katze zu dick wird, hat vielerlei Gründe: Entweder fühlt sie sich einsam, ihr ist langweilig, sie wurde als Katzenbaby auf falsche Ernährungsmuster geprägt, sie streunt, hat kaputte Gelenke oder hat bei ihren Menschen ein falsches Essverhalten erlernt. Dumm ist nur, dass eine dicke Katze kein richtiges Katzenleben mehr führen kann. Dabei ist jede Katze von Natur aus perfekt gebaut, sie hat einen muskulösen und kräftigen Körper. Und auch, wenn sie scheinbar den ganzen Tag herumliegen und dösen, sind Katzen doch überaus beweglich, gehen jagen, durchstreifen ihr Revier oder – sofern sie Wohnungskatzen sind – spielen gern und ausdauernd.

Toby scheint sich eines Tages, als ihm das Getolle und Gebelle zu dumm wurde, an seine Katzennatur erinnert zu haben. So zumindest haben wir uns das vorgestellt. Er hat dann seine Katzensachen gepackt und ist mit gravitätisch hin und her schwingendem Bauch von dannen gezogen. In unserer Vorstellung wohnt er jetzt bei dieser reizenden alten Dame und sieht ihr abends vor dem Kaminfeuer liegend zu, wie sie Äpfel sortiert (oder so). Auf jeden Fall ist er jetzt glücklich. 🐾

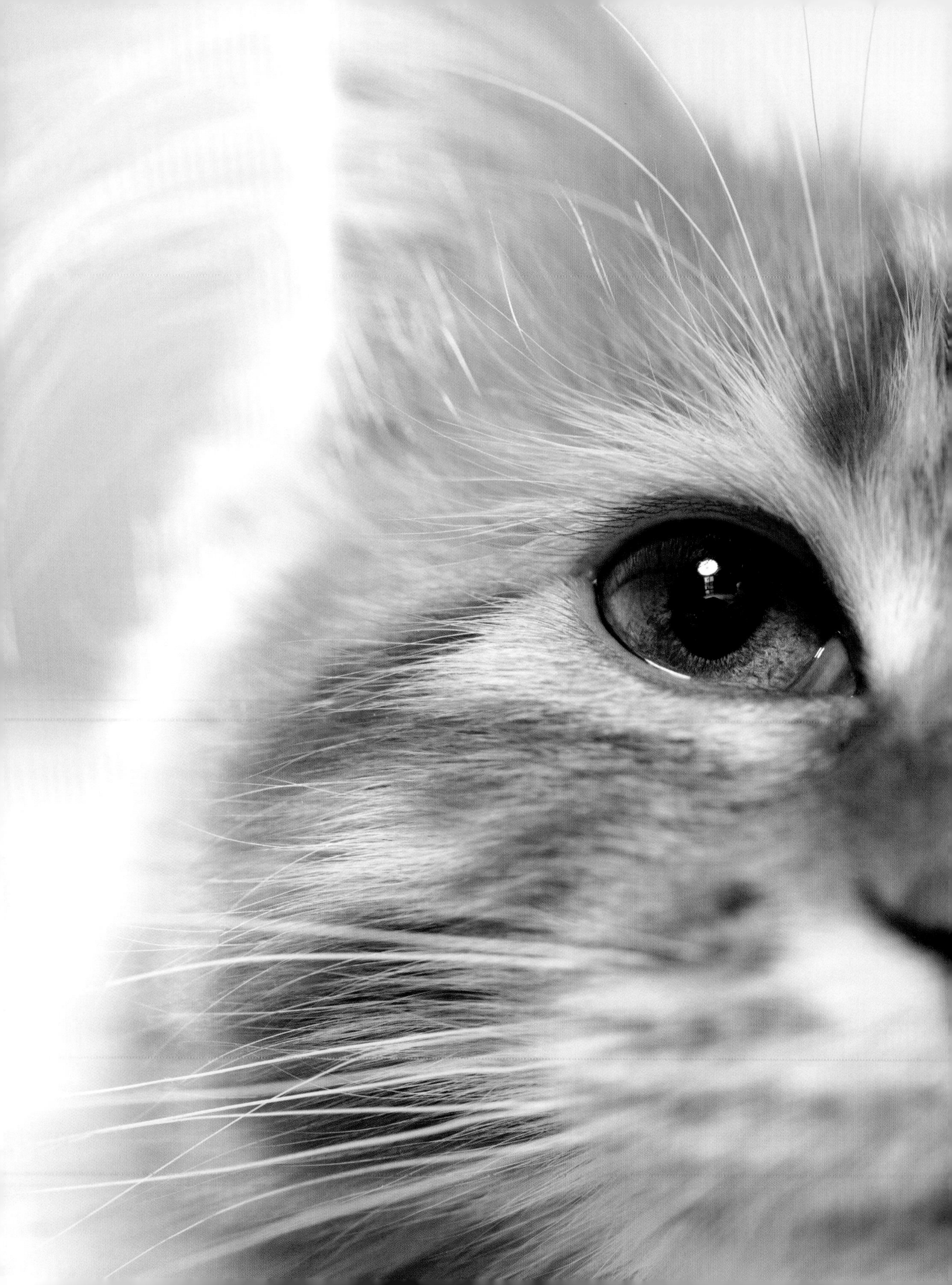

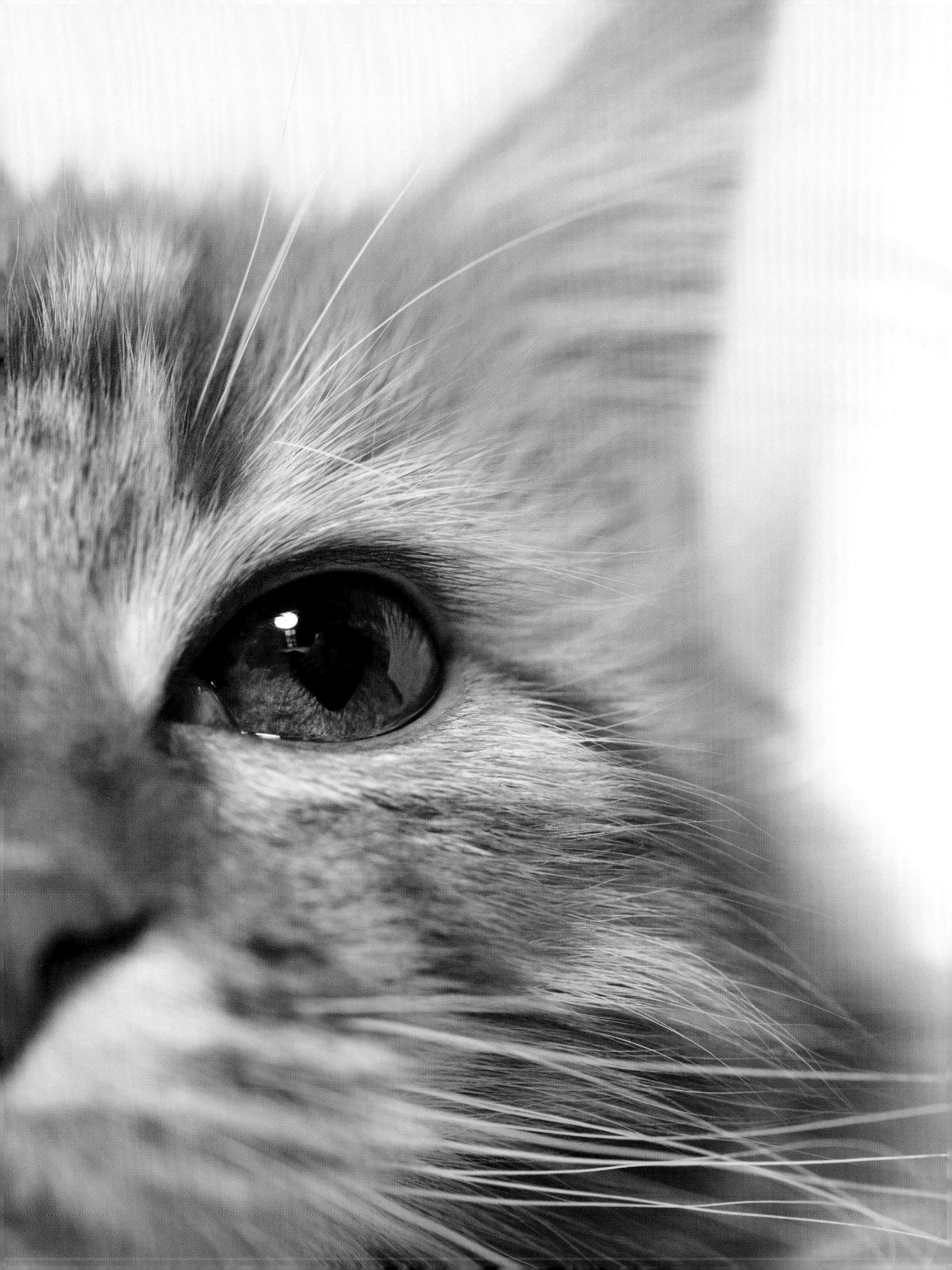

Der Streuner

(oder: der Abenteurer)

Als Kinder liebten wir die Zeichentrickfilme (damals hieß das tatsächlich noch so) von Walt Disney. Einer unserer Lieblingsstreifen war *Aristocats*, den wir gefühlt 155-mal gesehen haben. Auch meine Kinder lernten die zauberhafte Duchesse mit ihren entzückenden Kindern und den gut aussehenden Thomas O'Malley kennen, der der kleinen, feinen Katzenfamilie half, den tödlichen Plänen des intriganten Butlers Edgar zu entrinnen und wieder heim nach Paris in die Villa der bejahrten Operndiva Madame Adelaide zu finden. Hätte ich Töchter gehabt, ich hätte sie mit diesem Film auf ein verheerendes (aber man muss auch sagen: spannendes und unterhaltsames) Männerbild geprägt …

Thomas O'Malley (mit vollständigem Namen: Abraham de Lacey Giuseppe Casey Thomas O'Malley) ist der klassische Streuner, er kann wunderbar singen, noch toller flirten und hat spannende Freunde in Form einer anarchistischen Jazz-Combo sowie ein schickes, wenn auch etwas heruntergekommenes Penthouse in Paris. Mit seinem Freund Scat Cat (in der deutschen Version merkwürdigerweise: Swingy; eigentlich war Louis Armstrong als Synchronstimme geplant, weshalb er ursprünglich Satchmo Cat hieß) singt er den Klassiker „Everybody wants to be a cat" (deutsch: „Katzen brauchen furchtbar viel Musik").

Der orangefarbene Kater mit der sanften Männerstimme, die wahrscheinlich mehr als eine Katzenfrau zum Schnurren gebracht hat, besitzt diese unbezwingbare Gewieftheit, die nur Wesen zu Eigen ist, die ihre Freiheit wirklich zu schätzen wissen und diese auch genießen. So wandert er durch die Welt ohne Regeln und Verbindlichkeiten. →

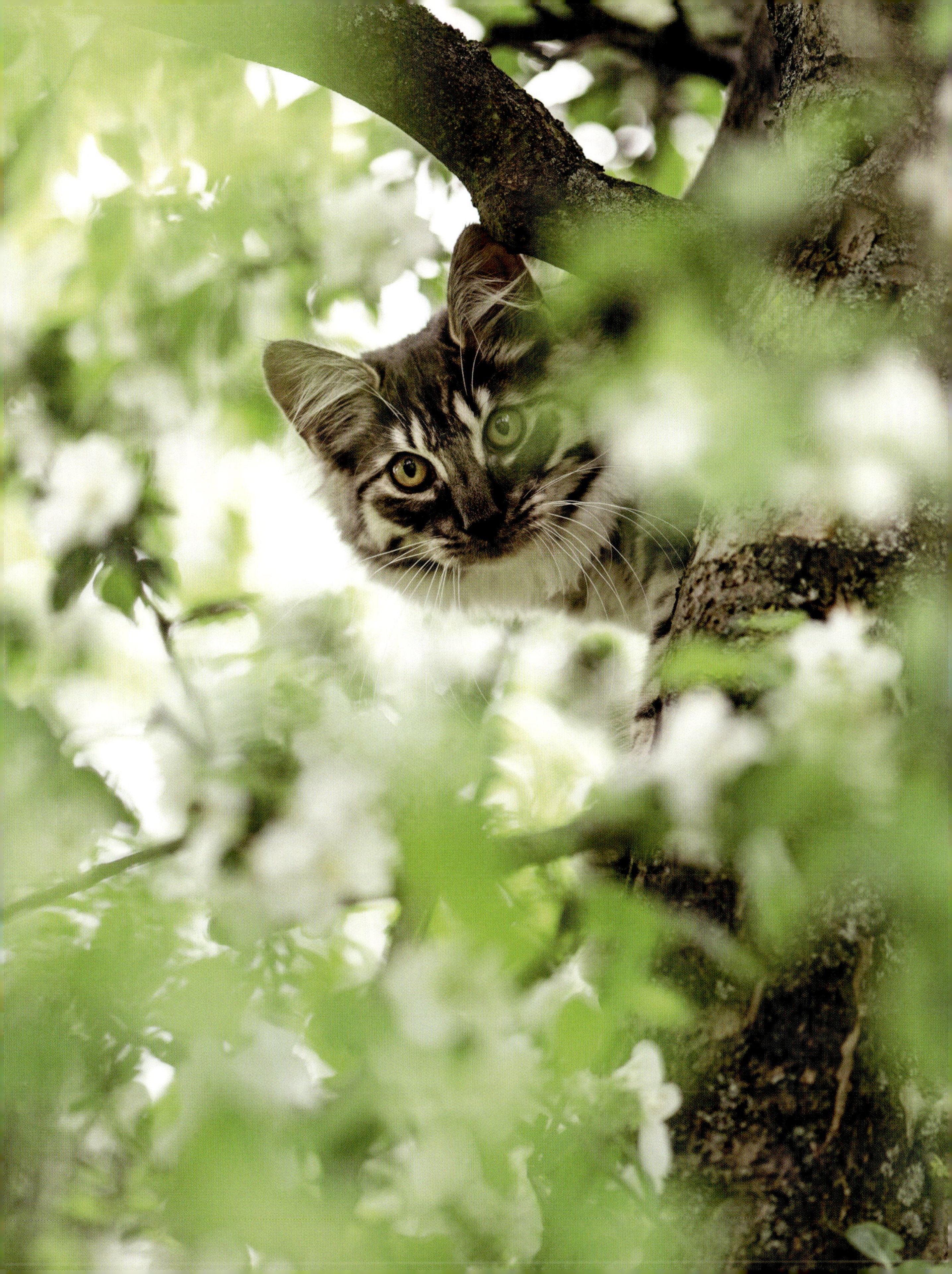

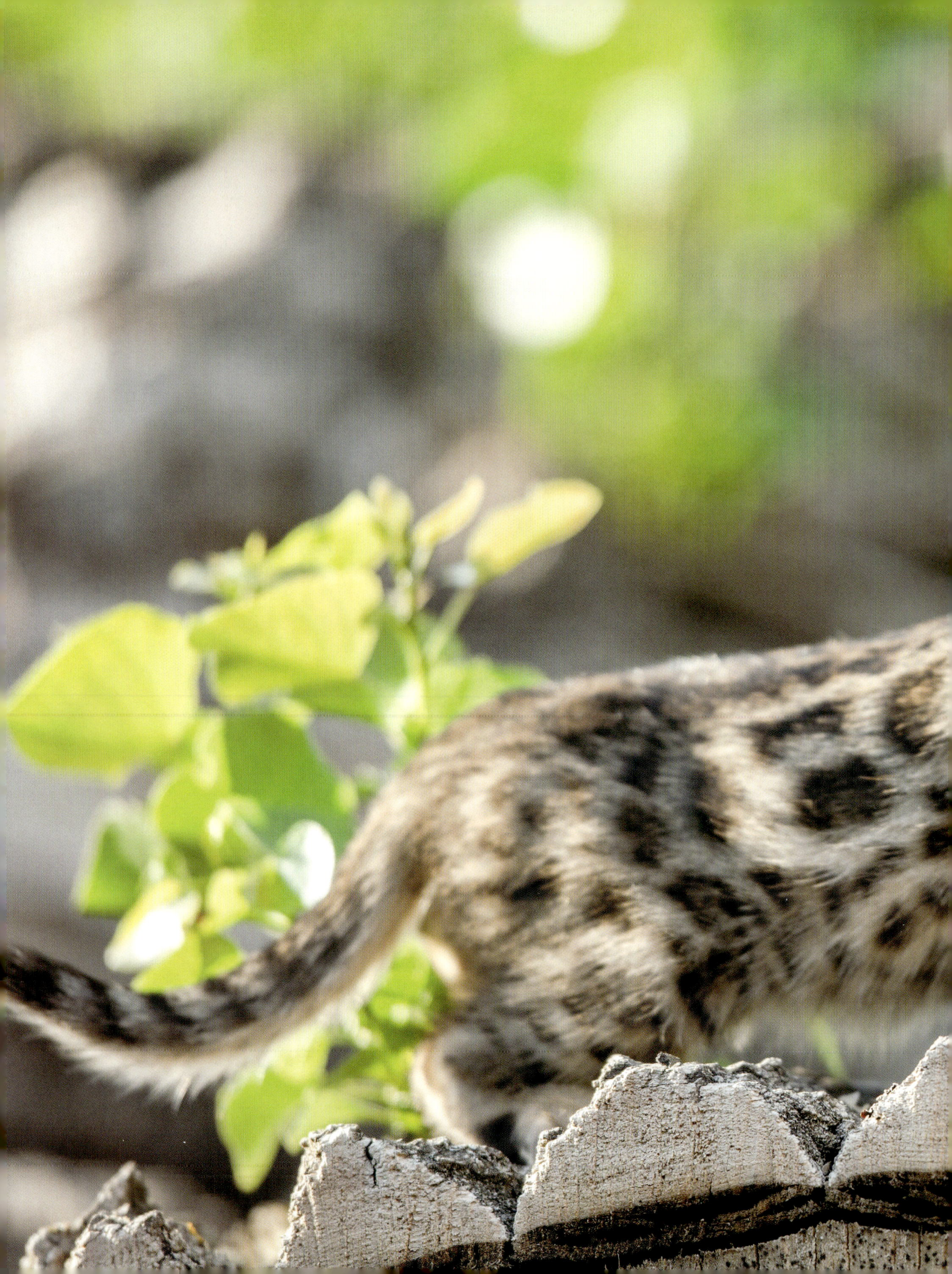

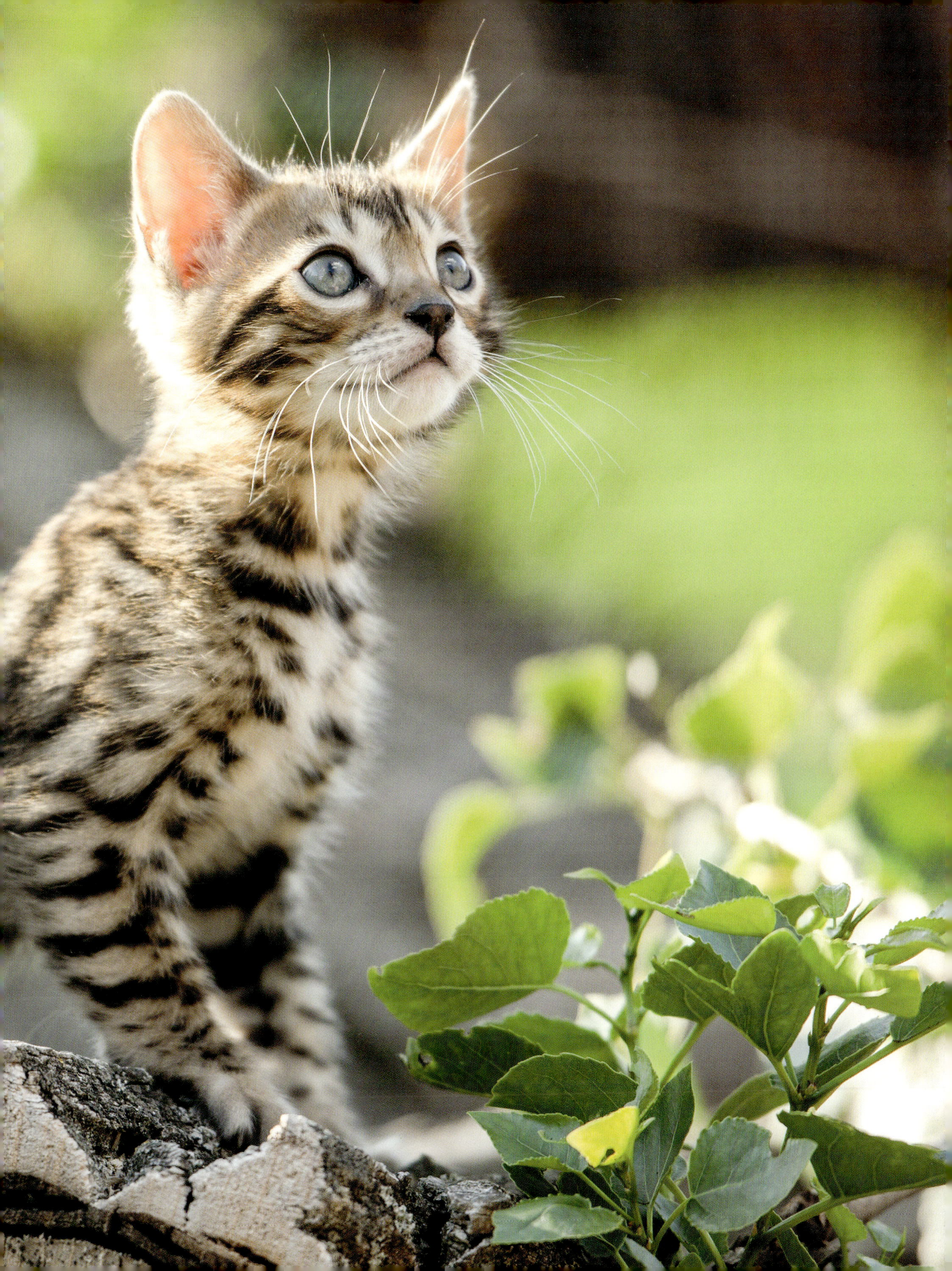

Das ändert sich, als er das erste Mal die blütenweiße Edel- und Angorakatze Duchesse erblickt, die es aufgrund verschiedener Umstände, bei denen die tapferen Hunde Napoleon und Lafayette eine Rolle spielen, auf das platte Land verschlagen hat. O'Malley verliebt sich prompt, flirtet, bringt ihr Ständchen und freut sich ganz offensichtlich auf ein exquisites Abenteuer. Dem wird ein abruptes Ende bereitet, als er feststellt, dass die Angebetete einen Stall voll Kinder (entzückend und musisch begabt: Marie, Toulouse und Berlioz) im Gepäck hat. Im Grunde eine Szene aus dem wahren Leben, die jede alleinerziehende Mutter mit einem gewissen Faible für ungezähmte Männer kennen dürfte ...

Die Geschichte nimmt ihren Lauf, die Kinder wachsen ihm natürlich an sein großes, großes Herz, und er wird auf der Heimreise wie ein Vater für sie. In dem furiosen Finale zeigt er (zusammen mit seinen Musikerkumpels) wahre Heldenqualitäten, als er Frau und Kinder mit Zähnen und Klauen verteidigt. Zum Dank dafür wird er von Madame Adelaide adoptiert, findet einen Platz an der Seite seiner Liebsten und wird – man weiß nicht, wie man das finden soll – zuletzt mit weißem Kragen und wohl frisiert domestiziert ...

Auch im wahren Leben findet sich dieser Katzentyp sehr häufig: Bei uns heißt er Tiger und gehört meiner katzennärrischen Nachbarin A. Früher hieß Tiger Merlin. Damals hatte er sich entschieden, bei einer Hellseherin einzuziehen, wollte aber bei deren nächstem Umzug (sie wechselte öfter ihren Wohnort) nicht mehr sein Revier wechseln. Auch er durchlief einen Prozess der Domestikation.

A.s Tochter gewöhnte ihn an regelmäßiges, offenbar süchtig machendes Fellbürsten, und A. kauft ihm spezielles Zahnpflegefutter und sorgt dafür, dass die Terrassentür ständig auf- und zugeht. Er streunt seither nur noch um das Haus herum …

Tierverhaltensforscher wissen, dass der Streuner gewissermaßen dem Archetypus der Katze entspricht, dem hoch spezialisierten Jäger, der viel Zeit damit verbringt, seine Umgebung zu erkunden. Der Streuner genießt sein Katzenleben auf der Straße und fühlt sich nur wohl, wenn er regelmäßig raus darf. Bleibt die Tür zu, mutiert er zum unzufriedenen Quälgeist, wird unsauber und unglücklich. Denn, so Barbara Schöning von der Gesellschaft für Tierverhaltensmedizin und -therapie in Hamburg: „Aus einem Streuner kann man keine Wohnungskatze machen." (aus: „Diese sieben Katzentypen sollten Sie kennen" von Aleksandra Bakmaz, *Die Welt Online*, 7.3.2015). Ein friedliches Zusammenleben gelingt hier nur nach dem Motto: leben und leben lassen. 🐾

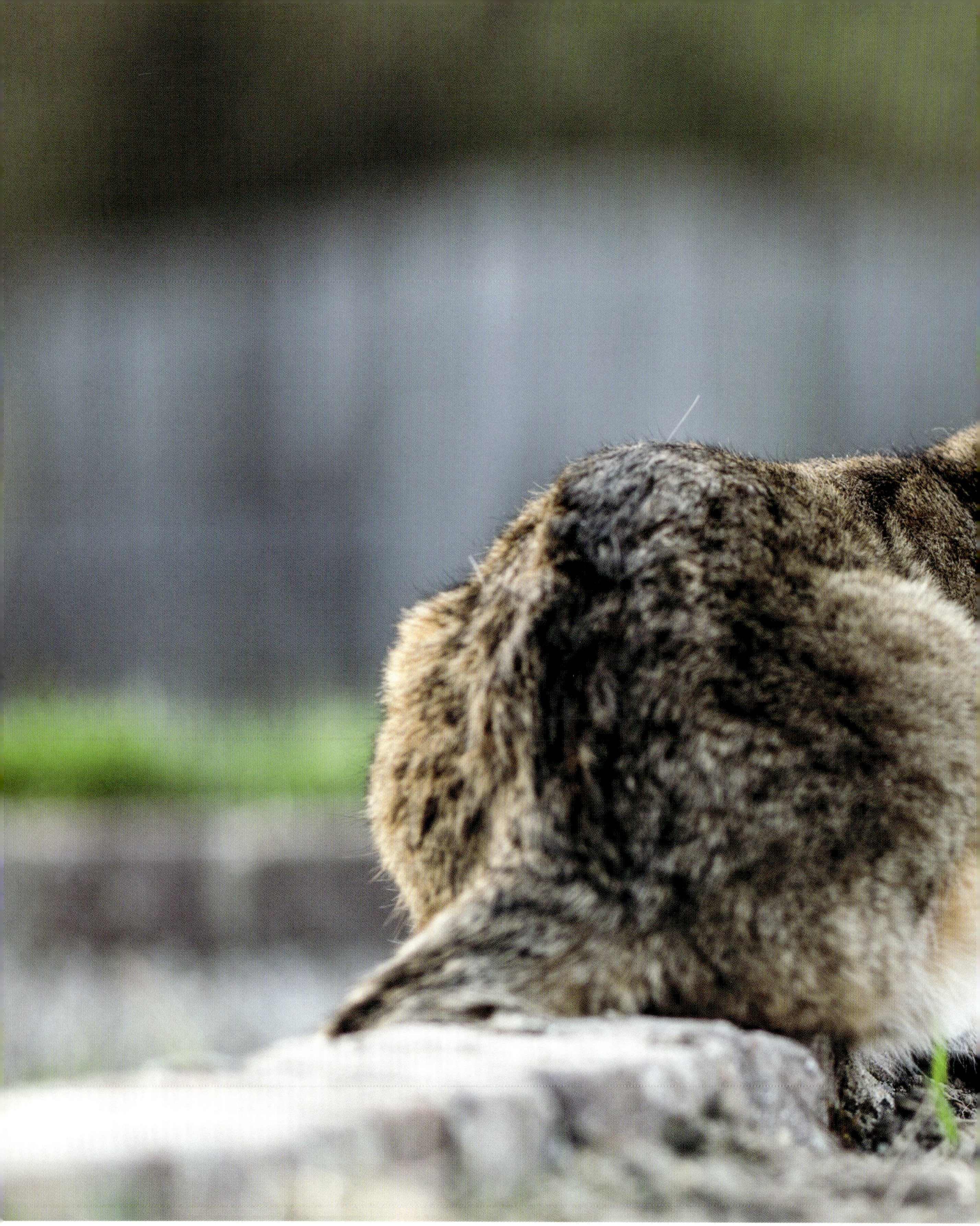

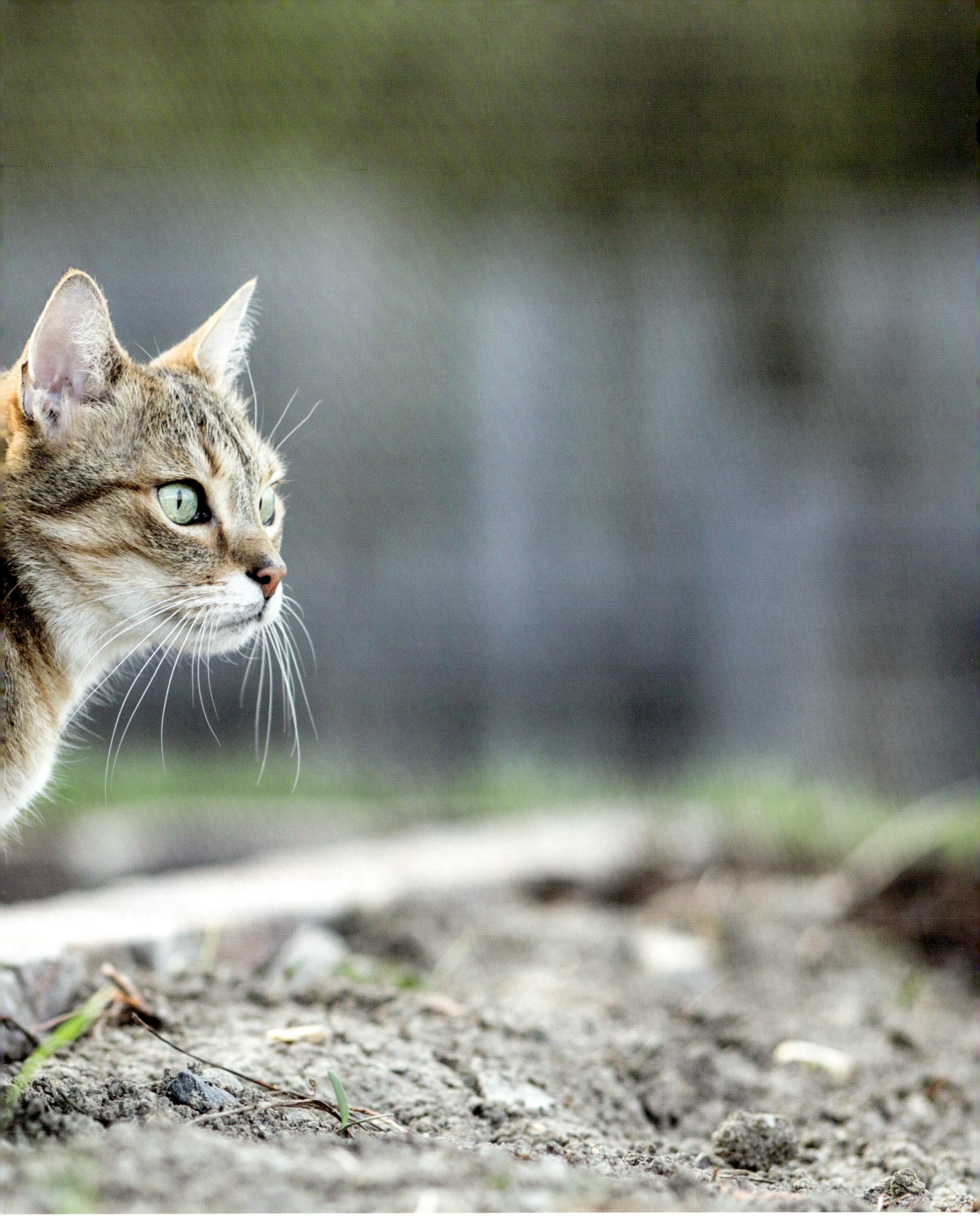

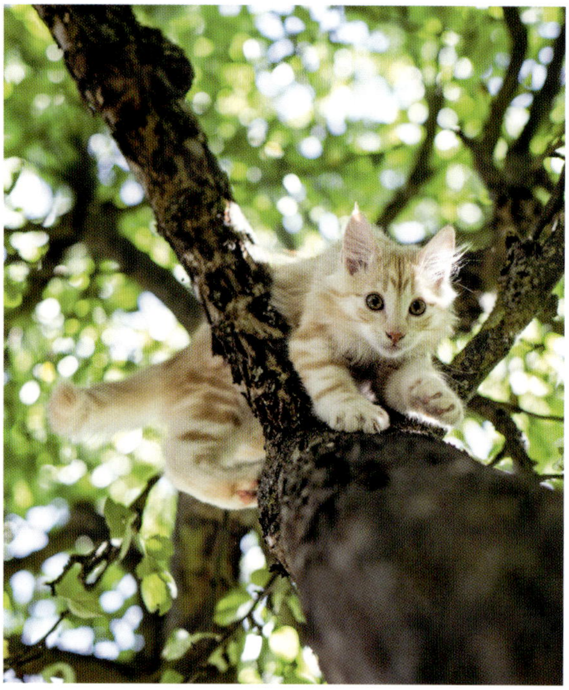

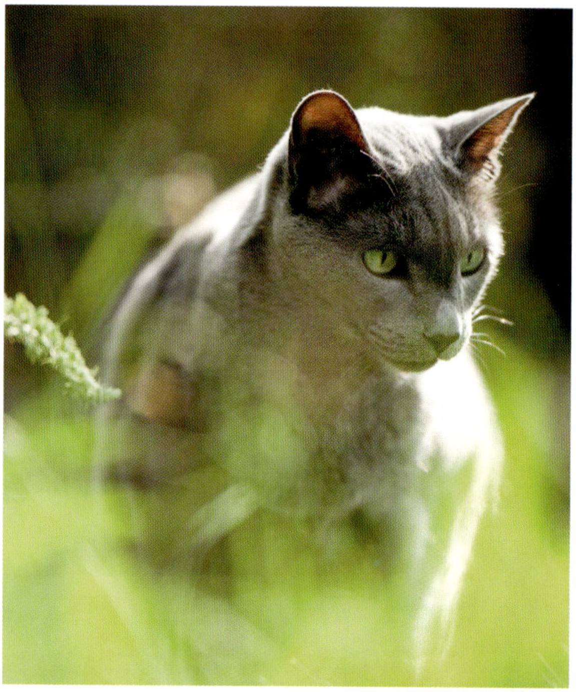

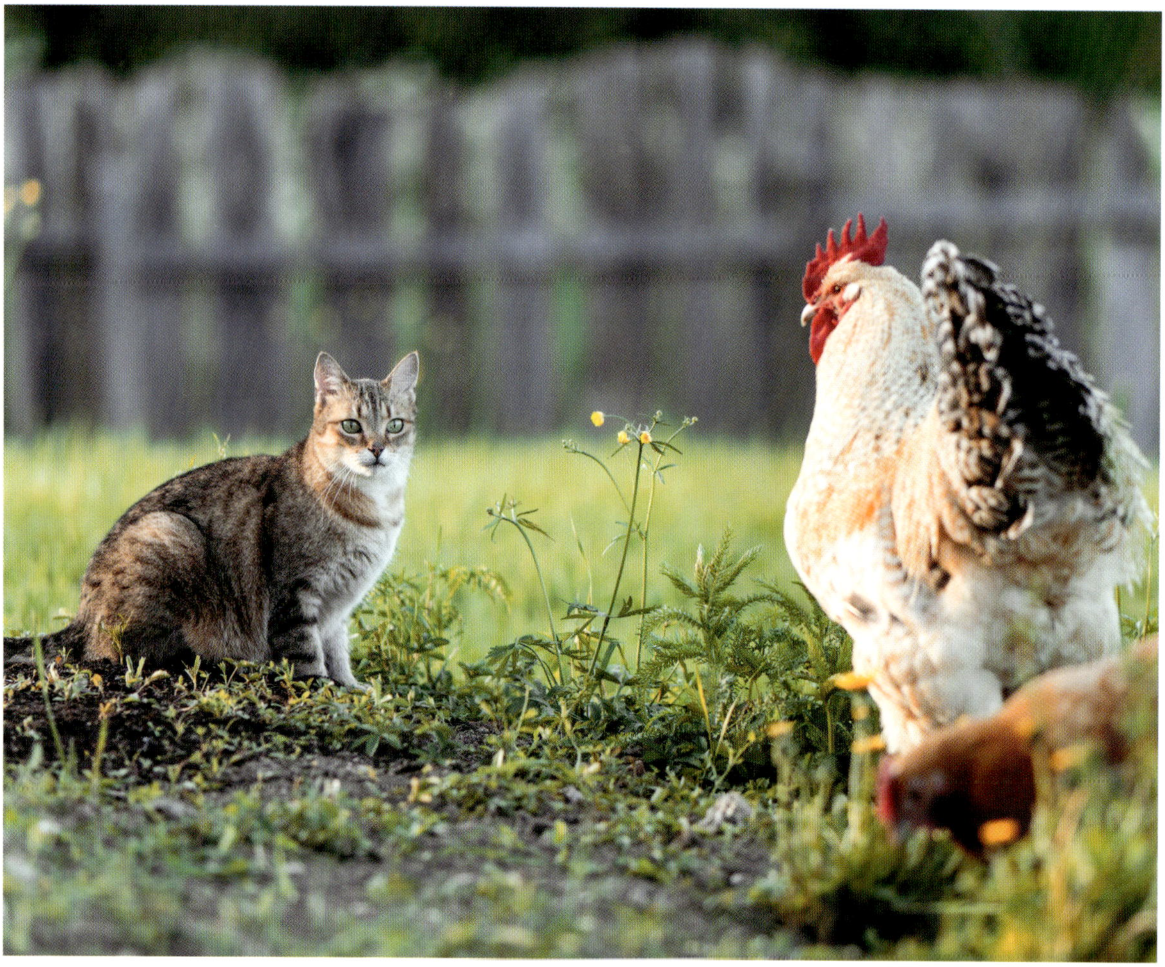

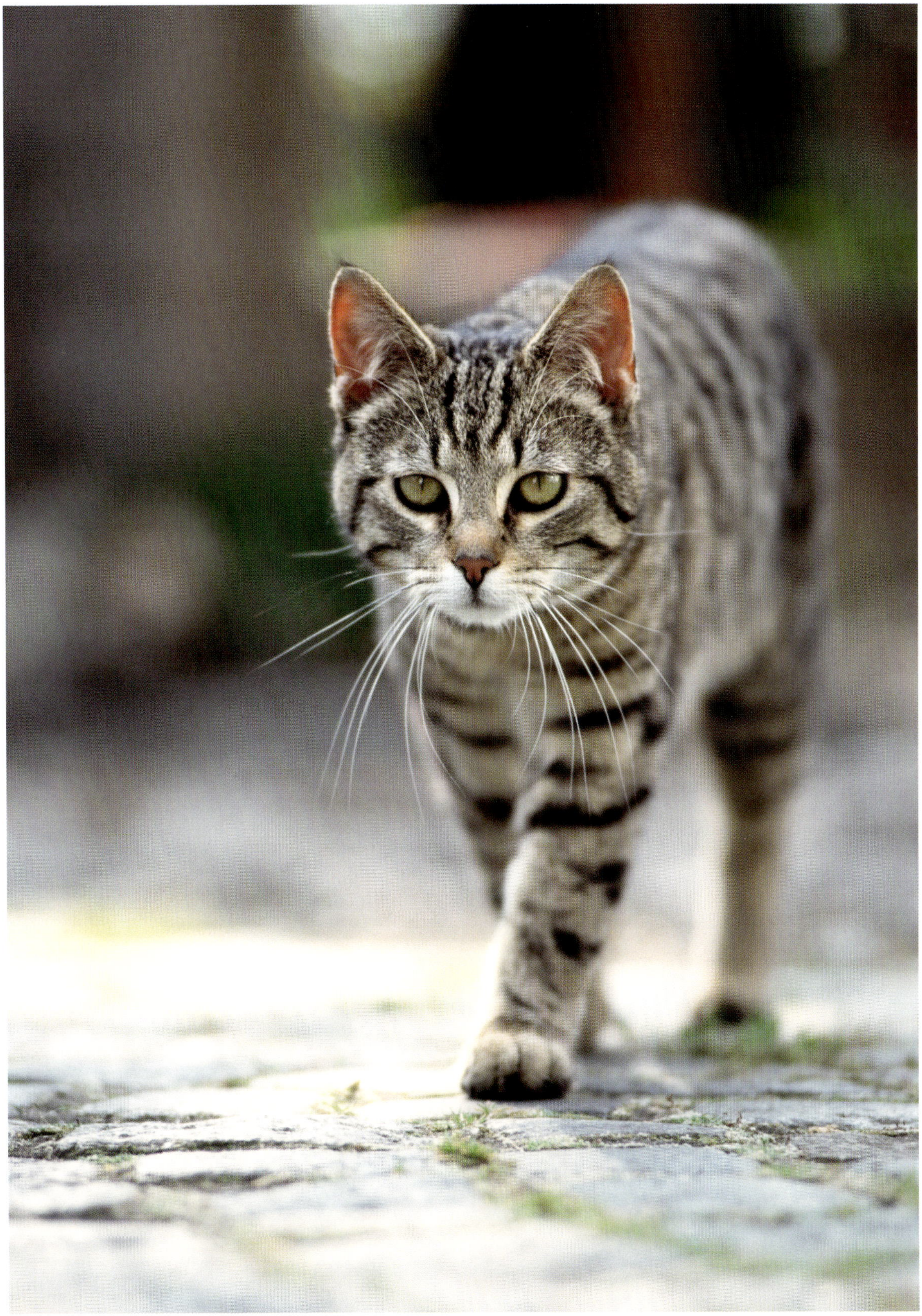

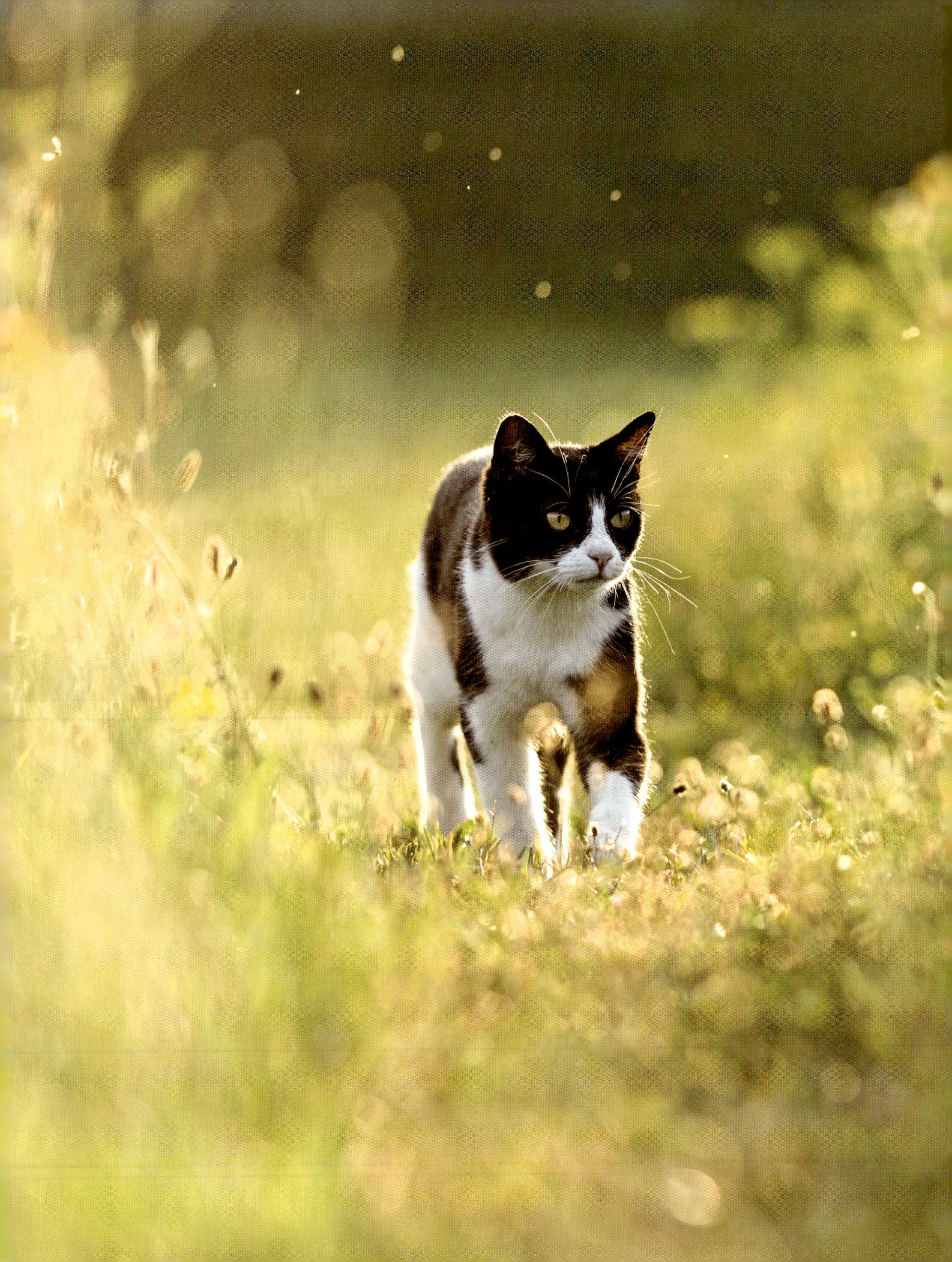

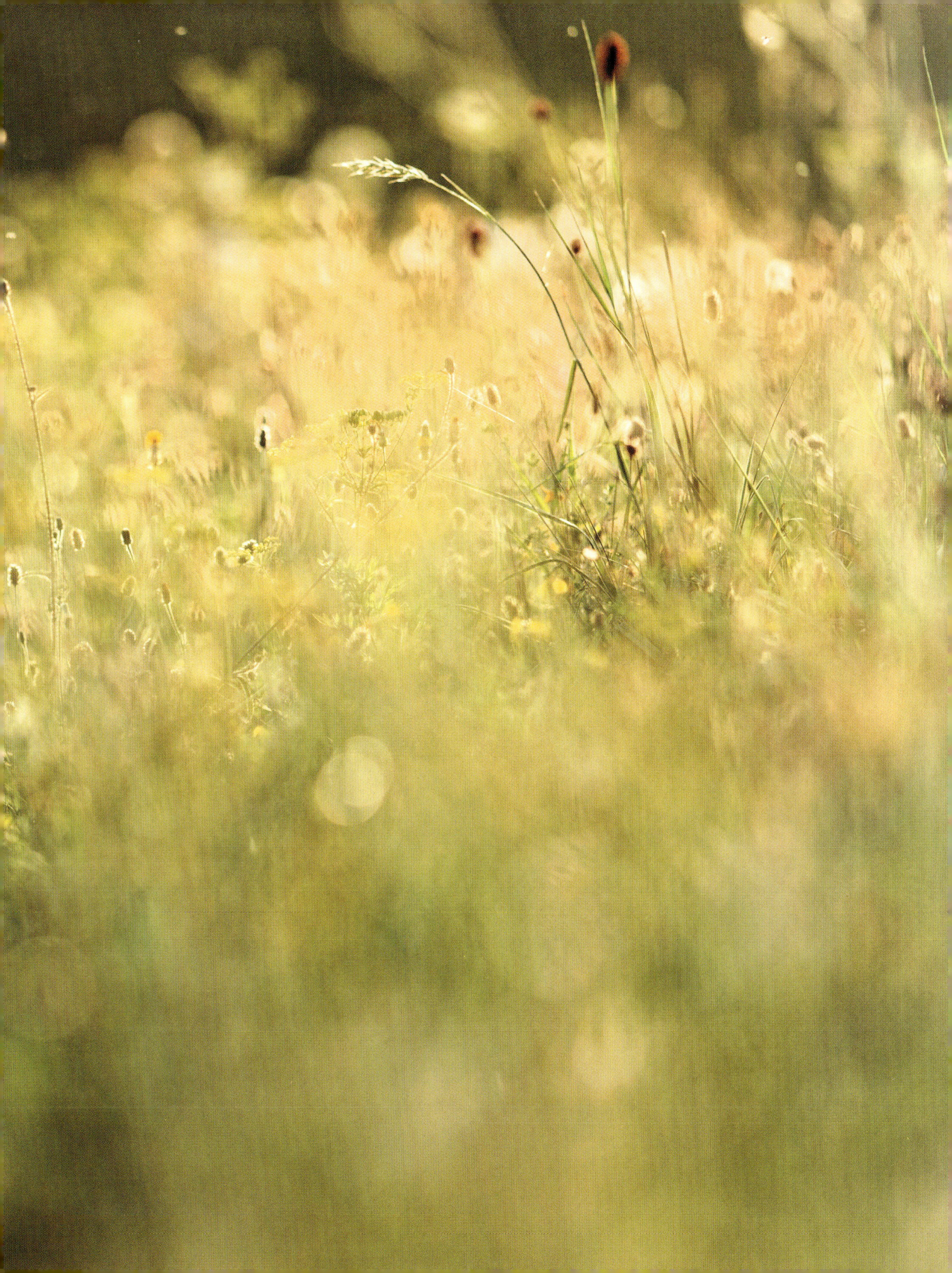

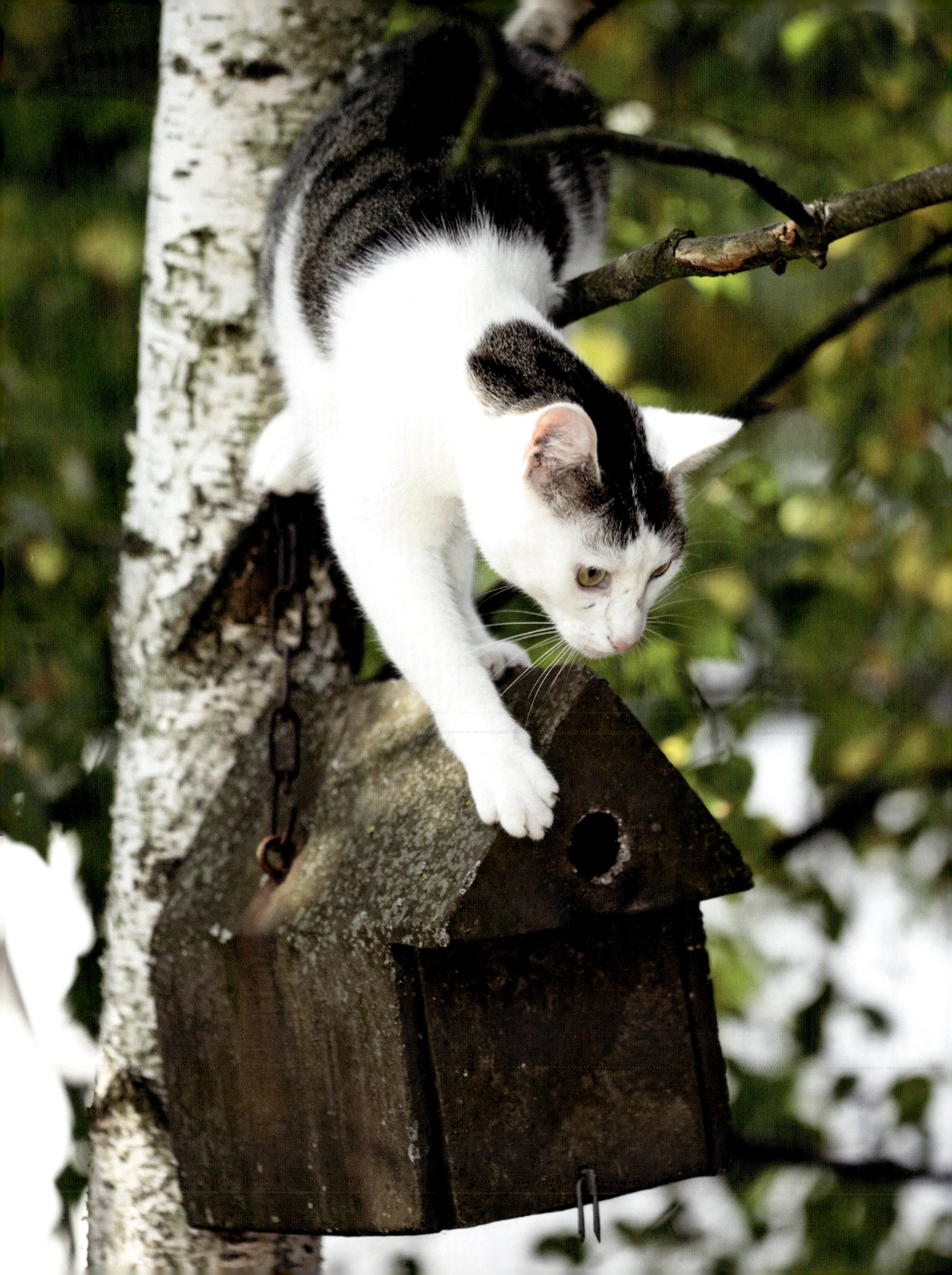

Der Rattenschreck

(oder: der Killer)

Dieser Katzentypus ist eine Sonderform des Streuners. Sein Name stammt aus T. S. Eliots wunderhübsch-burleskem Gedichtband *Old Possums Katzenbuch*, das als Vorlage für Andrew Lloyd Webbers Musical *Cats* diente. Rattenschreck bildet hier gemeinsam mit Rumpelmauser eine Art Radaubrüder-Kombo, „berühmt und in jedermanns Mund. (...) Sie waren berüchtigt, sie waren notorisch, sie haben ihr Haus am Victoria Grove, doch war das nur ihr Zentrum, ihr operatives, ihr wahres Geschäft war das Stromern im Hof. Es kannte sie jeder in Cornwall Gardens, in Launceston Place und in Kensington Square." (aus: *Old Possums Katzenbuch*, Beltz und Gelberg, 2009)

Wir sind eine klassische Dosenöffner-Familie, die offenbar von Rattenschrecks magisch angezogen wird. Unser erster Kater Luis Figo, der nach dem damaligen portugiesischen Nationalspieler benannt wurde, war ein ausgezeichneter Rattenschreck mit einem Faible für spontane Jagdpausen. Vielleicht war ihm der Akt des Tötens einfach zu banal, er war wie sein Namensgeber irgendwie Künstler ... So brachte er gerne lebendige Mäuse mit ins Haus und ließ sie einige Zeit hier wohnen, bis er ihnen den Garaus machte oder sie des Nachts wieder entfernte. Oft gingen dem beschwörende Ansprachen von Seiten seiner Dosenöffner voraus, die in der Zwischenzeit mit Käse- oder Schinkenwürfelchen bestückte Fallen aufstellten, welche die Besonderheit hatten, dass am nächsten Tag die Häppchen verschwunden, die Fallen selbst jedoch leer waren. →

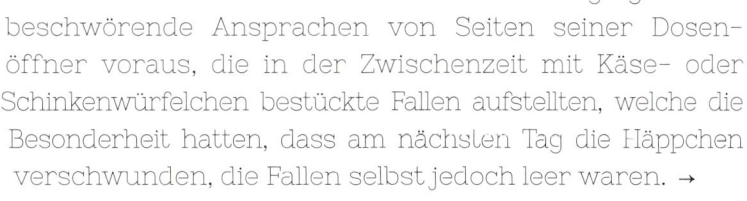

Unvergessen die drei Tage, als eine weiße Ratte mit schwarzen Tupfen in unserer Küche Einzug hielt – wir nannten sie Ottokar. Sie sorgte für eine gewisse Gereiztheit unter den erwachsenen Dosenöffnern, verbunden mit lautstarken Drohgebärden: „Wenn er das noch einmal macht, fliegt er hier raus." Man muss dazusagen, dass der Mann meines Herzens Figo in dessen Jugendzeiten sehr geliebt und ihn nachts bei einem schrecklichen Schneesturm sogar gerettet hat, aber nun, alles hat seine Grenzen ...

Auch Ottokar verschwand eines schönen Tages nach einer letzten, wilden Verfolgungsjagd, bei der es Figo und ihm gelang, einen Teil der Rotweinsammlung selbigen Mannes, die liebevoll in einem Kellerregal aufgereiht vor sich hin ruhte, zu Boden zu schubsen. Noch Wochen später fanden wir bei einer Putzaktion Spuren von Ottokars Kurzaufenthalt in der Herdschublade und sprachen gelegentlich auch etwas sentimental von ihm, nicht ohne die hübsche Musterung seines Fells hervorzuheben. Tage nach seinem Auszug wurde er bei einer Freundin auf der Terrasse gesichtet, wo ihre beiden Kleinen sehr entzückt auf das possierlich wirkende Tier reagierten. Meine Freundin, die kurz zuvor erwogen hatte, auch Katzenmutter zu werden, ließ diesen Gedanken dann spontan fallen und verlegte sich auf die Haltung von Stallhasen.

Figos Nachfolgerin Maja war ebenfalls ein beherzter Rattenschreck, allerdings machte sie in der Regel kurzen Prozess (siehe Tötungsbiss, Seite 16) mit Mäusen, Ratten, Amseln & Co. Legendär war ihre bevorzugte Jagdtechnik, sich in das Vogelhäuschen unserer Nachbarn zu legen, herauszugucken und zu warten, ob ihr ein Vogel ins Maul flöge ... Vielleicht war es aber auch nur eine souveräne Geste nach dem Motto: Wartet, wartet nur ein Weilchen, ich kriege euch alle.

Mittlerweile hat Sookie die Rolle des Rattenschrecks eingenommen, und es ist nach wie vor erstaunlich, wie ein so hübsches, sanftmütiges Wesen derartig blutrünstige Killerqualitäten entwickeln konnte. Sie erinnert ein bisschen an Nikita aus dem Film von Luc Besson, nachdem diese ihre Killerschulung absolviert hat: elegant, schön und absolut tödlich. Sookie liebt es, mit ihren Opfern zu spielen, bevor sie sie abmurkst und knirschend verzehrt. Unvergessen die Nacht, als die Todesjagd unter dem Bett ihrer erwachsenen Hauptsklavin stattfand, leider unterbrochen durch

Lärm von Seiten der Sklavin und ständiges Lichtanmachen, was das Tötungsritual und den anschließenden Verzehr der Beute etwas in die Länge zog und dafür sorgte, dass die Dosenöffnersklavin anderntags tiefe Augenringe und schlechte Laune hatte … Auch vor dem Bett des jüngsten Lieblingsdosenöffners macht die Kleine nicht halt und legte ihm einst eine lebendige Maus unters Plumeau.

Thali, der bis heute des Tötungsbisses nicht mächtig ist, versucht das alles tapfer zu ignorieren. Seine Rattenschreck-Variante sieht in etwa so aus, dass er mit einer offenbar altersschwachen Maus im Maul über den Zaun im Garten springt und spontan gelobt wird: „Ja toll, du hast ja eine Maus gefangen!" Um zu erklären, wie er das geschafft hat, lässt er das Tier fallen, blickt ihm verwirrt nach, wie es in den Büschen verschwindet, und macht dann ein anklagendes stummes Miau …
Nun, als Rattenschreck wird man offenbar geboren. 🐾

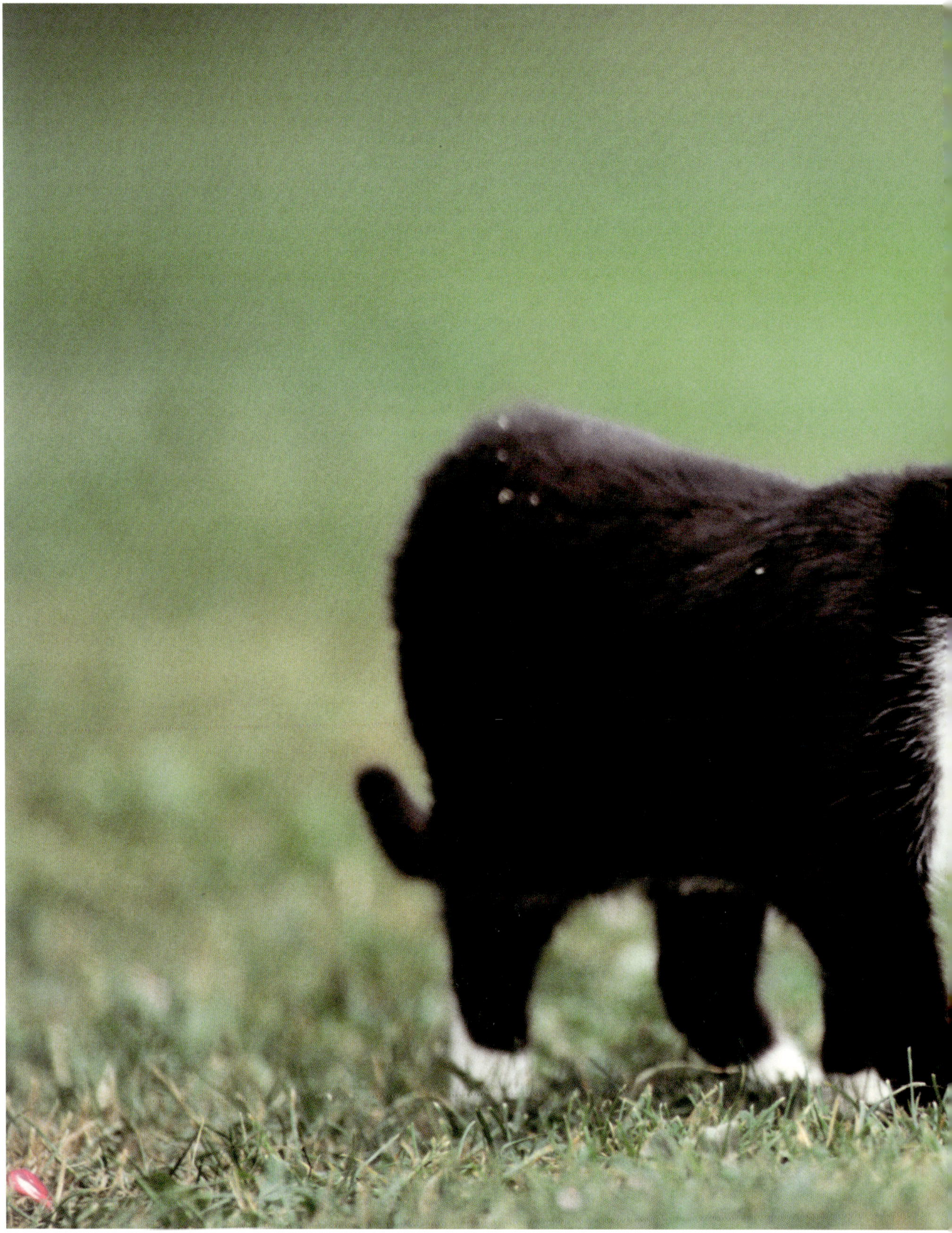

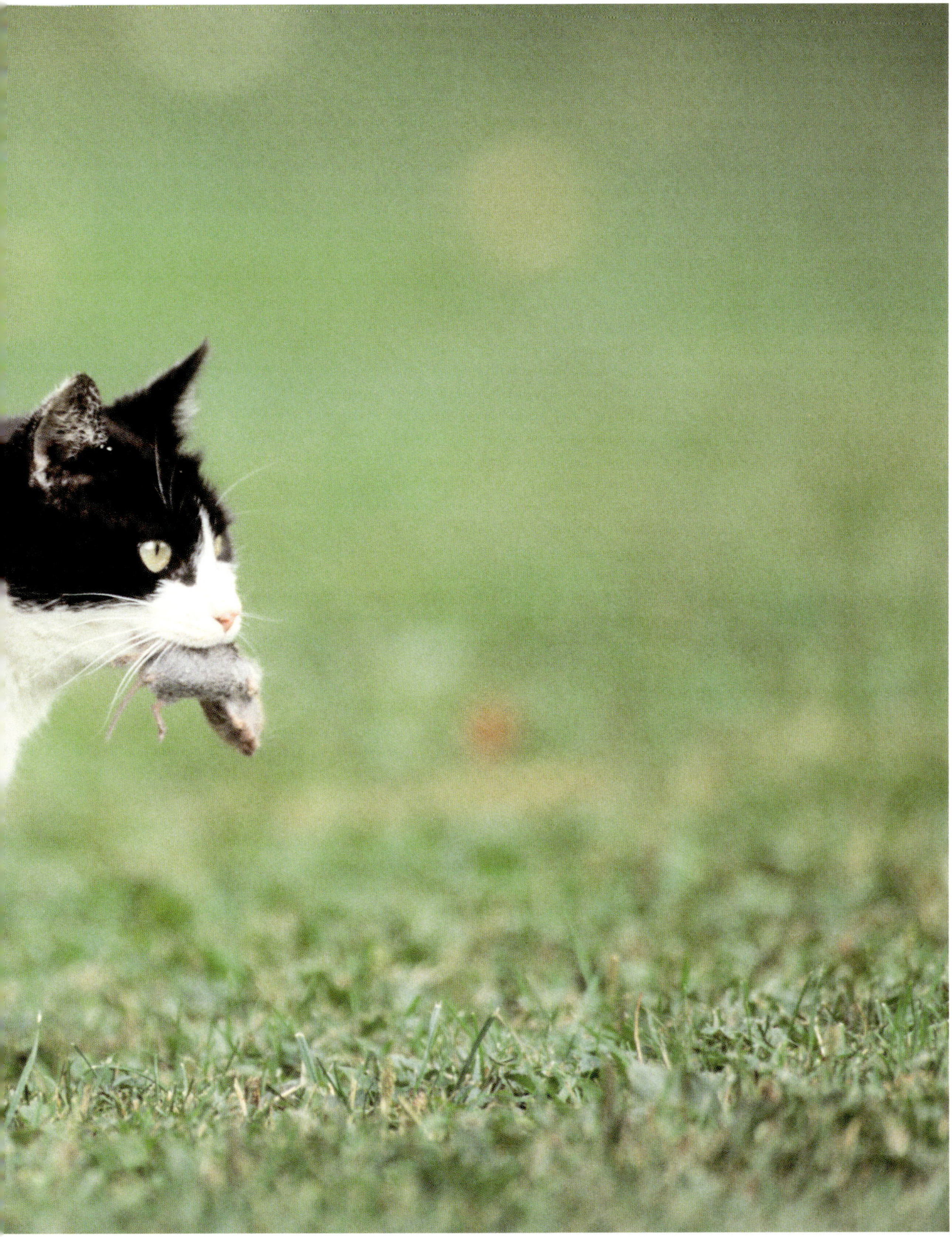

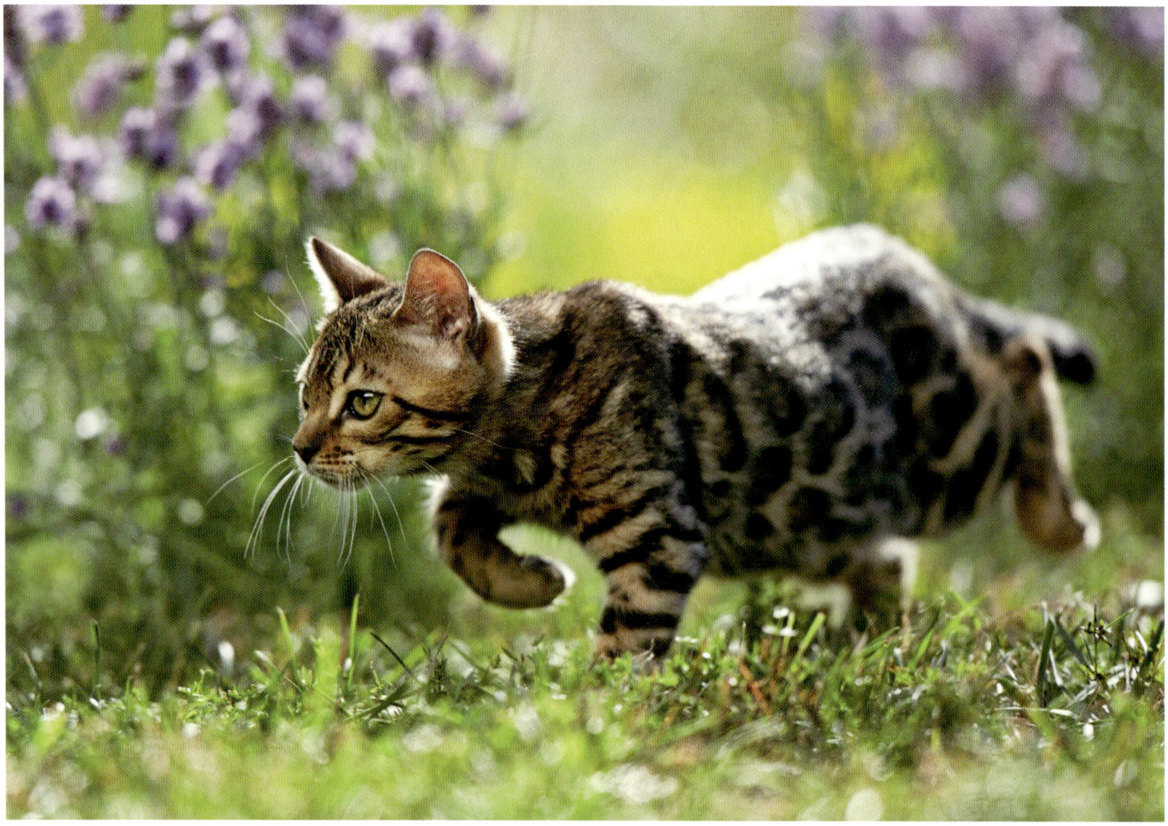

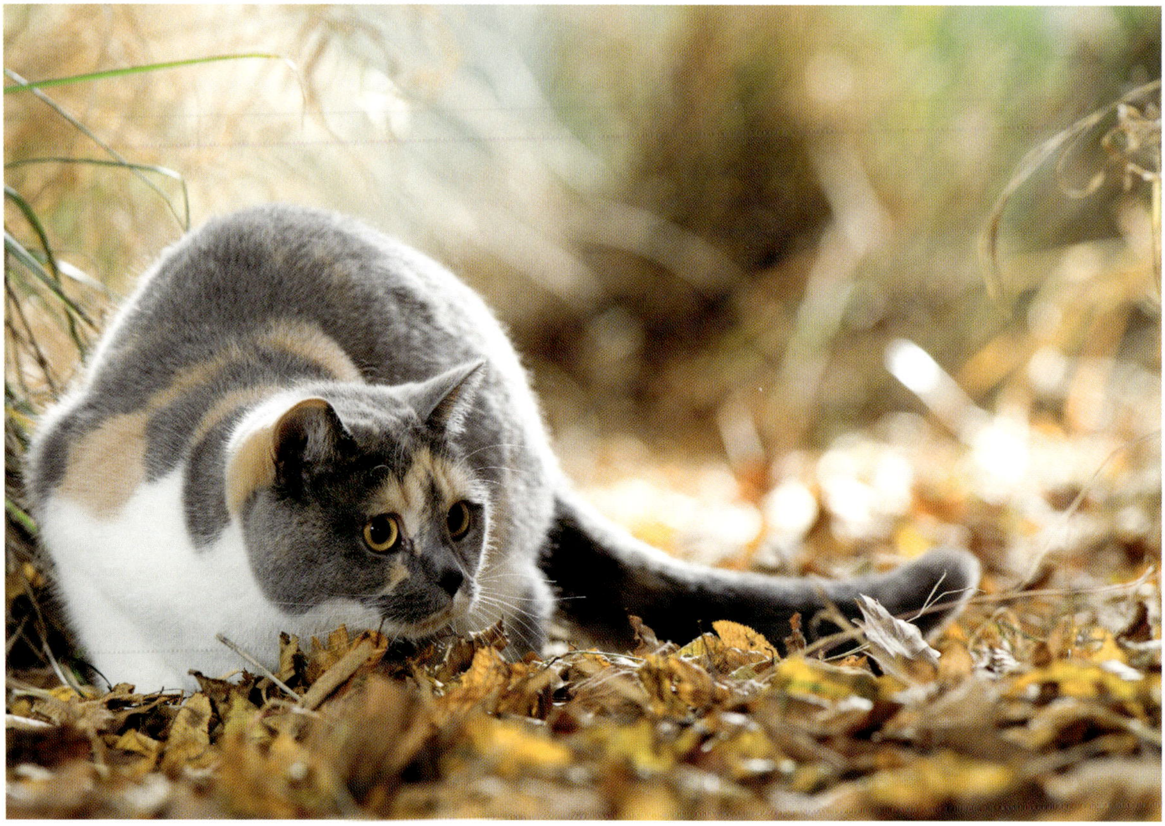

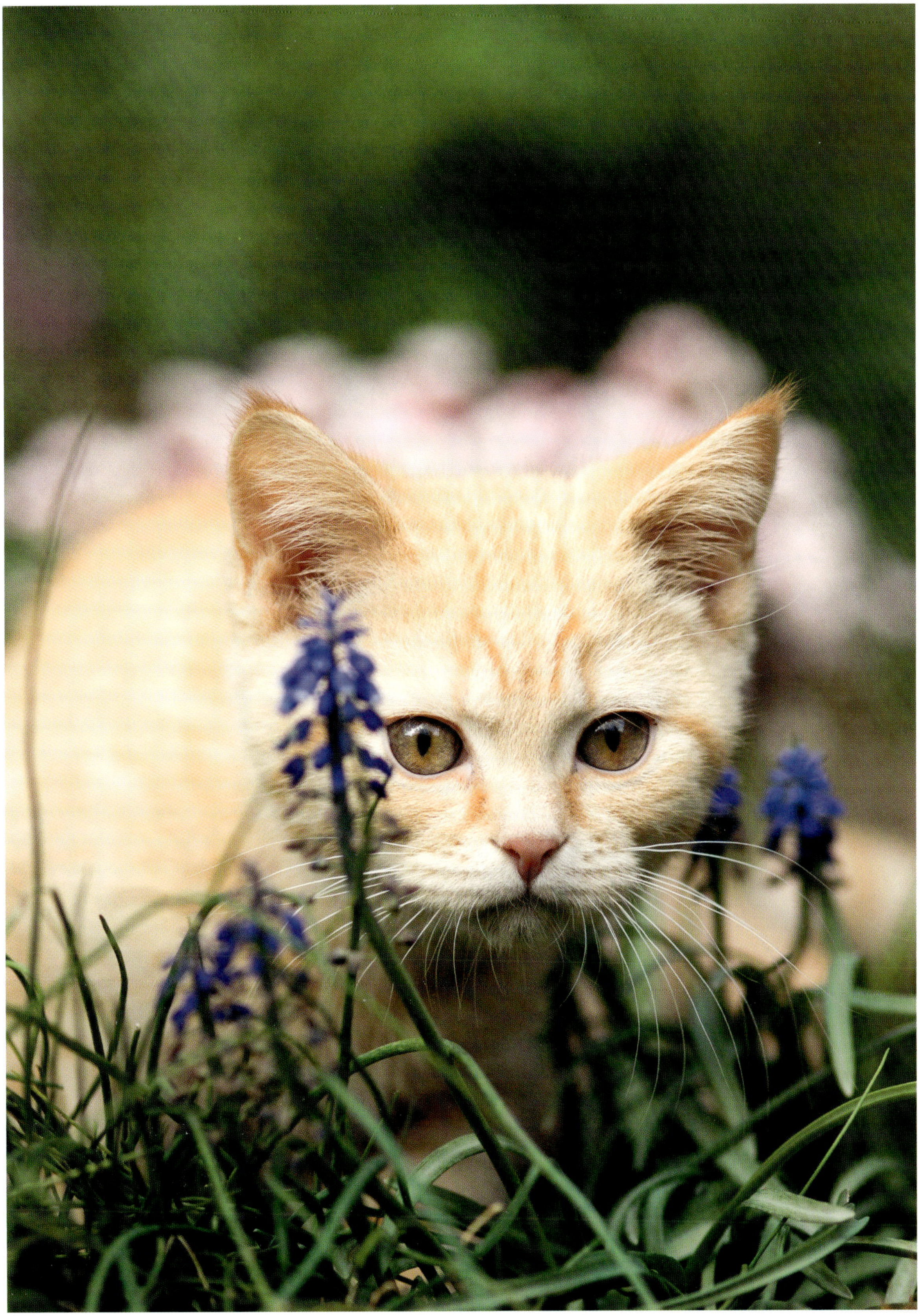

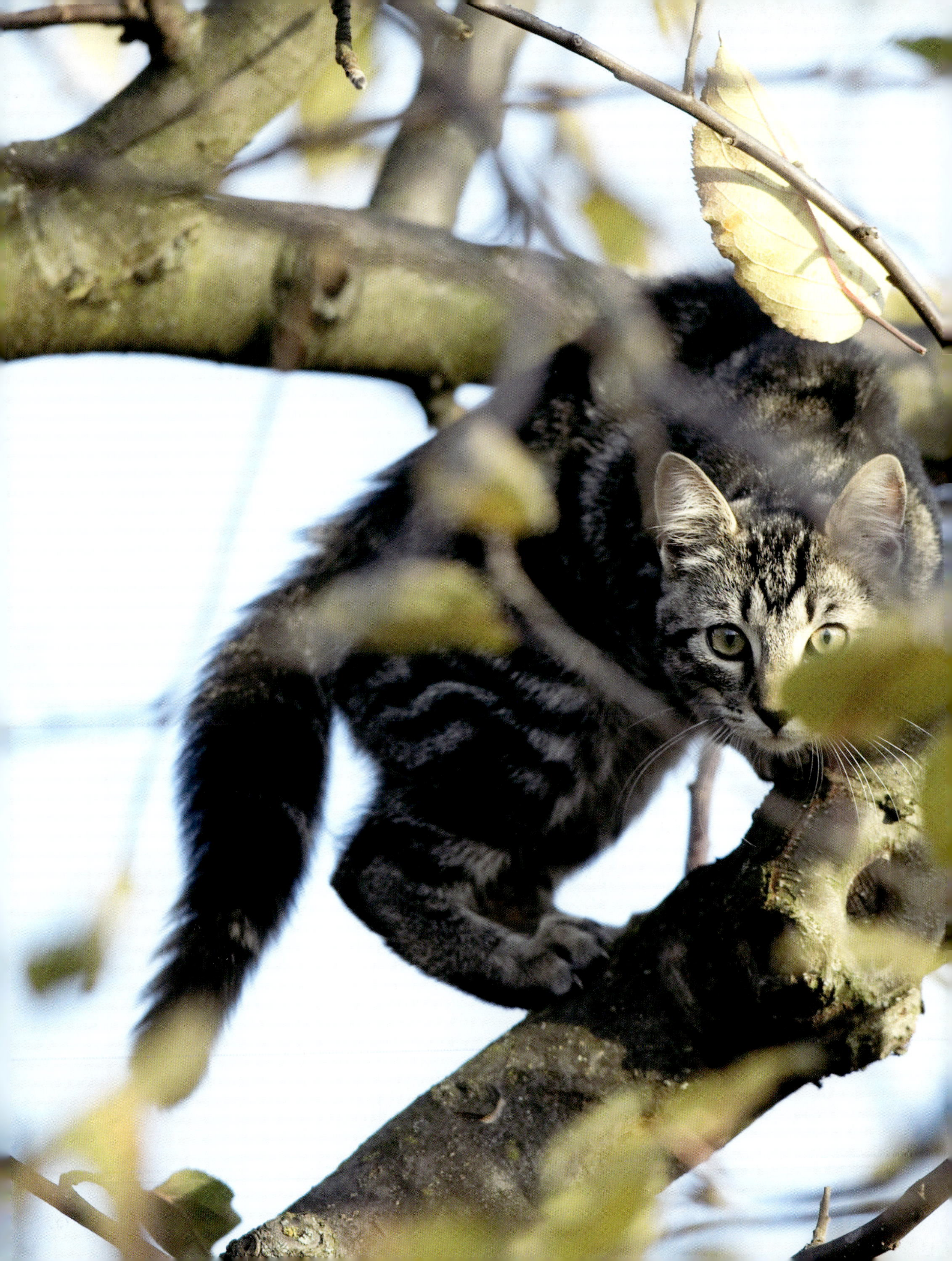

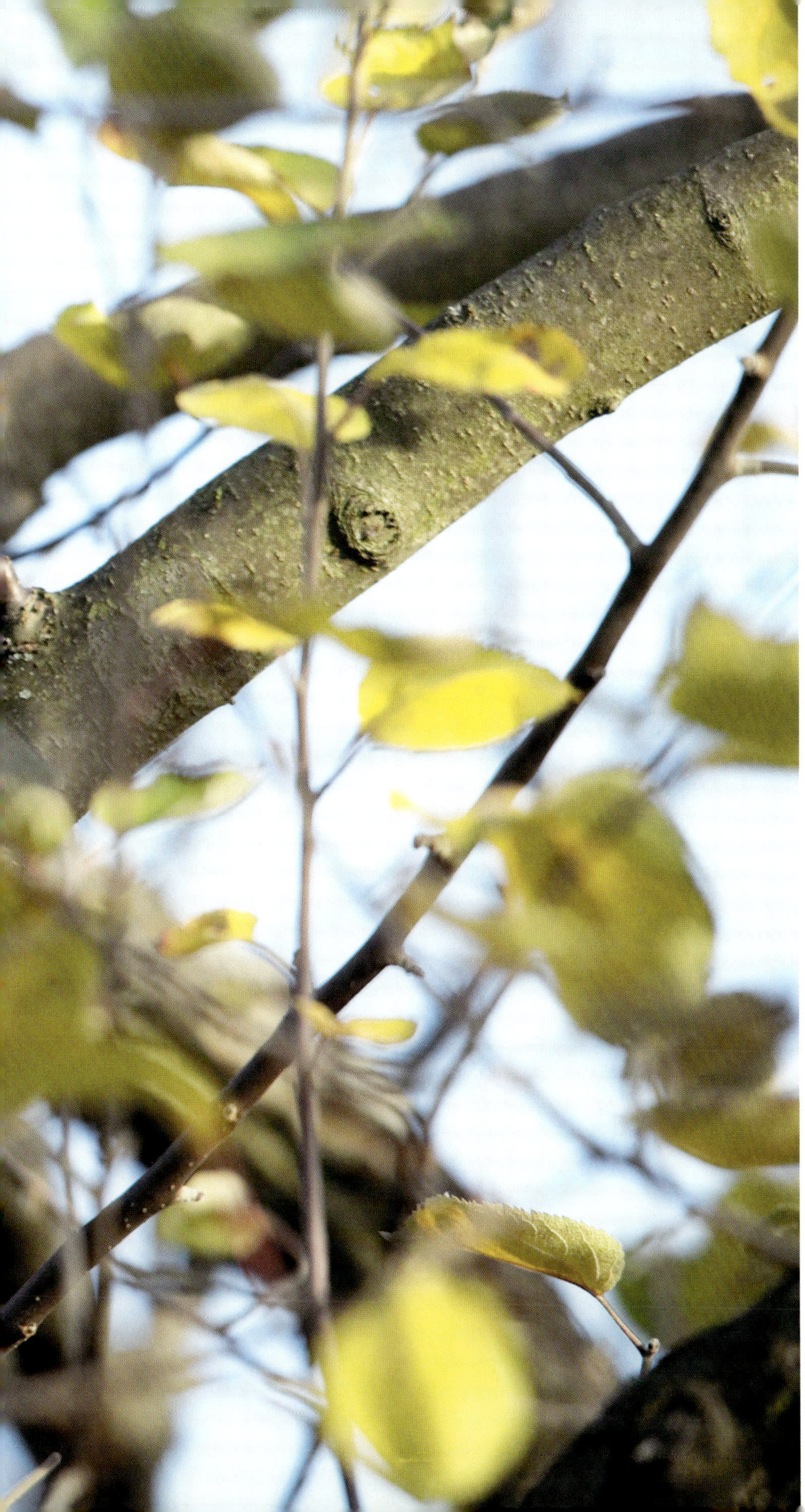

Die Spielkatze

(oder: das Sweetheart)

Eigentlich ist die Spielkatze kein eigenständiger Katzentyp, denn jede Katze muss spielen, um sich wohlzufühlen. Zuerst sind da die Raufereien mit den Geschwisterchen, bei denen sie alles lernen, was sie später im Leben brauchen können, also Beute fangen, kämpfen und schnell die Biege machen, wenn es eng wird. Während die Kleinen beim Toben auch ihre Sozialkompetenz einüben („Springe ich erst auf meine kleine Schwester oder lieber auf meinen kleinen Bruder drauf? Ach, ich nehme alle beide!"), brauchen erwachsene Stubentiger das Spiel als eine Art Workout. Katzen, die spielen, das wissen Katzenpsychologen, sind emotional ausgeglichener und – wen wundert's – fitter als Couchpotatoes. Fehlt ihnen das Spielelement im Leben, werden Katzen oft anstrengend, mauzen ständig, sind unzufrieden und buhlen andauernd um Aufmerksamkeit. Auf jeden Fall hat kaum etwas einen so großen spontanen Unterhaltungswert wie eine spielende Katze ...

Während kleine Katzen gerne mit allem spielen, was sich bewegt, raschelt oder vor ihren Näschen herumbaumelt, lieben große Katzen eines innig: das Beutespiel. Beute kann im Zweifelsfall auch die Tischdecke oder eine Gardine sein – Hauptsache, es bewegt sich. Schön ist auch ein Hindernisparcours quer durchs Wohnzimmer oder die Küche, da können Katzen unglaubliche Kreativität entwickeln. →

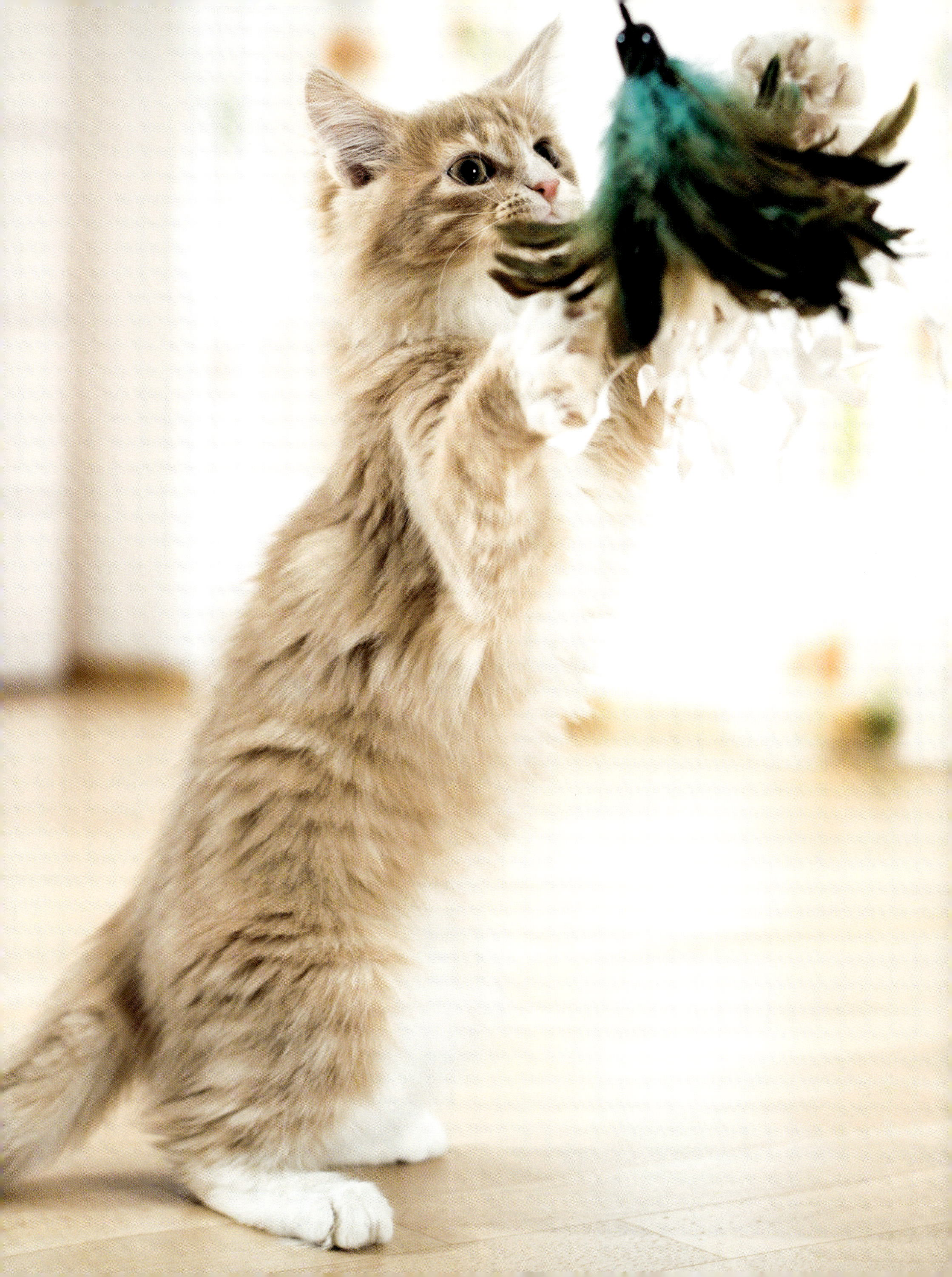

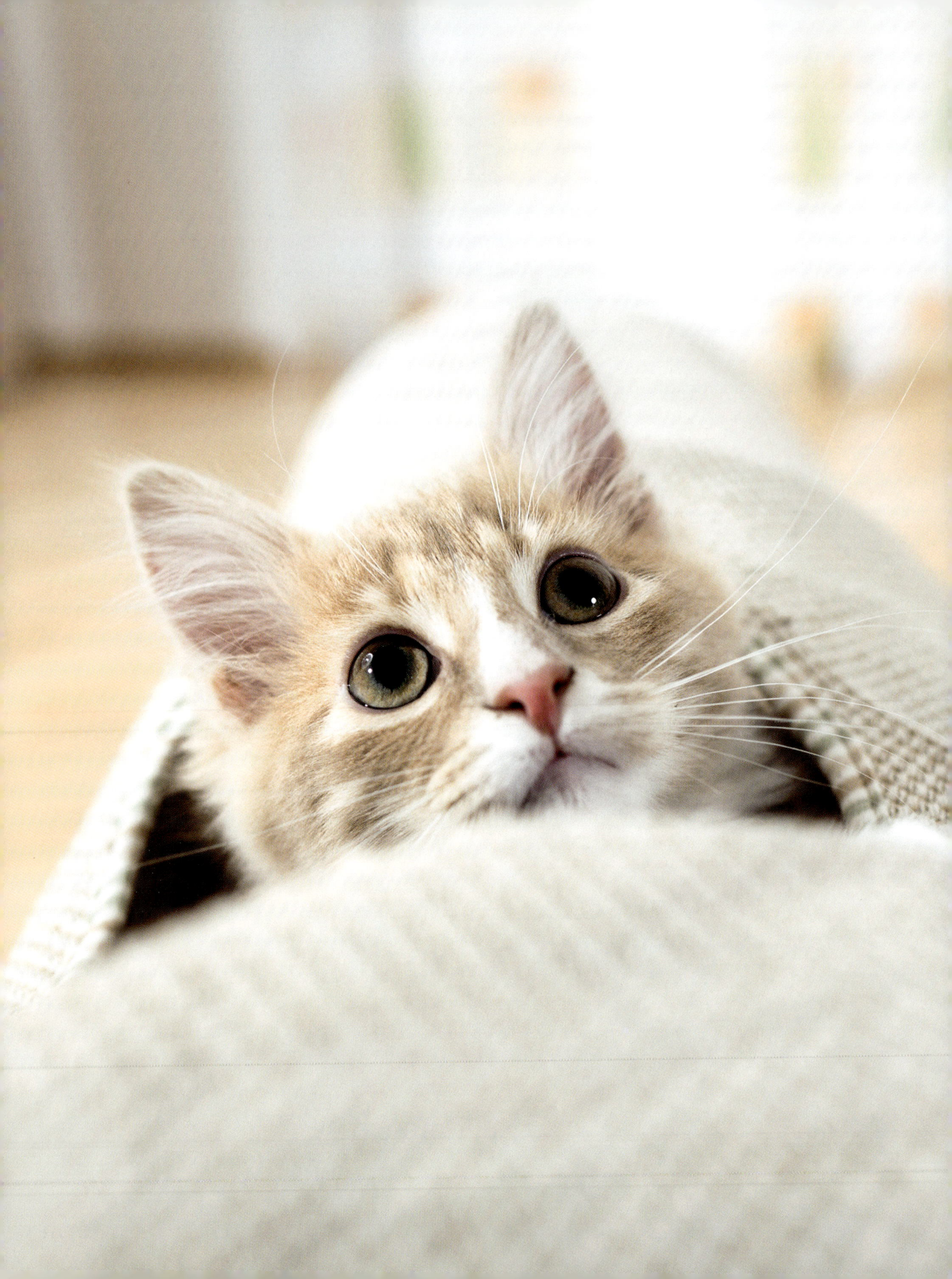

Außerdem übertreiben sie bei diesem Spiel dermaßen, dass sich alle Beteiligten oder Zuschauer anschließend vor Lachen die Bäuche halten: Thali zum Beispiel rast dann wie gesengt durch die Küche ins Wohnzimmer, quasi über Stühle und Tisch, legt kurz vor der Terrassentür eine Vollbremsung hin, wirbelt hinter dem Sessel irgendwie wild, aber auf jeden Fall sehr akrobatisch herum und kommt zurückgerast. Er hat als offizieller Katzenspielbeauftragter in unserem Haushalt im Übrigen auch das Zehenfangspiel weiterentwickelt, das alle unsere Katzen aus dem Effeff beherrschen. Das funktioniert sehr gut, wenn die Dosenöffner schlafen und unbedachterweise die Katze ins Schlafzimmer gelassen haben. Bewegt dann einer im Schlaf die Füße, ist er anschließend sehr wach und macht Krach, weil ein Kater oder eine Katze ihre Krallen in seine Zehen versenkt hat. Das Zehenspiel funktioniert auch, wenn sich die Katze tretminenartig auf einer Treppenstufe versteckt und man ohne viel nachzudenken herunterkommt. Diese Variante kann allerdings für beide Beteiligten gefährlich werden (Sturz, versehentlicher Tritt auf Katzenkörperteile, lautes Gefauche, Lärm).

Spielzeugmäuse (gibt es mit Raschelinnenleben oder zum Aufziehen, sehr lustig!) sind auch toll, müssen allerdings von den Dosenöffnern kunstgerecht bedient werden. Dann kann man viel Spaß mit seiner Katze haben und in ihr „Spielgesicht" gucken. So nennt man das, wenn sich die Katze plötzlich duckt, die Ohren zur Seite anlegt und die Augen aufreißt („Ich bin echt gefährlich, das siehst du doch, oder?"). Außerdem kann jede Spielkatze toll schauspielern und wechselt ganz schnell die Rollen zwischen Angreifer und verfolgter Unschuld. Thali hat auch das Mäusespiel verfeinert, indem er sich vorher erlegter Beutetiere seiner Schwester bemächtigt und diese dann gerne noch ein bisschen in der Gegend herumschleudert. Das wirkt wenig elegant, aber – da er mit großem Ernst dabei ist – irgendwie auch wie eine absonderliche Zirkusnummer. Fakt ist: Wenn man selbst eine kleine Auszeit braucht, hilft es, eine Runde mit der Katze zu spielen. Das bringt die Welt relativ schnell wieder ins Lot und entschleunigt auf wundersame, weil kätzische Weise. 🐾

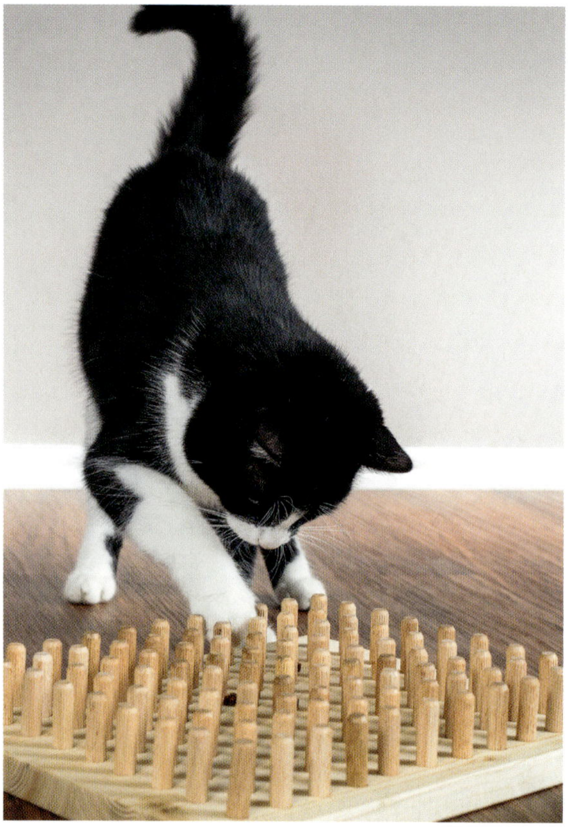

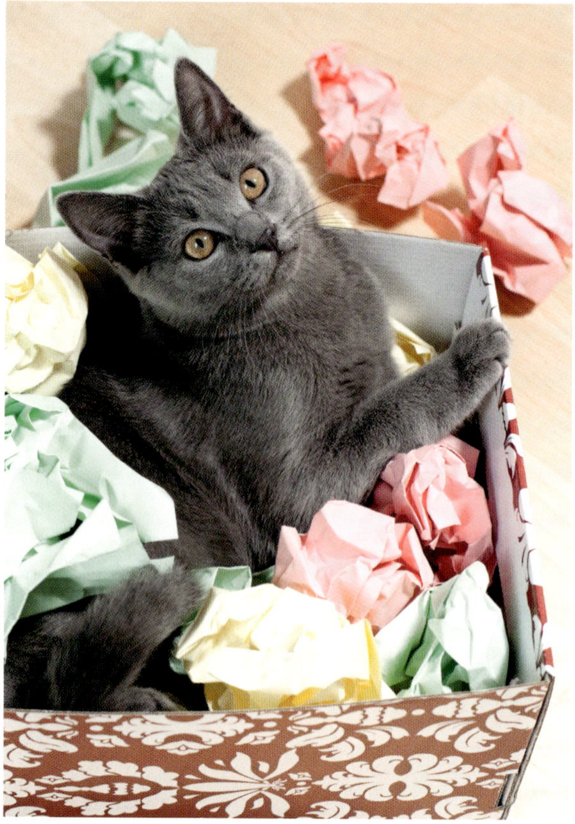

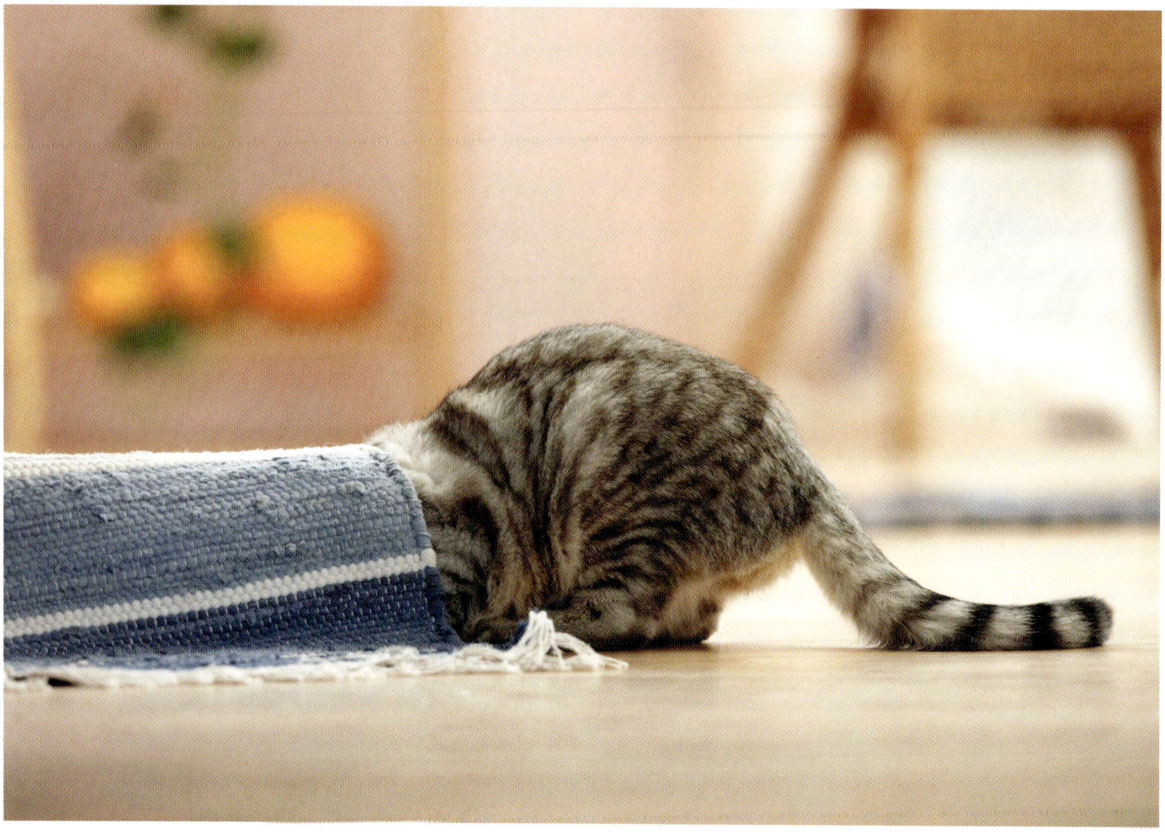

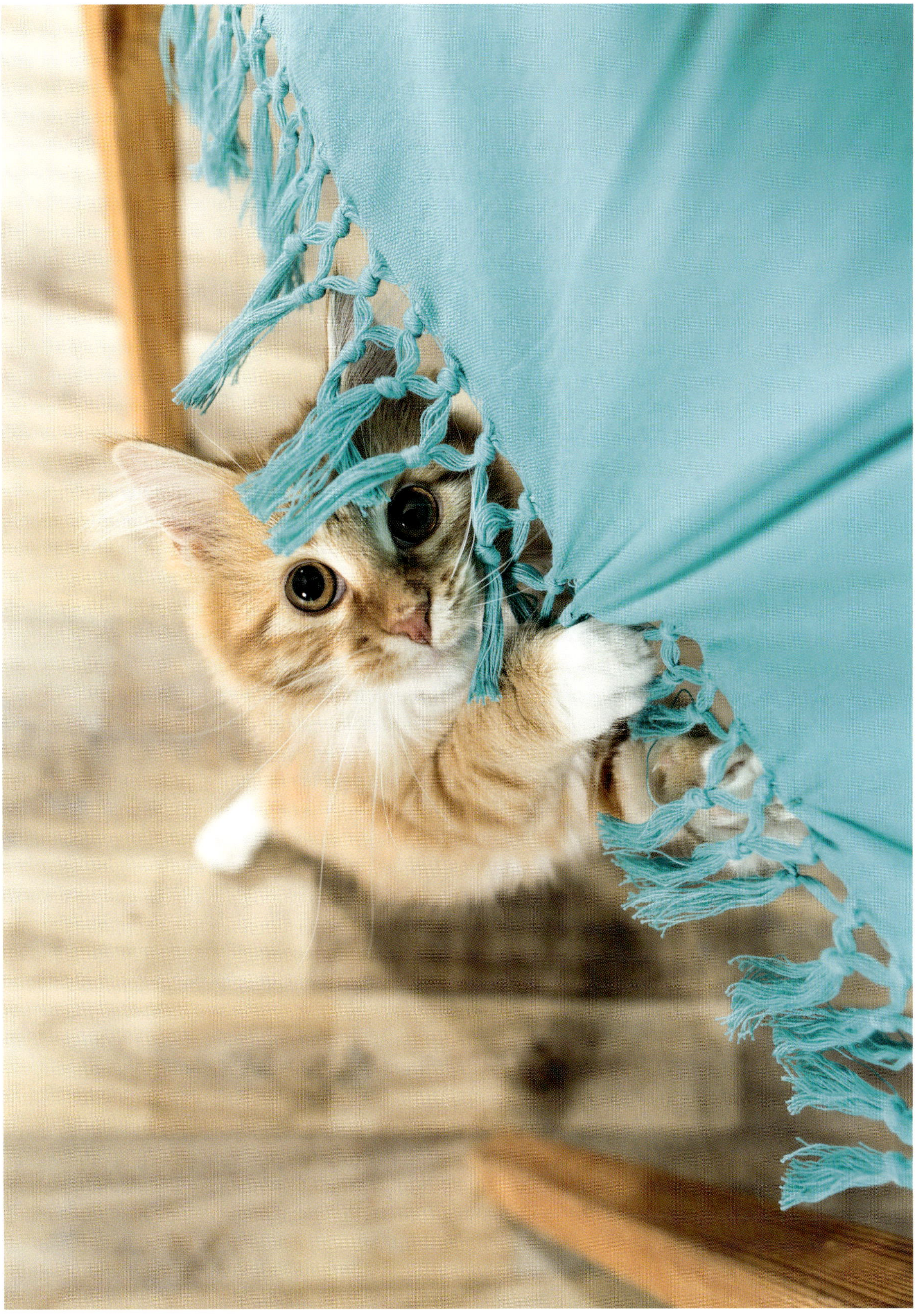

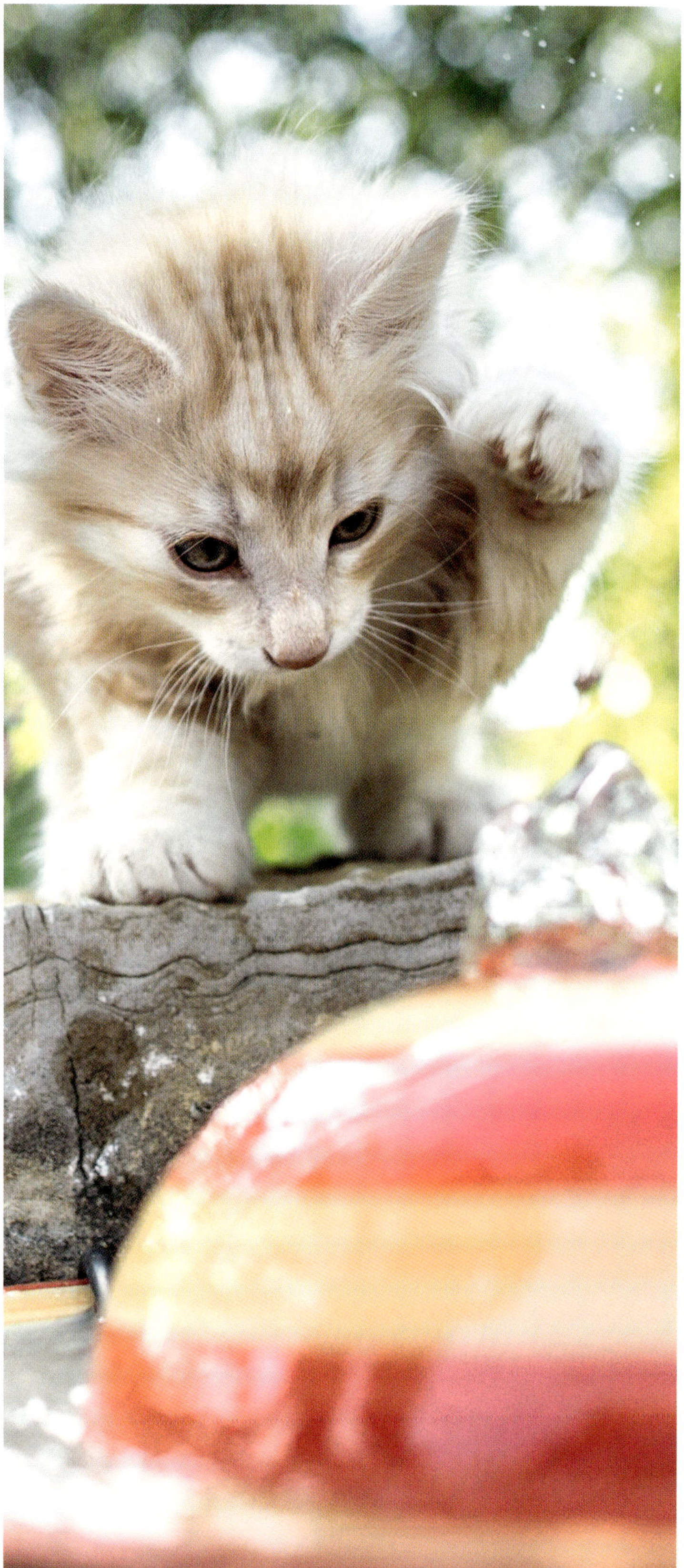

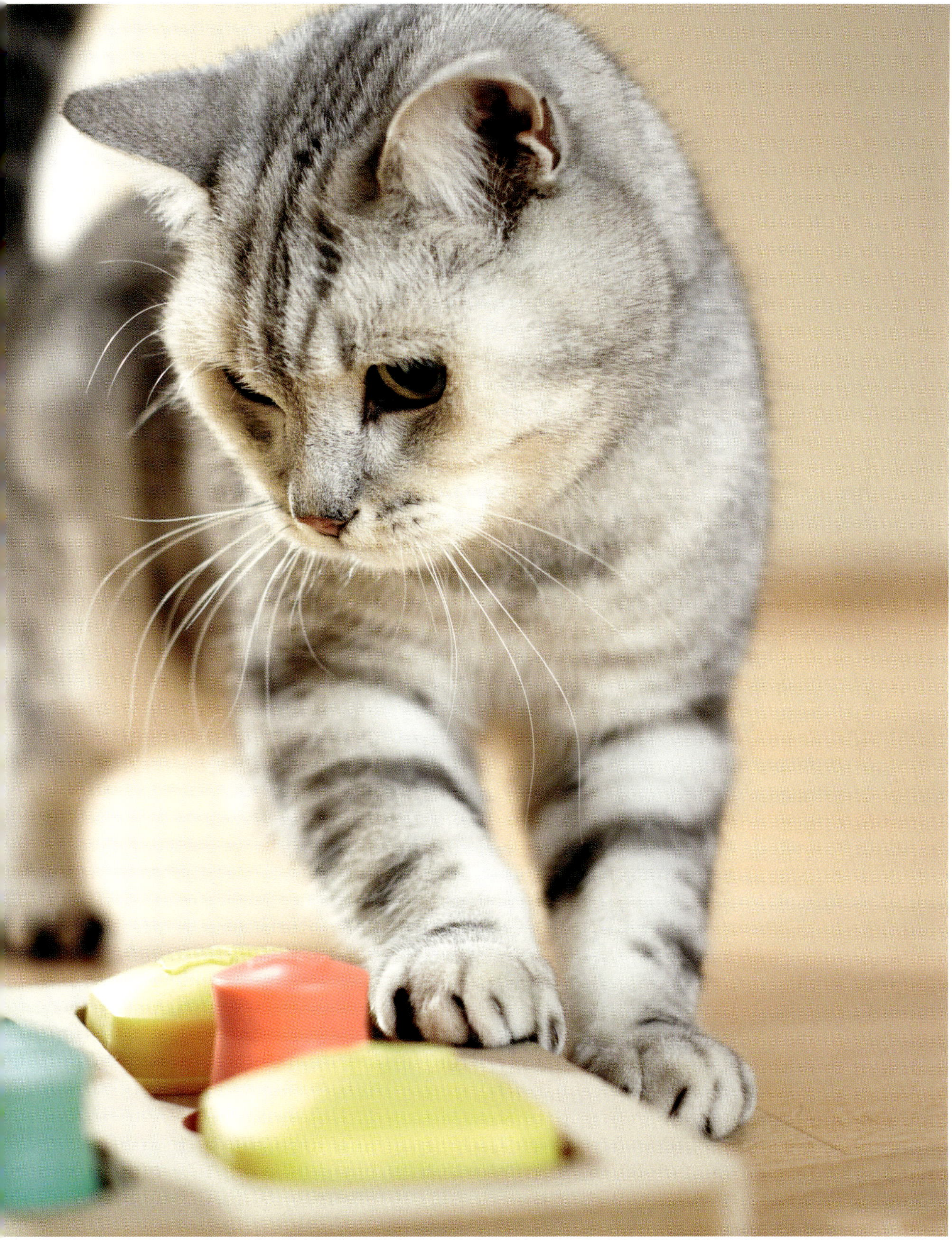

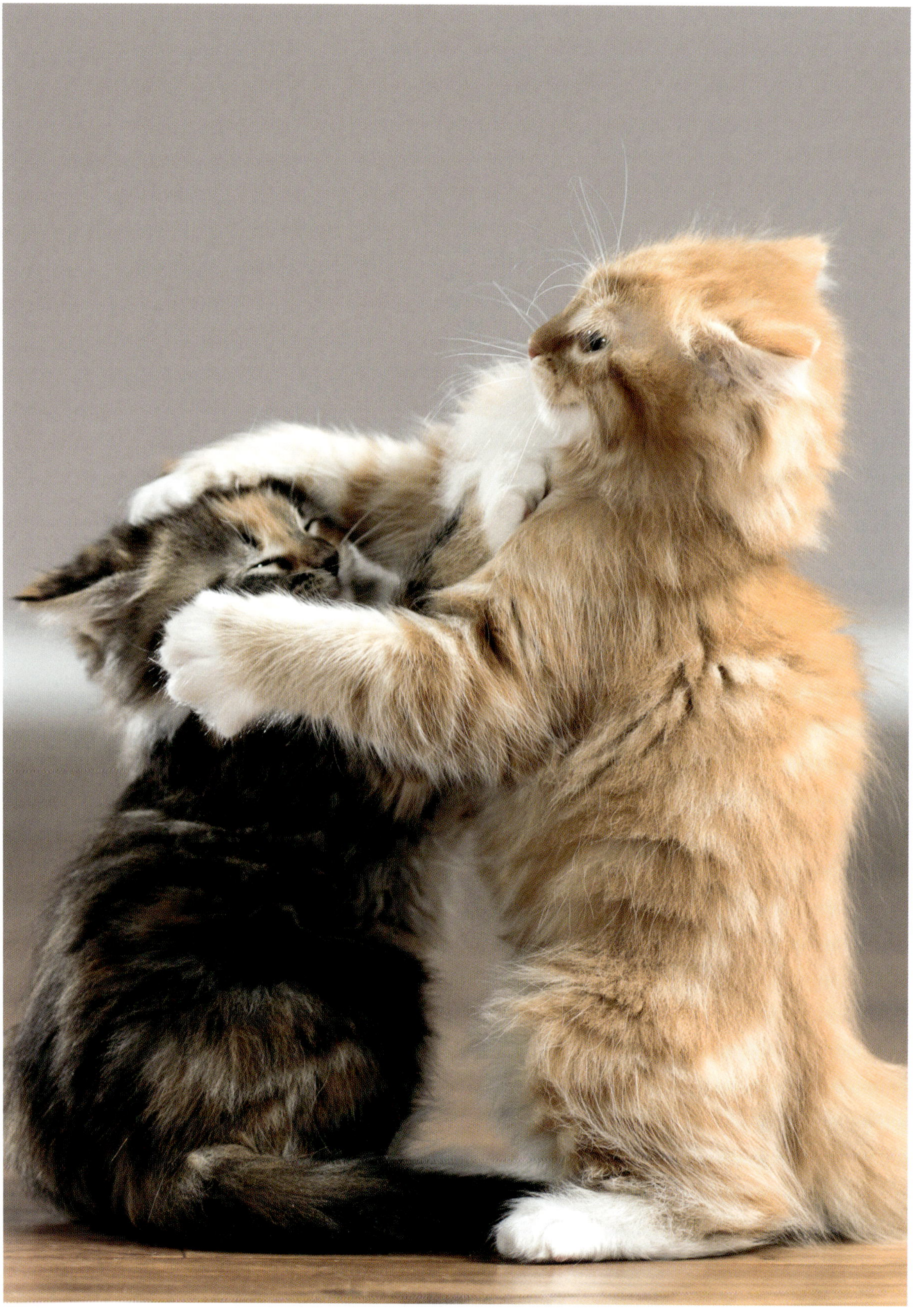

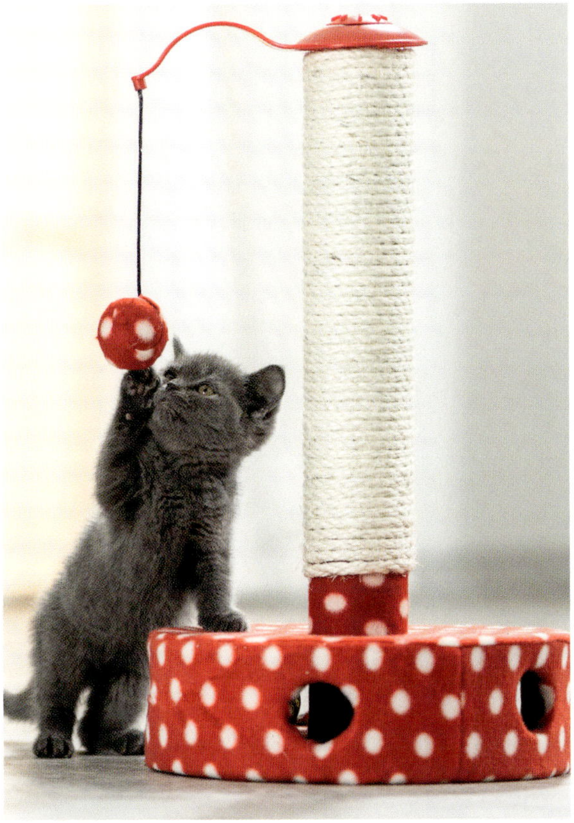
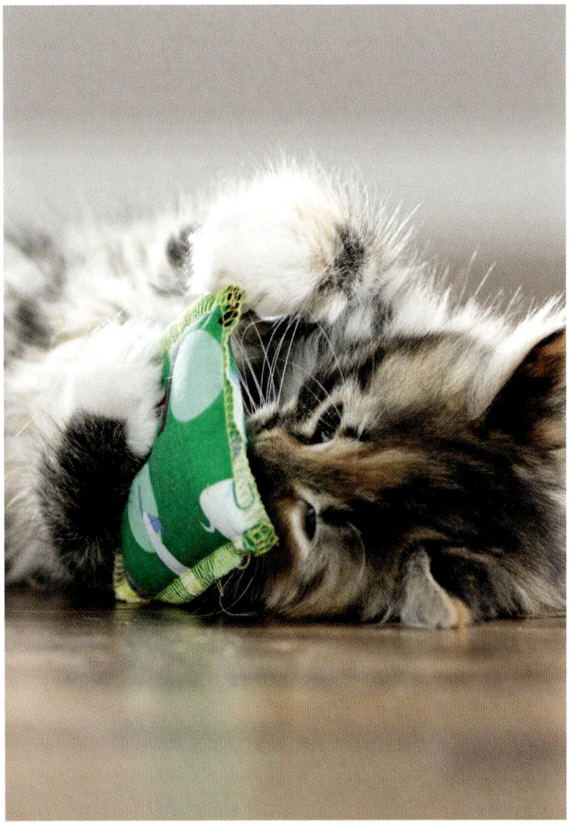
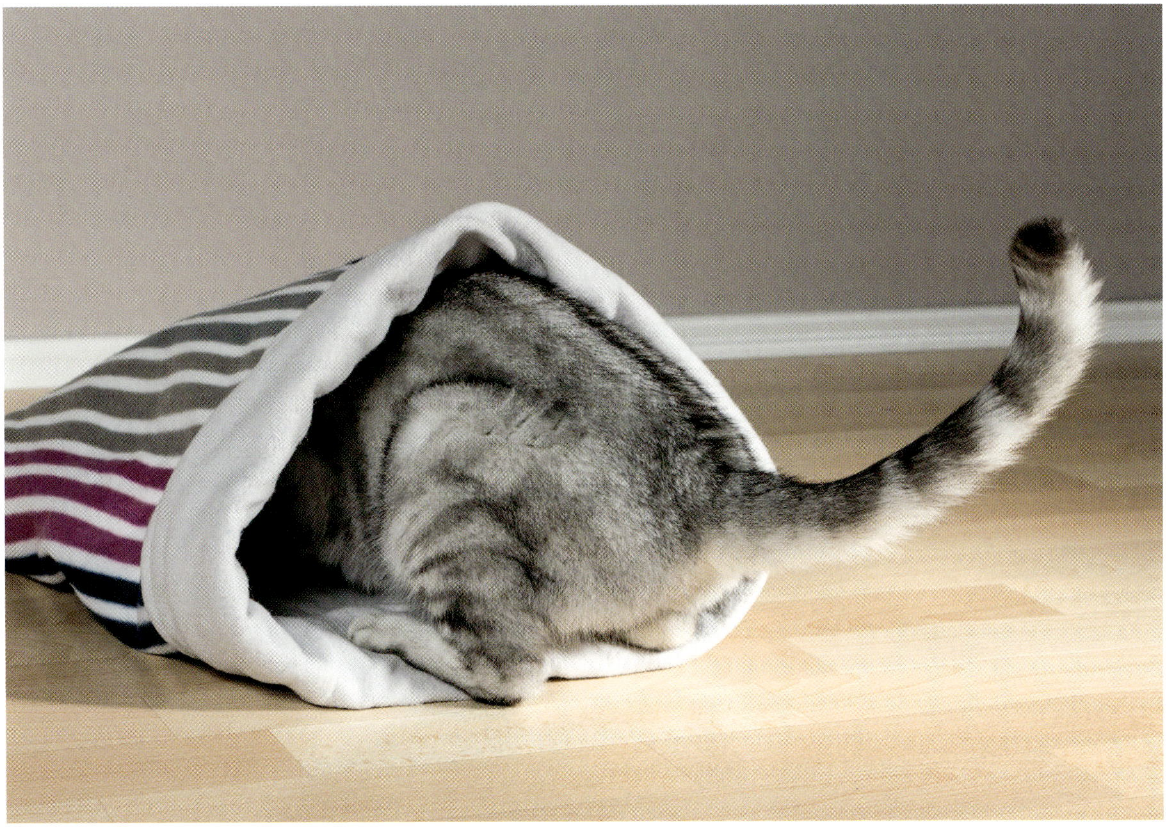

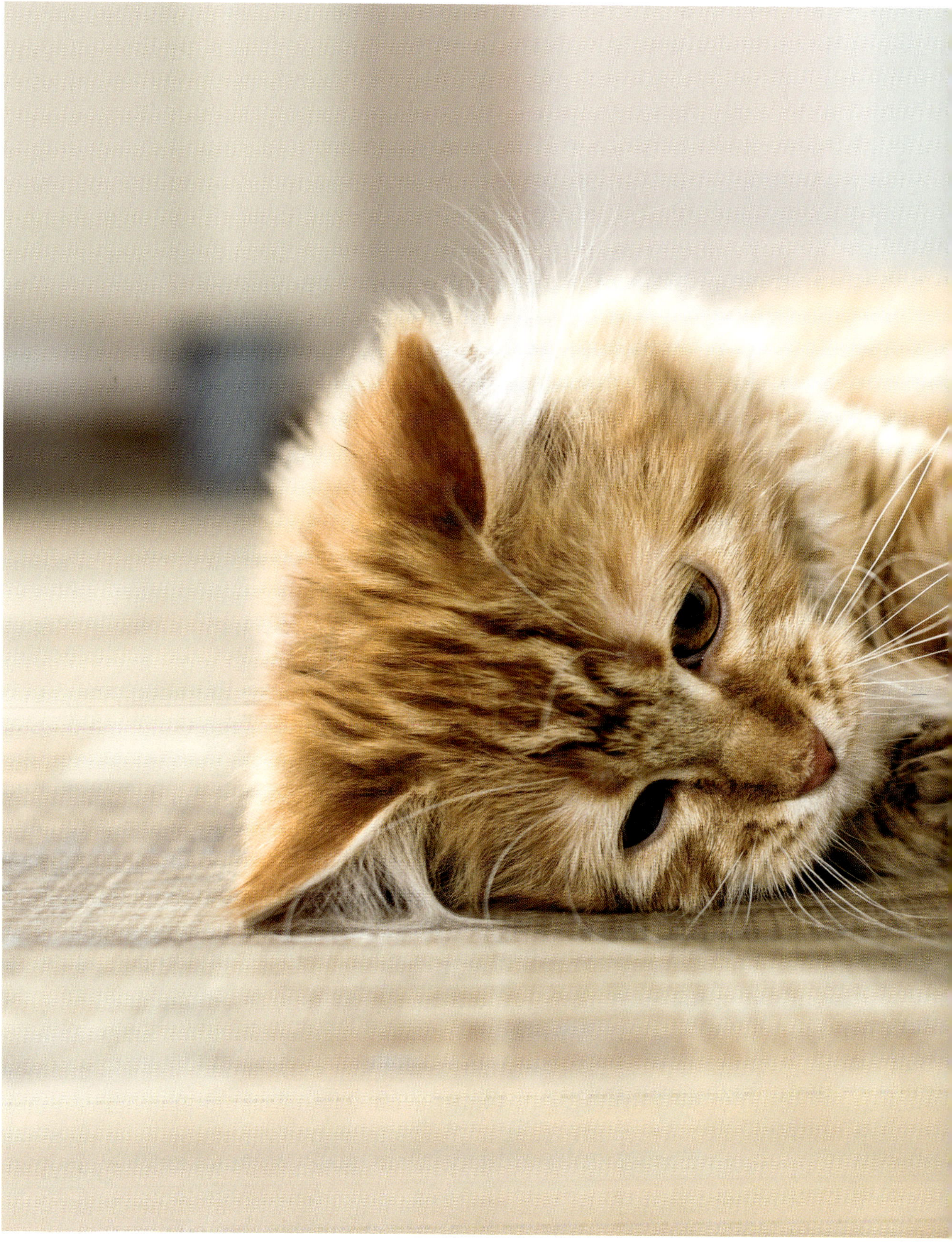

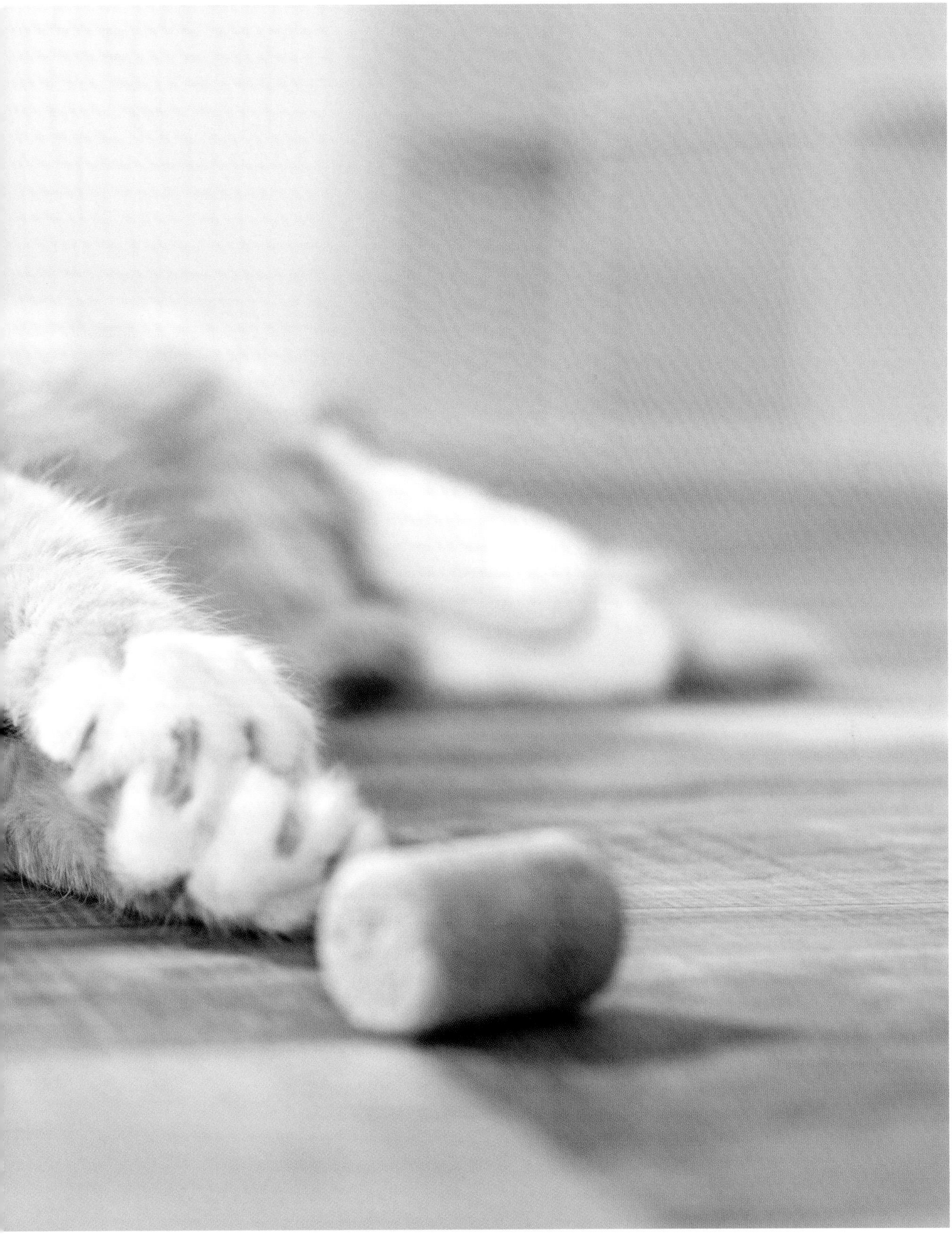

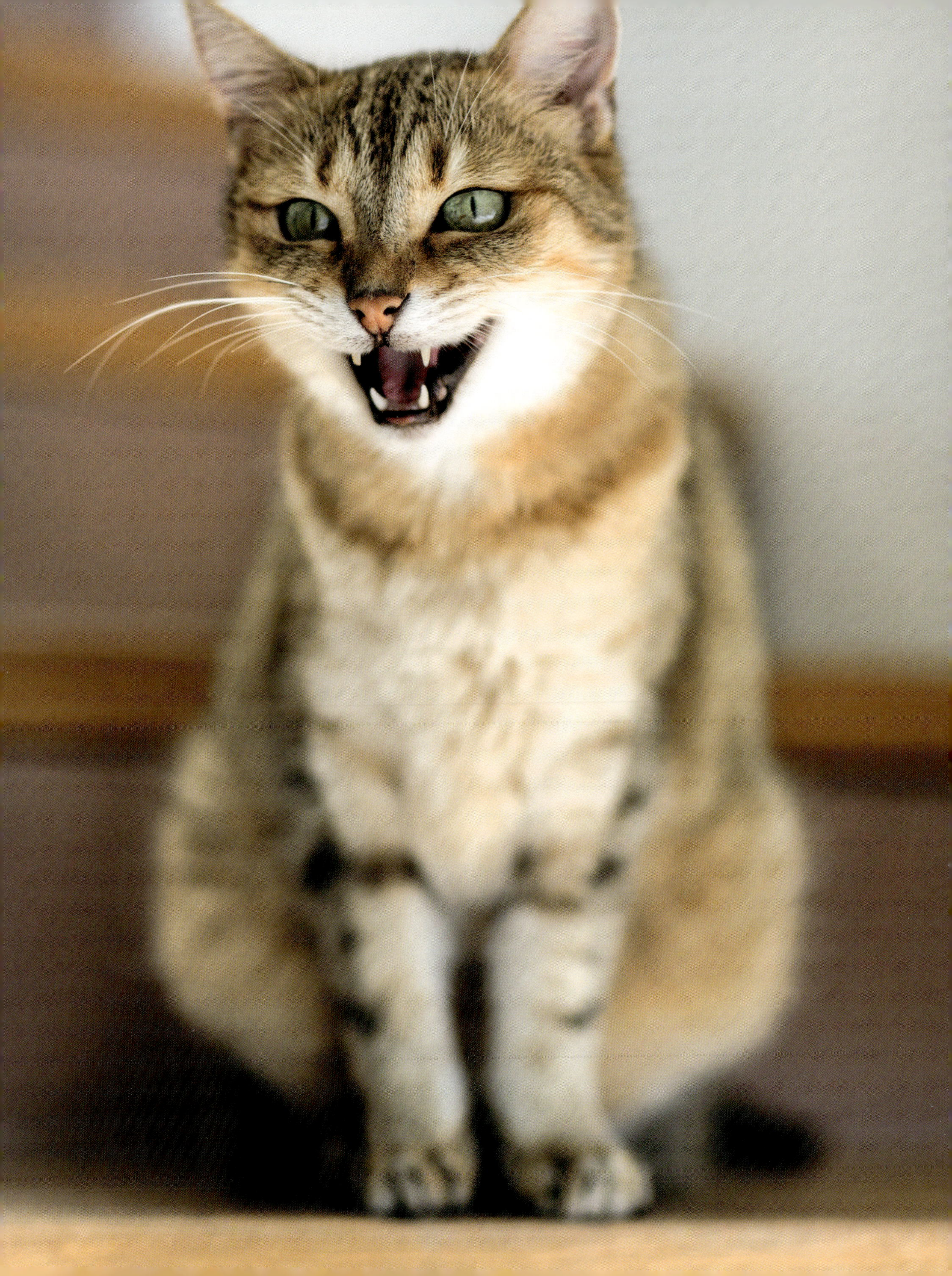

Die Diva

(oder: die Prinzessin)

Man darf sich unter diesem Katzentypus nicht Greta Garbo, Andy Warhol oder Madonna in Katzengestalt vorstellen. Wobei eine oft als Überheblichkeit missverstandene Unnahbarkeit, eine ganz besondere Empfindlichkeit oder auch exzentrische Allüren für Menschen- wie Katzendiven typisch sind. Eine Diva, das sagt ja schon der Name, hat etwas Göttliches, aber auch etwas Zerbrechliches und mitunter Fatales. Und manchmal sogar etwas Geniales. Enter: Topsy. Nicht gerade ein Divenname, weil einer ungeklärten Herkunft geschuldet und dem Einfallsreichtum von verdienten Mitarbeitern eines Tierheims. Sie zog zusammen mit ihrem Bruder Domino zu meiner Freundin E. und deren Söhnen, die nach einer Trennung dringend einer Aufmunterung bedurften. Und da sie sahen, wie unsere guten Katzengeister unser Leben (meistens) so viel schöner machten, kamen sie auf die hervorragende Idee, zwei Katzenwaisen aufzunehmen.

Man sollte nun nicht davon ausgehen, dass einem die Tiere ein Leben lang dankbar dafür sind, dass man sie vor einem schrecklichen Los (verhungern, verwahrlosen, bei schlimmen Menschen landen) bewahrt hat. Eine Erwartungshaltung in Richtung Wir-haben-euch-gerettet-also-macht-uns-bitte-glücklich ist weder bei Menschen noch bei Katzen zielführend. Besonders wird die Situation, wenn sich die Katze, die man großherzig aufgenommen hat, als Diva entpuppt und das Tröstungspotenzial einer solchen Prinzessin insgesamt eher gering ausfällt, sich dafür aber die Spannungen im Alltag durchaus erhöhen. →

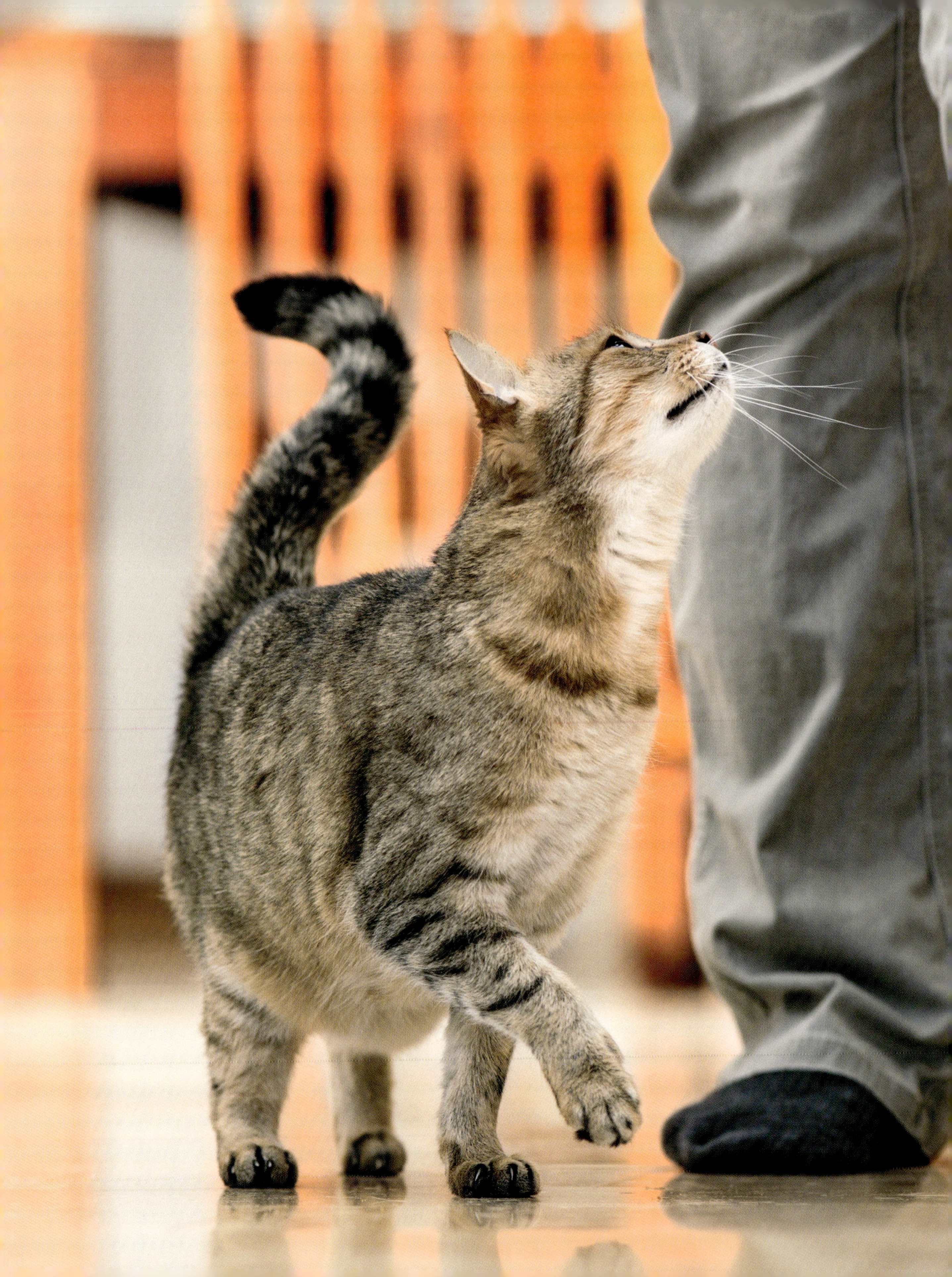

Nun ist es ja so: Wenn Katzen bei einem einziehen, nehmen sie Quartier und die Wohnung oder das Haus in Beschlag. Ansonsten machen sie, was sie wollen, und die Dosenöffner können gucken, wie sie damit klarkommen. Im besten Fall nehmen sich die Menschen zurück und öffnen Tür und Tor, damit die Katzen es sich überall gemütlich machen können. Wer selbst über ein ausgeprägtes Revierverhalten verfügt, ist mit Katzen als Mitbewohnern eher schlecht beraten. Das Verhältnis von Katze zu Mensch kann dann variieren von größtmöglicher Wertschätzung (wie man sie auch Wesen gegenüber empfinden kann, die man geistig nicht ganz für voll nimmt, die aber überaus liebenswert sind) über Neutralität (glasklare Trennung zwischen Dosenöffner-, Katzenkloputz- und Kratzbaumfunktion und Herrscher und Meister) bis hin zu Ablehnung (dann packt die Katze in aller Regel irgendwann ihre Siebensachen und sucht sich ein neues Heim).
Zwischen den beiden Neuankömmlingen im Hause E.s – Domino und Topsy – tat sich diesbezüglich von vornherein ein tiefer Graben auf. Während sich der Kater schon bald als ein verschmuster, überaus wohlwollender und toleranter Zeitgenosse entpuppte, der sich von E.s jüngerem Sohn in orthopädisch fragwürdigen Haltungen transportieren ließ – Hauptsache, er wurde anschließend anständig gekrault –, war Topsy – nun, man könnte sagen: schwierig.

Dominos Schwester ist das glatte Gegenteil des jovialen Schmusers, der großmütig die eine oder andere Ruppigkeit verzeiht. Topsy ist überaus scheu, mag keinen Aufruhr und lärmendes Volk und reagiert extrem sensibel auf Veränderungen im feinstofflichen Gefüge ihres Dosenöffnerpersonals – eine Prinzessin auf der Erbse eben. Das wurde bereits bei raubeinigen Jungsgeburtstagen bemerkbar, auch, als E. es wagte, einen aus Katzensicht unpassenden neuen Mann ihres Herzens einzuschleusen. In beiden Fällen machte Topsy ihrer Entrüstung über die ungebetenen Eindringlinge in IHR Heim Luft, indem sie die von den Usurpatoren benutzten Lagerstätten markierte, sprich vollpieselte. Das riecht, wie Katzenprofis wissen, sehr unangenehm und lässt sich insbesondere aus Textilien nicht so leicht entfernen. →

Nun ist ein solches Verhalten nicht zwingend dem Diventypus zuzuordnen. Die Katzenpsychologin Katja Rüssel schreibt: „Wenn ein neuer Partner in unser Leben tritt, sorgt das aus Miezis Sicht für genauso viel Trubel wie die Geburt eines Babys." Es kann aber natürlich auch sein, dass die Divenkatze über ein außerordentliches Gespür für die katzenverträglichen Qualitäten eines Menschen verfügt und dem entsprechend Ausdruck verleiht.

Eine Diva macht auf alle Fälle sehr deutlich, was ihr behagt und was sie nicht leiden kann und will. Das können wilde Kinder sein, ein Baby, ein neuer Mann, eine neue Frau oder auch der neue Kratzbaum (vom neuen Katzenfutter ganz zu schweigen). Am strengsten sind diejenigen unter den Katzendiven, die ihre Dosenöffner komplett ignorieren, wenn sie sich irgendein Fehlverhalten zuschulden kommen lassen. Was man bei Diven allerdings keinesfalls machen sollte – und das nicht nur, um den Rest seiner Würde zu bewahren – ist, ihnen hinterherzulaufen. Katzen sind zu schlau, um ein solch unterwürfiges Verhalten durchgehen zu lassen. Das gilt im Übrigen auch, wenn die Diva bestimmte Futtersorten nicht goutiert. Dann empfiehlt die Katzenpsychologin nachgiebigen und inkonsequenten Dosenöffnern klare Verhaltensrichtlinien: Frei zugängliches Futter wird nur zu bestimmten Zeiten angeboten. Die Katze sollte aber auf keinen Fall zu lange hungern.

Ein Desensibilisierungstraining gegen laute Menschen ist bis dato allerdings nicht bekannt, genauso wenig wie das gegen ungeliebte neue Lover. Hier kann man den oder die Neue mit Bestechungsutensilien (Thunfisch, Katzenmilch) ausstatten, oder wie Katja Rüssel schreibt: „Sie können auch die Stimme des Partners leise vom Tonband abspielen und der Katze währenddessen Leckerlis anbieten." Indessen: Sollte die Diva über einen untrüglichen Instinkt verfügen und sich der oder die Neue als Vollpfosten erweisen, dann bedanken Sie sich bei Ihrer Katze und kaufen im Zweifelsfall einfach eine neue Matratze. 🐾

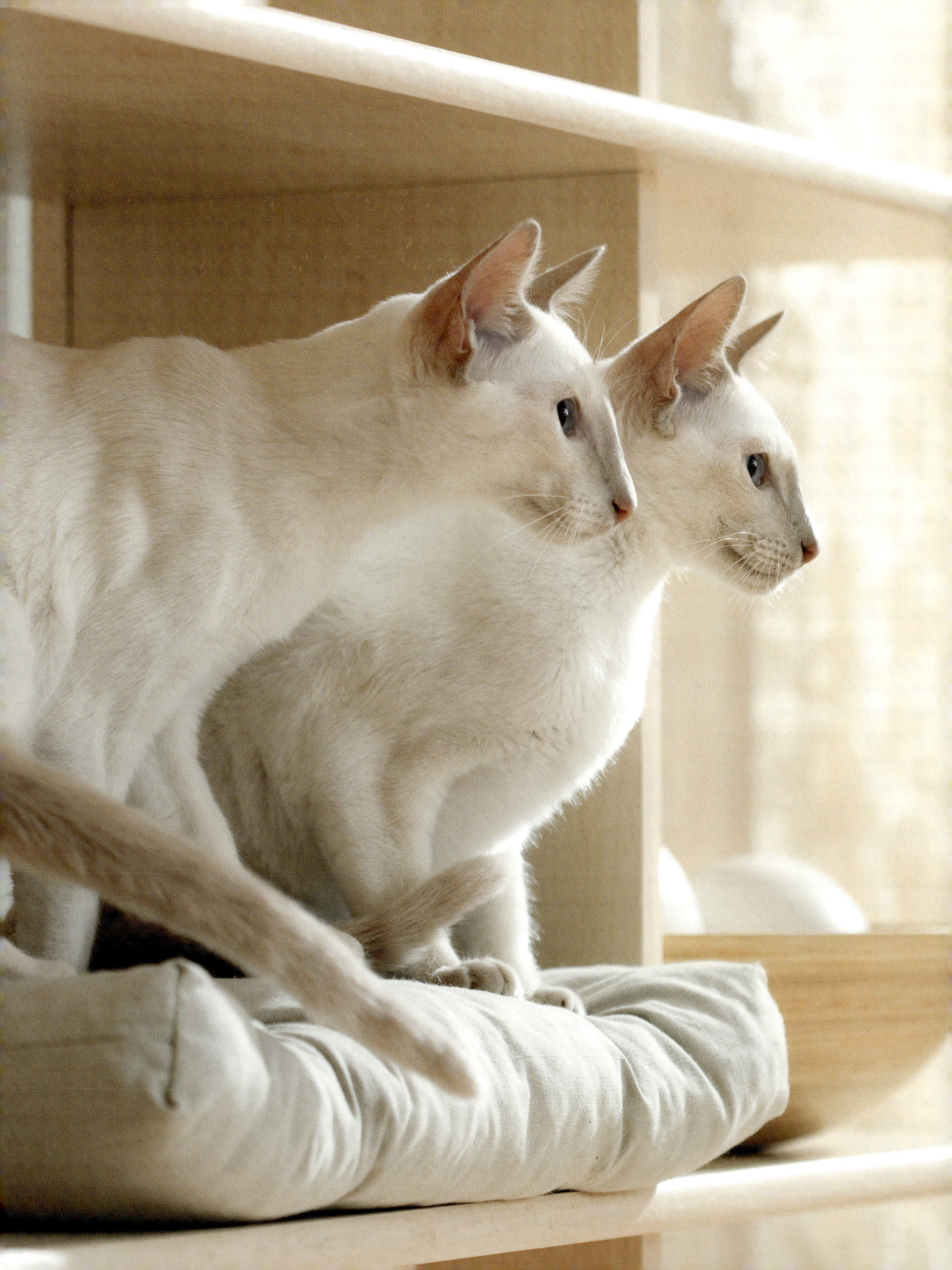

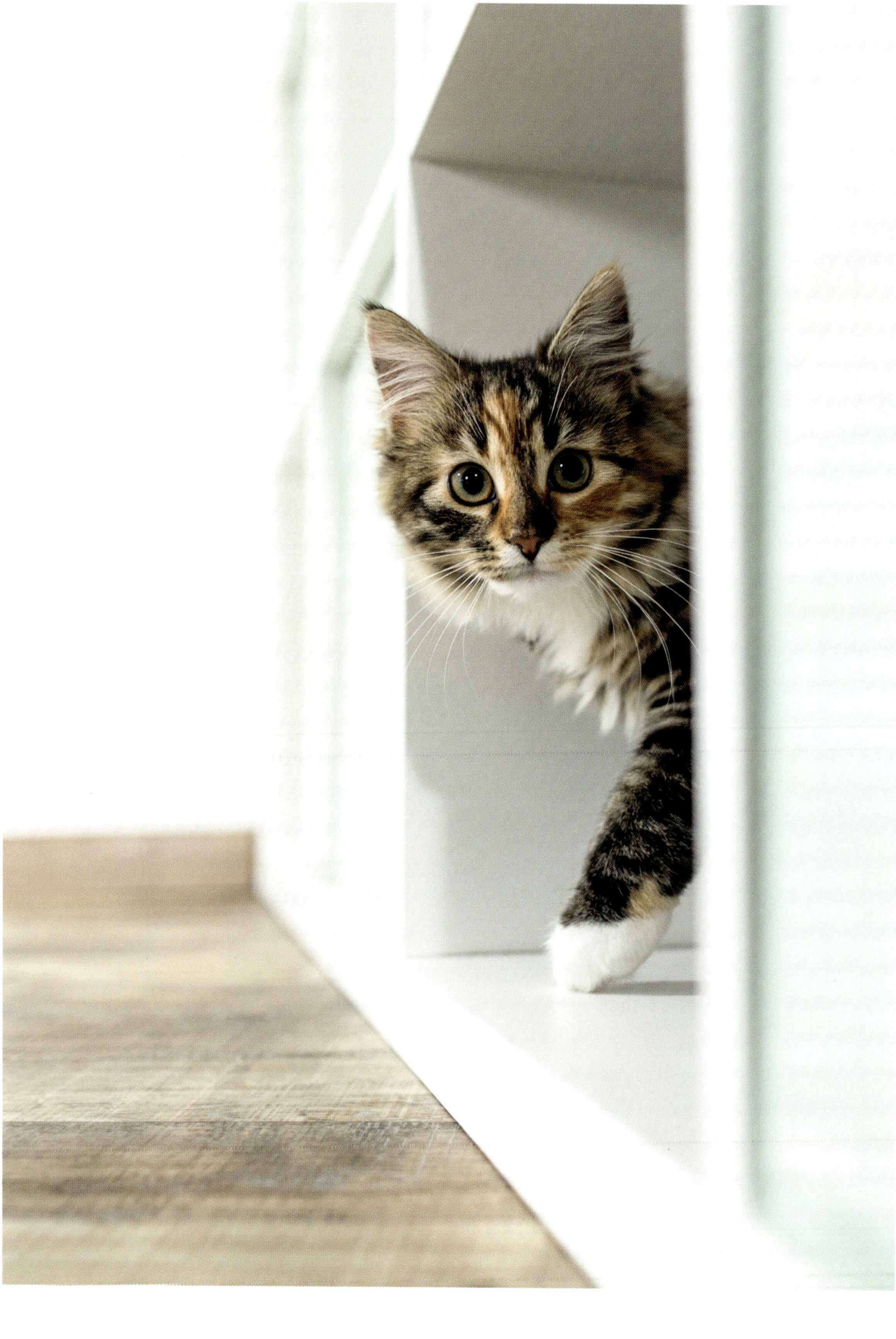

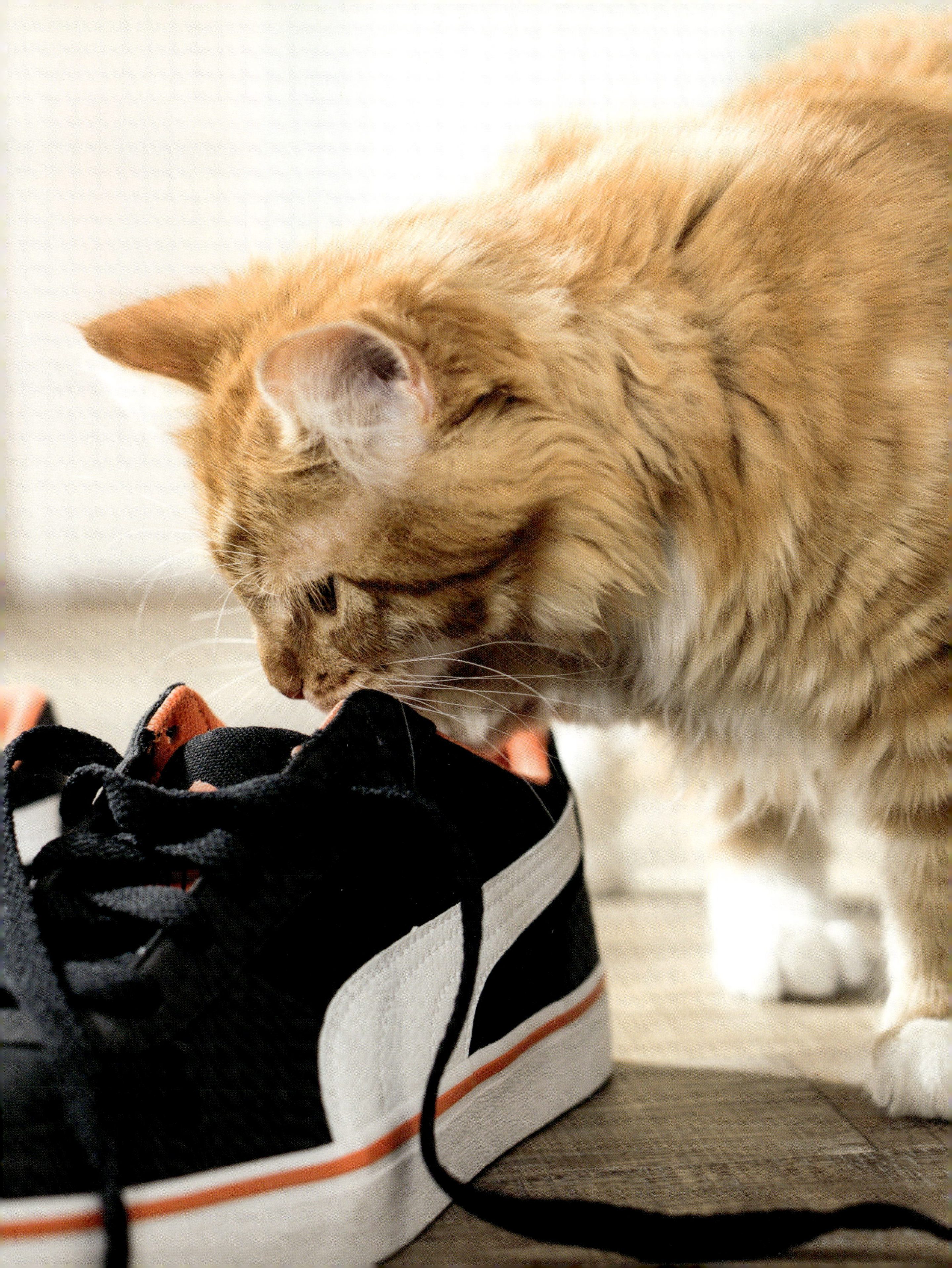

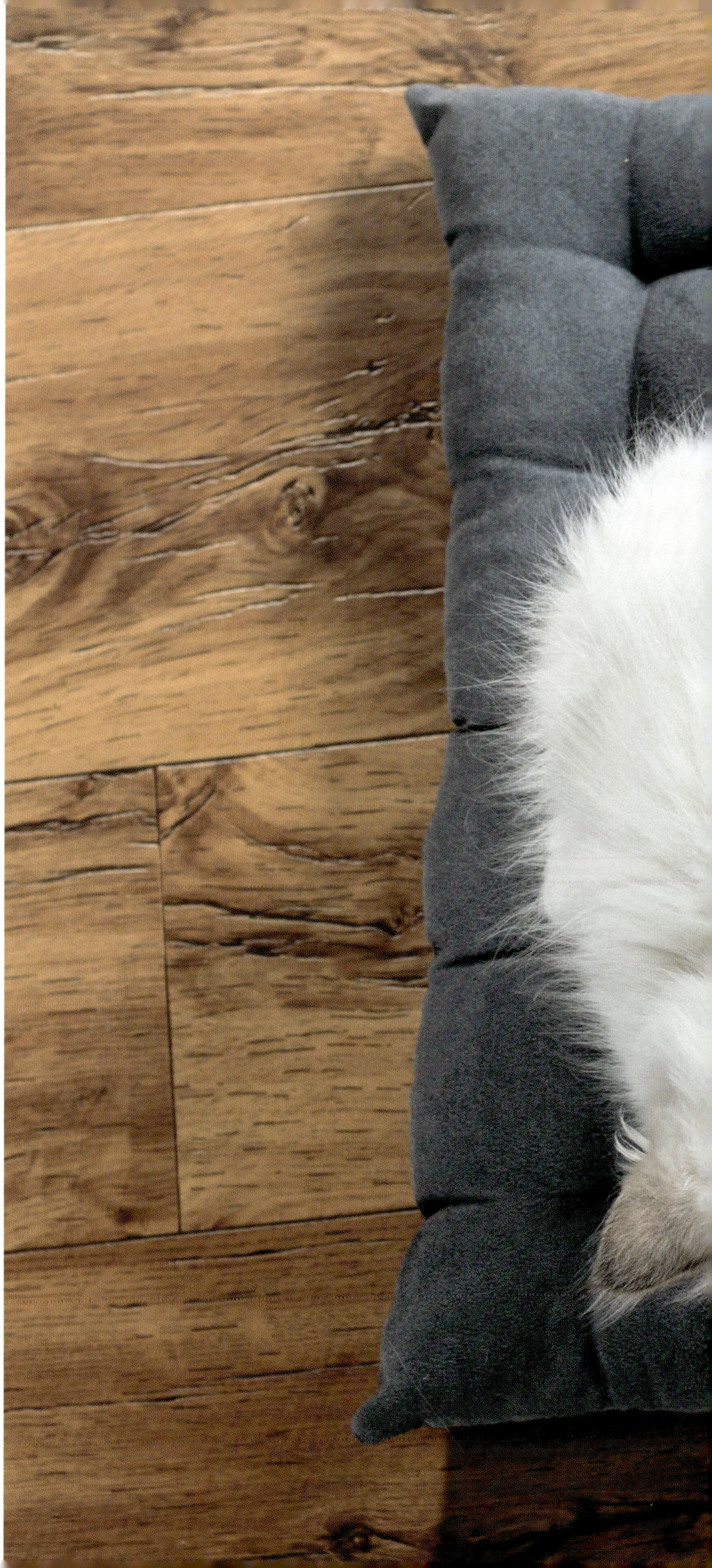

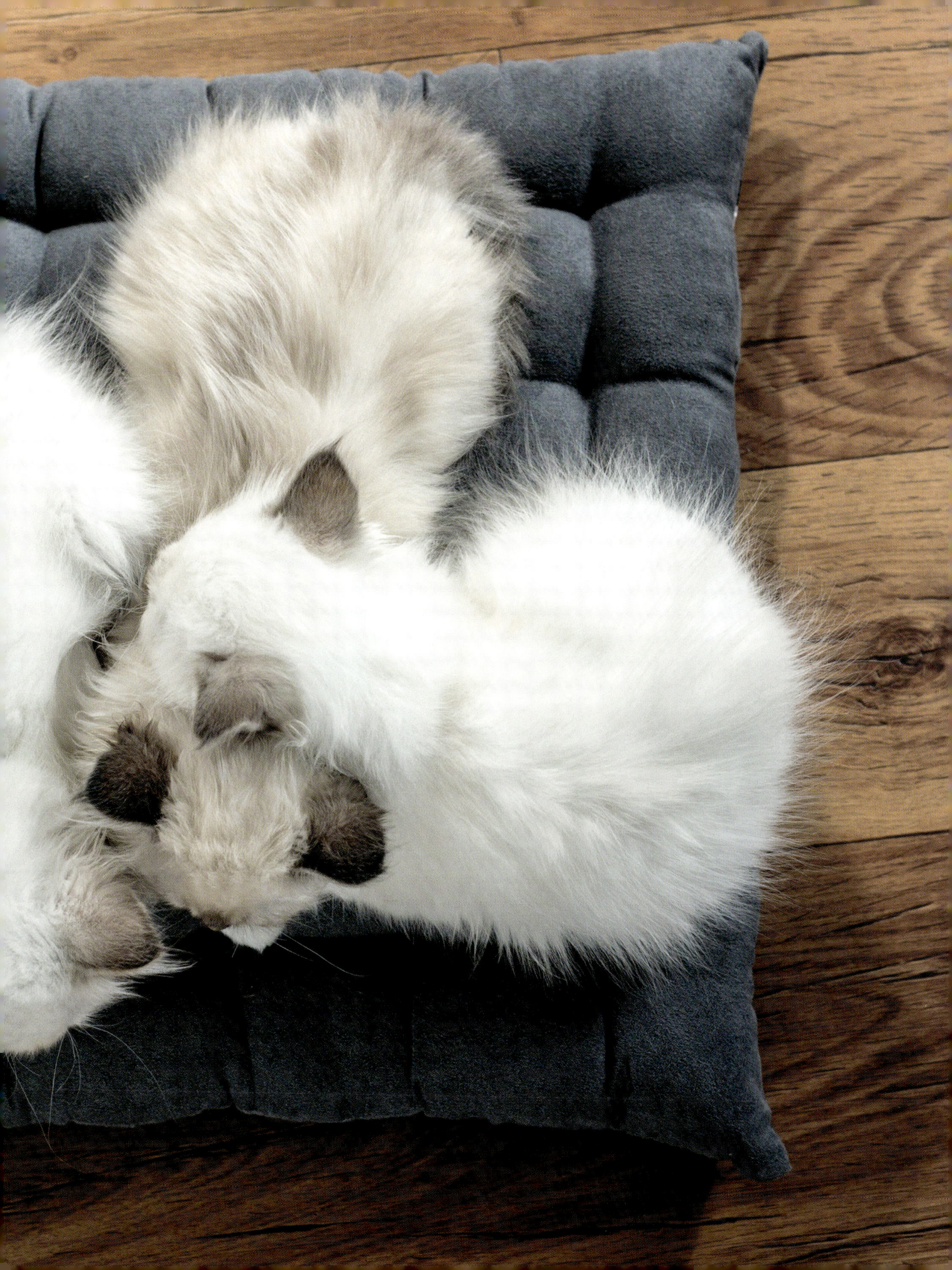

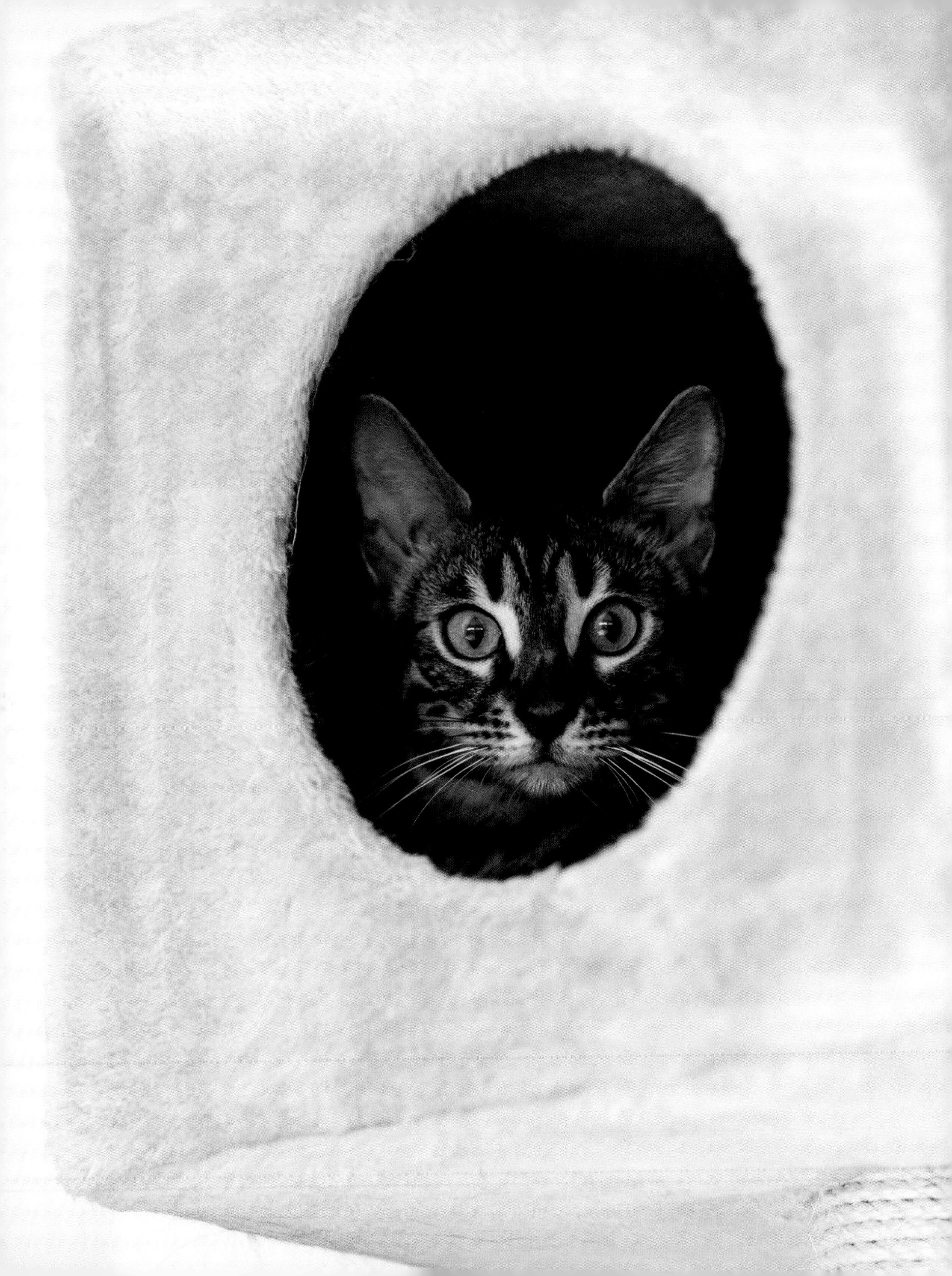

Die Scheue

(oder: das Häschen)

Schüchterne Katzen und Kater, die keinen großen Wert auf fremde Menschen legen, haben eine gewisse Ähnlichkeit mit den Diven. Sie sind oft überängstlich, misstrauisch und verlangen viel Einfühlungsvermögen und Geduld von ihren Dosenöffnern. Für Katzenneulinge sind die Angsthäschen unter den Zimmerpumas auf jeden Fall eine Riesenherausforderung. Denn sie brauchen viel Zeit und vor allem Rückzugsmöglichkeiten.

So gesehen bei der kleinen Mika, die im Alter von drei Monaten bei Freunden landete, deren Kinder damals noch sehr klein waren. Die waren sagenhaft enttäuscht, warum sich die Kleine nicht streicheln lassen wollte, sondern sich den ganzen Tag unter einem Bett versteckte. Erst nachts kam sie hervor, um etwas zu fressen und das Katzenklo aufzusuchen. Zum Glück waren die erwachsenen Dosenöffner entspannt und ließen die Kleine einfach in ihrem Tempo im neuen Heim Fuß fassen. Sie ließen die Katze in den ersten Tagen in Ruhe und nachts die Schlafzimmertür offen. Katzen fühlen sich viel sicherer, wenn sie ihre Umgebung im Dunkeln erkunden können. Außerdem ist es dann in aller Regel schön ruhig, weil alle schlafen.

Katzen werden schon früh für ihr Leben geprägt. Zwischen der zweiten und siebten Lebenswoche entscheidet sich, wie sie sich gegenüber Menschen und Artgenossen verhalten. Machen die Kleinen positive Erfahrungen mit Menschen, werden ihre Mutter und sie gestreichelt und wird mit ihnen gespielt, sind sie selten scheu. Bei wilden Katzen, die in dem Alter keinen Kontakt zu Menschen haben, ist es später fast unmöglich, Nähe aufzubauen. Außerdem spielt eine Rolle, ob die Mutter des kleinen Angsthasen selbst eher ein scheues Reh ist. Katzen lernen alles für sie im Leben Wichtige von ihren Müttern. Nicht zuletzt gibt es auch erbliche Komponenten, die darüber entscheiden, ob sich eine Katze traut oder eben nicht. →

Bei Mika hat sich die Schüchternheit mit der Zeit gelegt. Sie empfindet zwar Gäste und fremde Menschen immer noch als störend und zieht sich bei Besuch in den Keller oder ins Dachgeschoss zurück. Wenn die Barbaren jedoch abgezogen sind, zeigt sie sich wieder und macht es sich auf dem Sofa bequem. Den Bann gebrochen hatte die älteste Tochter, die mit großer Hingabe Katzenangeln und Katzenverstecke gebastelt und mit Mika tolle Zirkusnummern entwickelt hat. Sie ist selbst ein eher schüchternes Mädchen und hat die kleine Katzenseelenverwandte mit viel Liebe gezähmt. Dafür ist sie auch der über alles geliebte Liebling des Angsthäschens – und das ist im Leben eines Menschen wohl eine der größten Auszeichnungen, die man je erlangen kann.

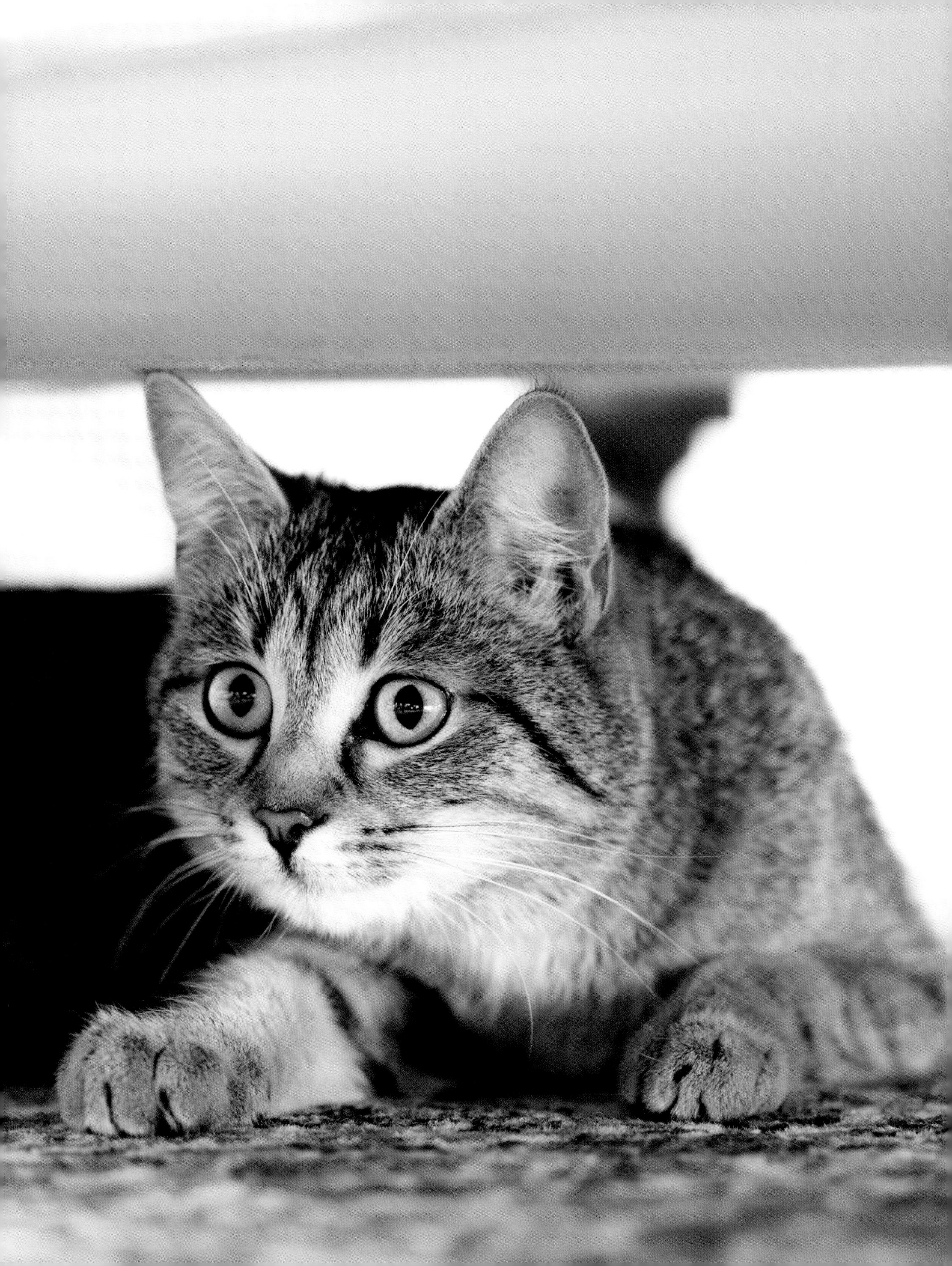

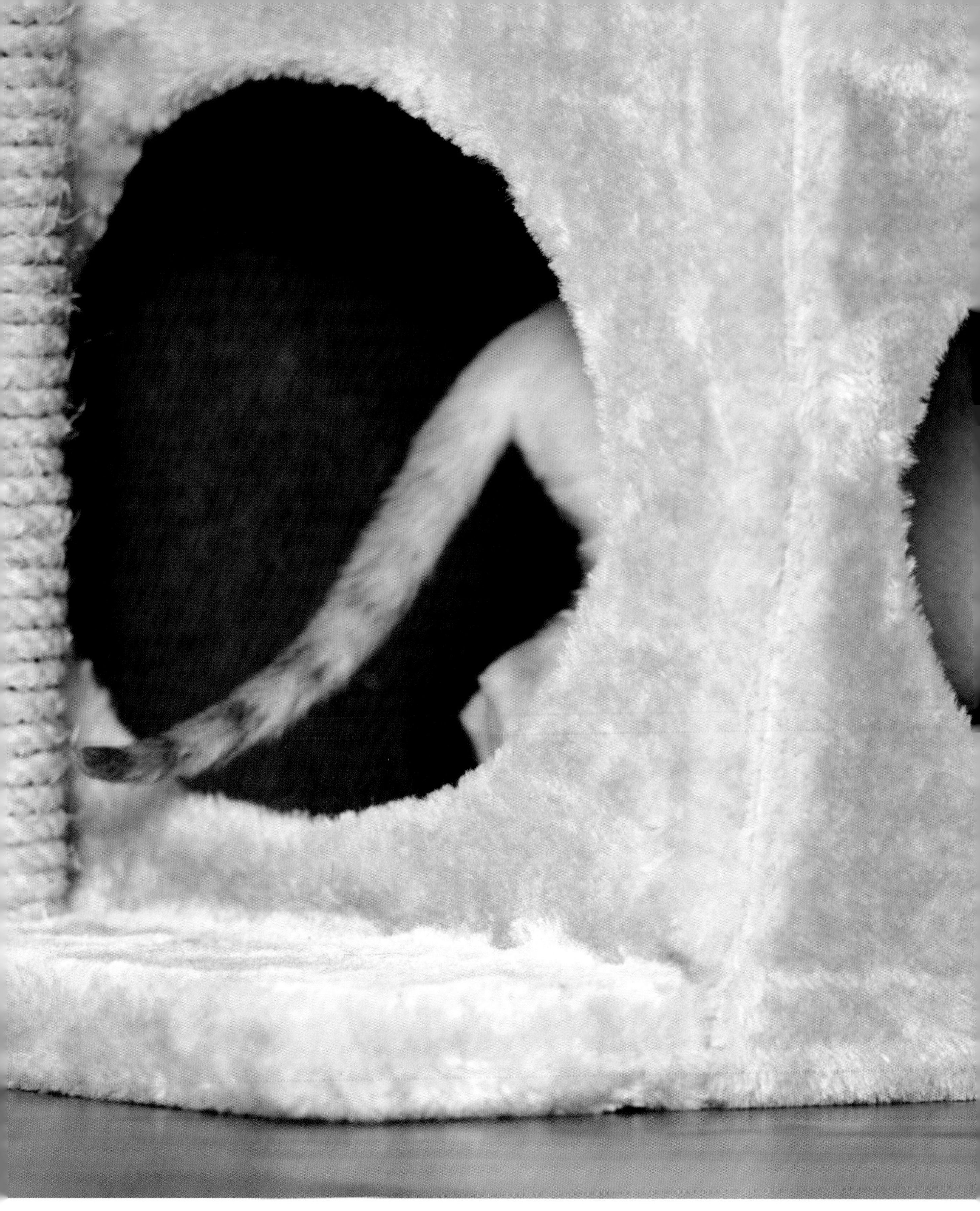

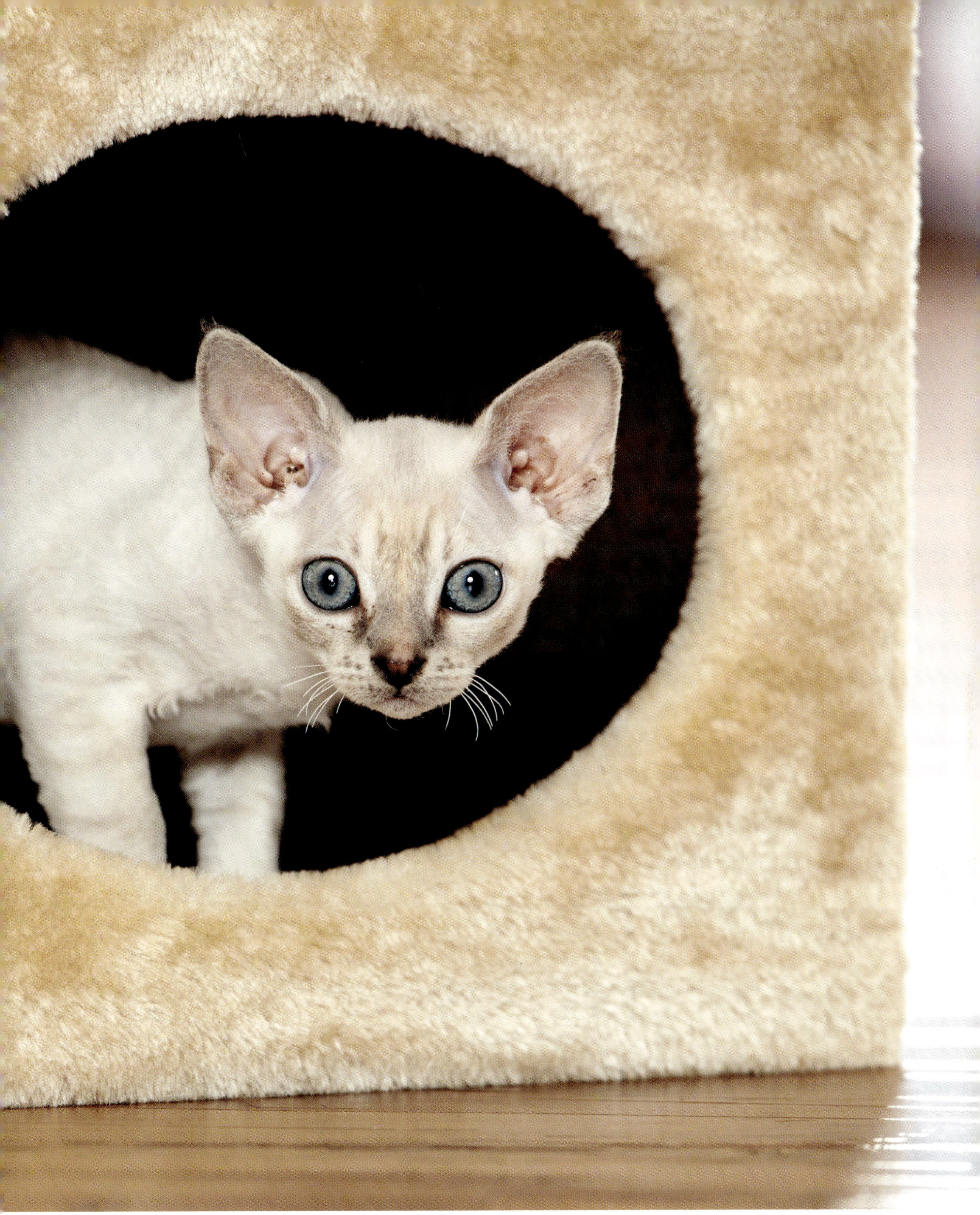

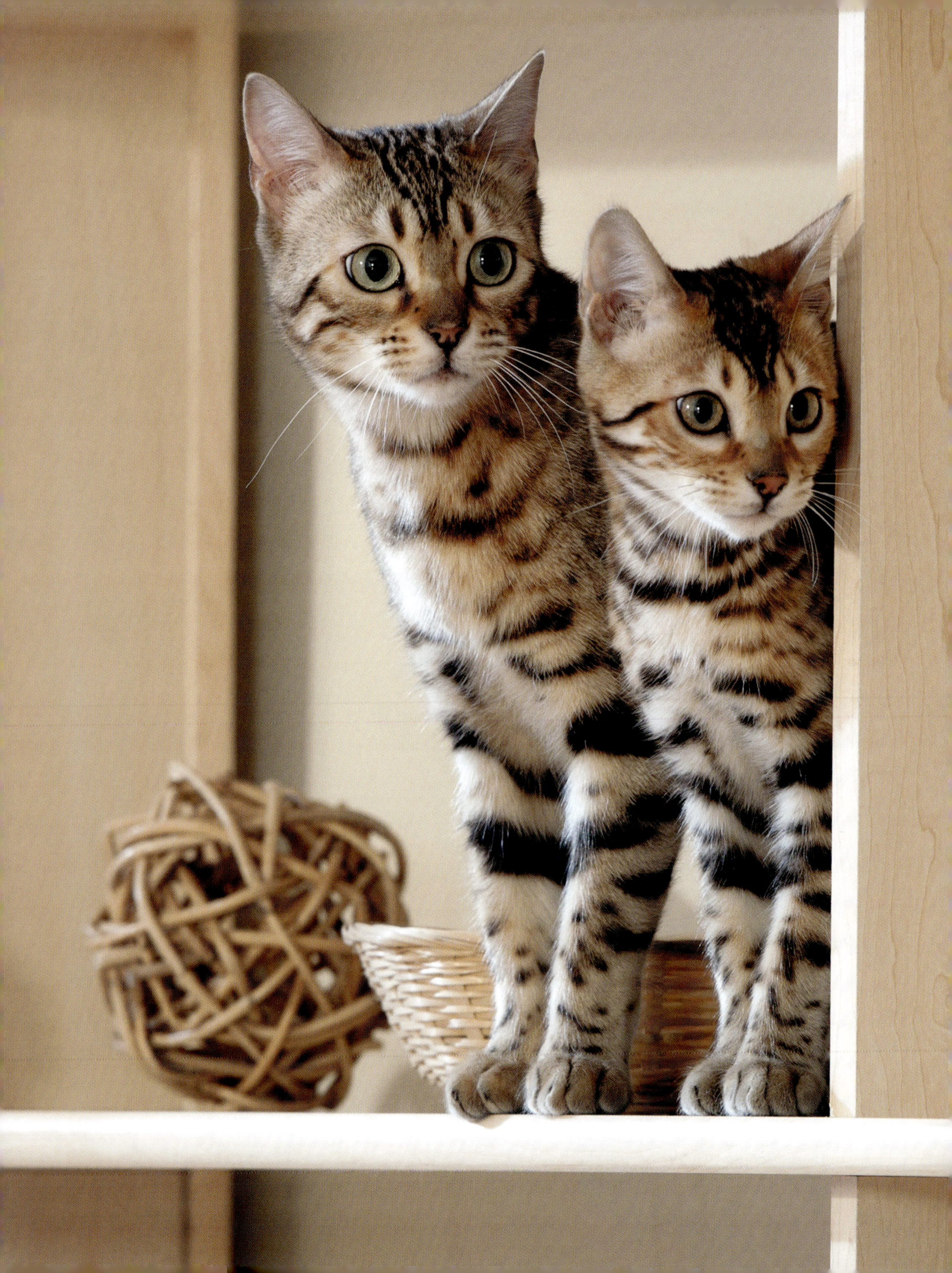

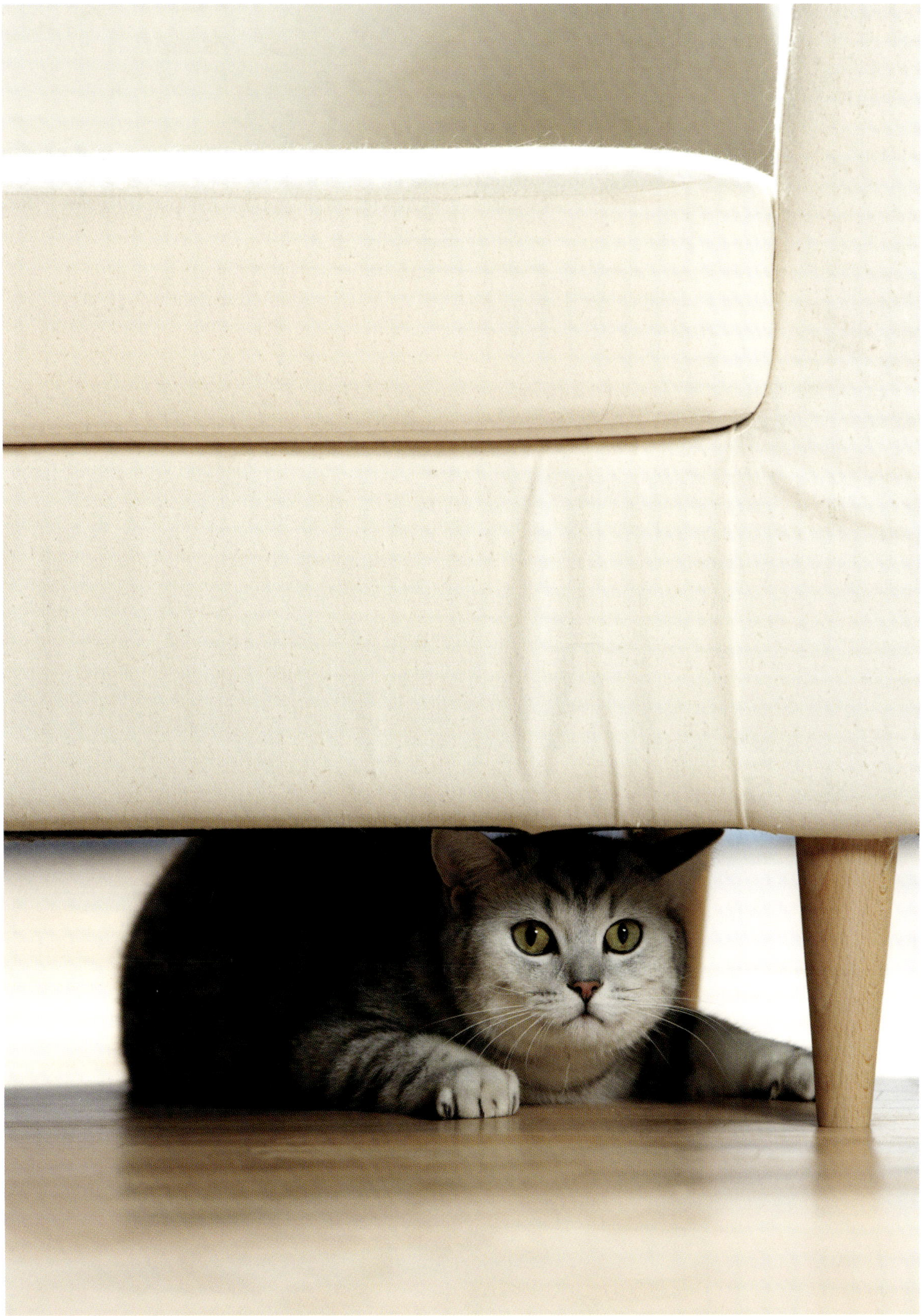

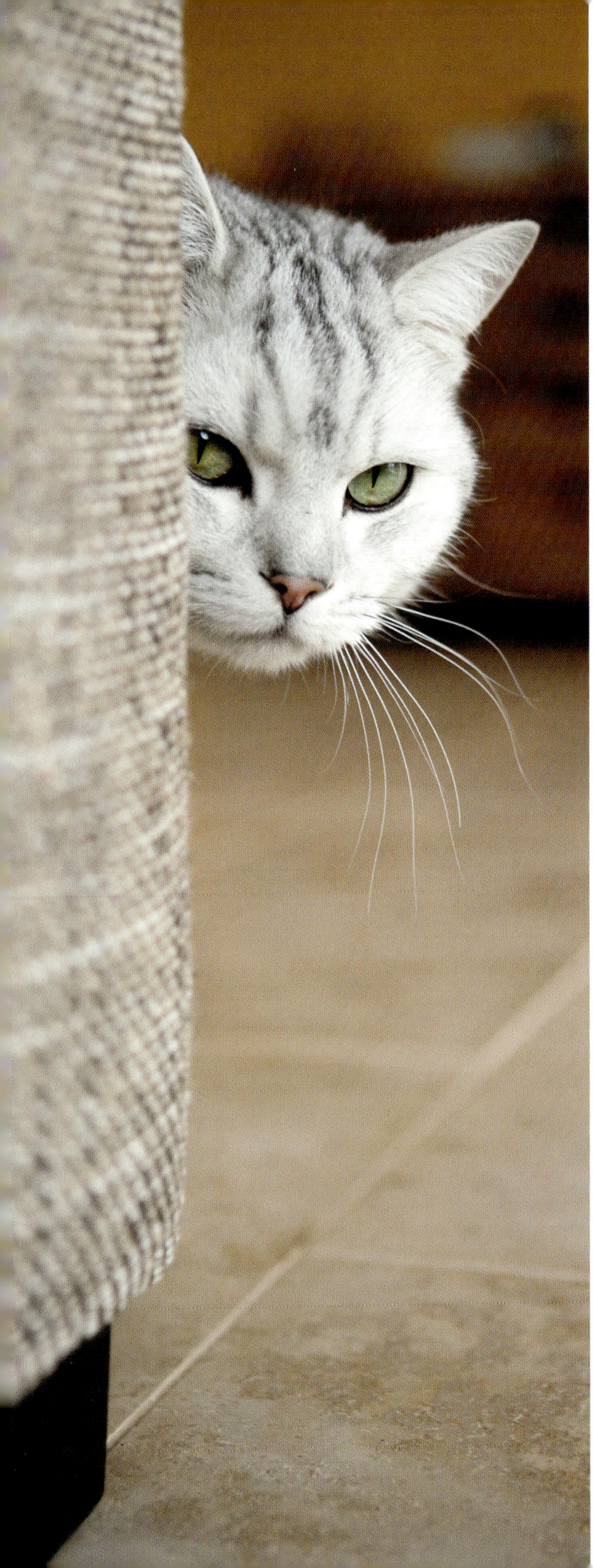

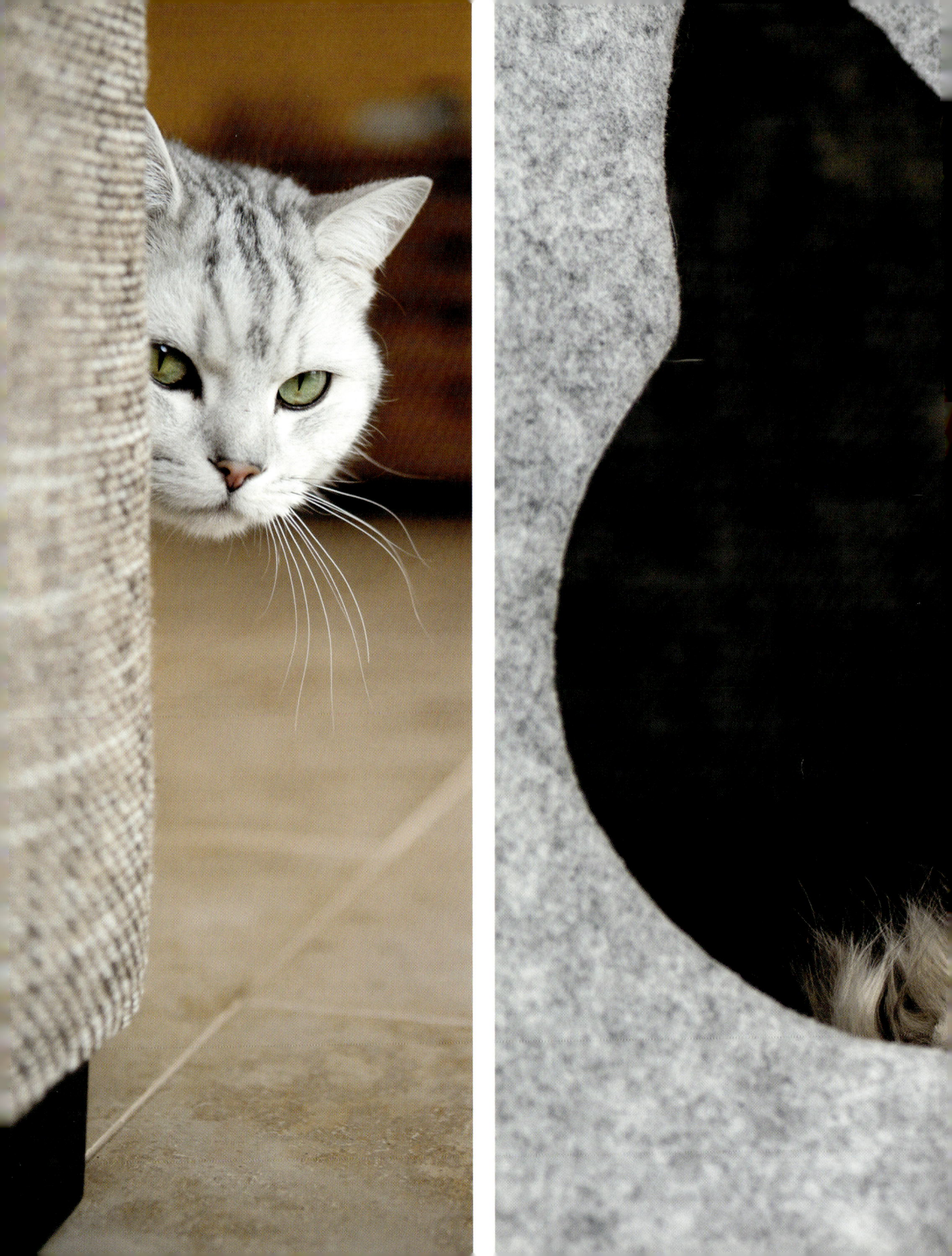

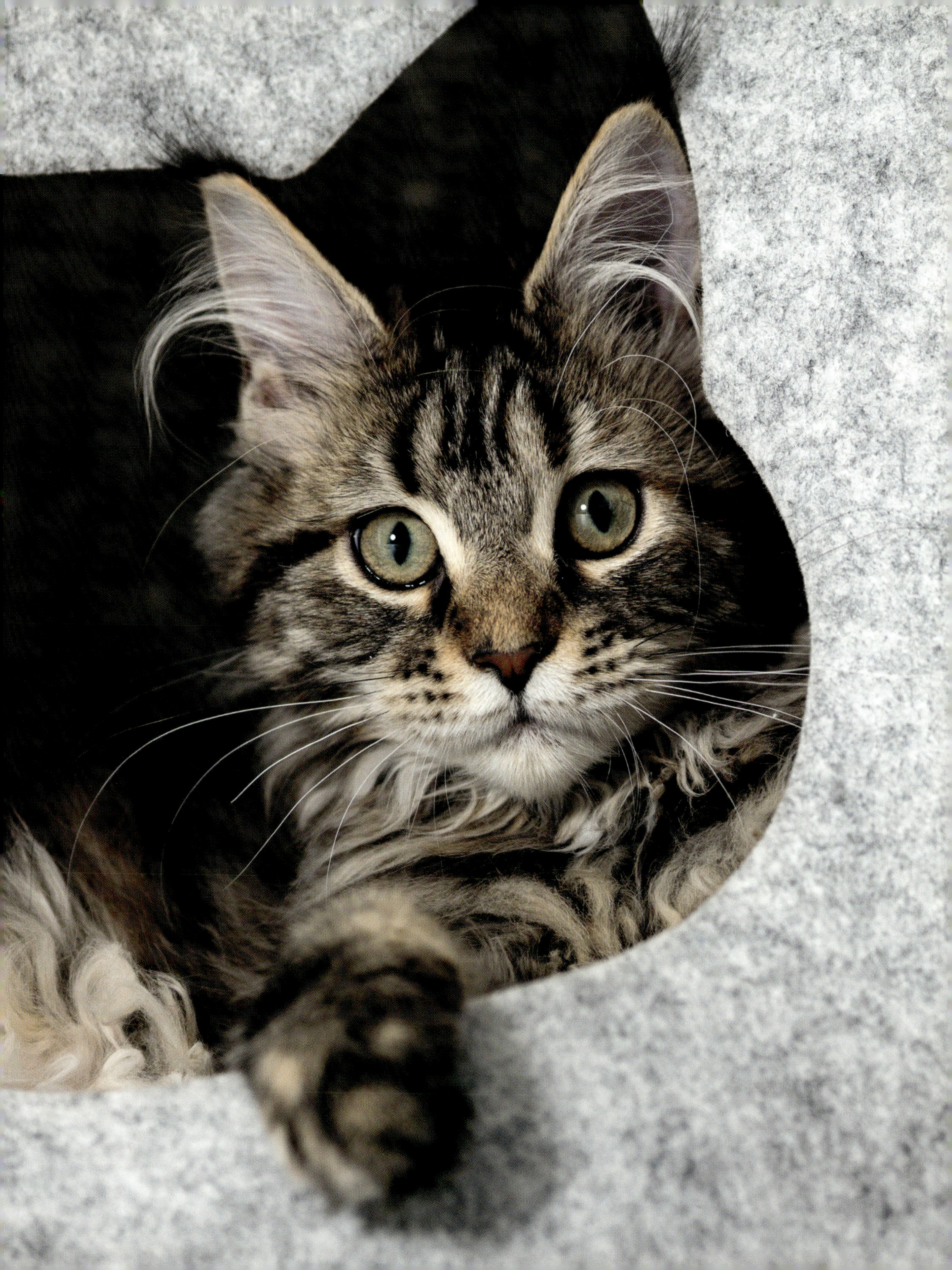

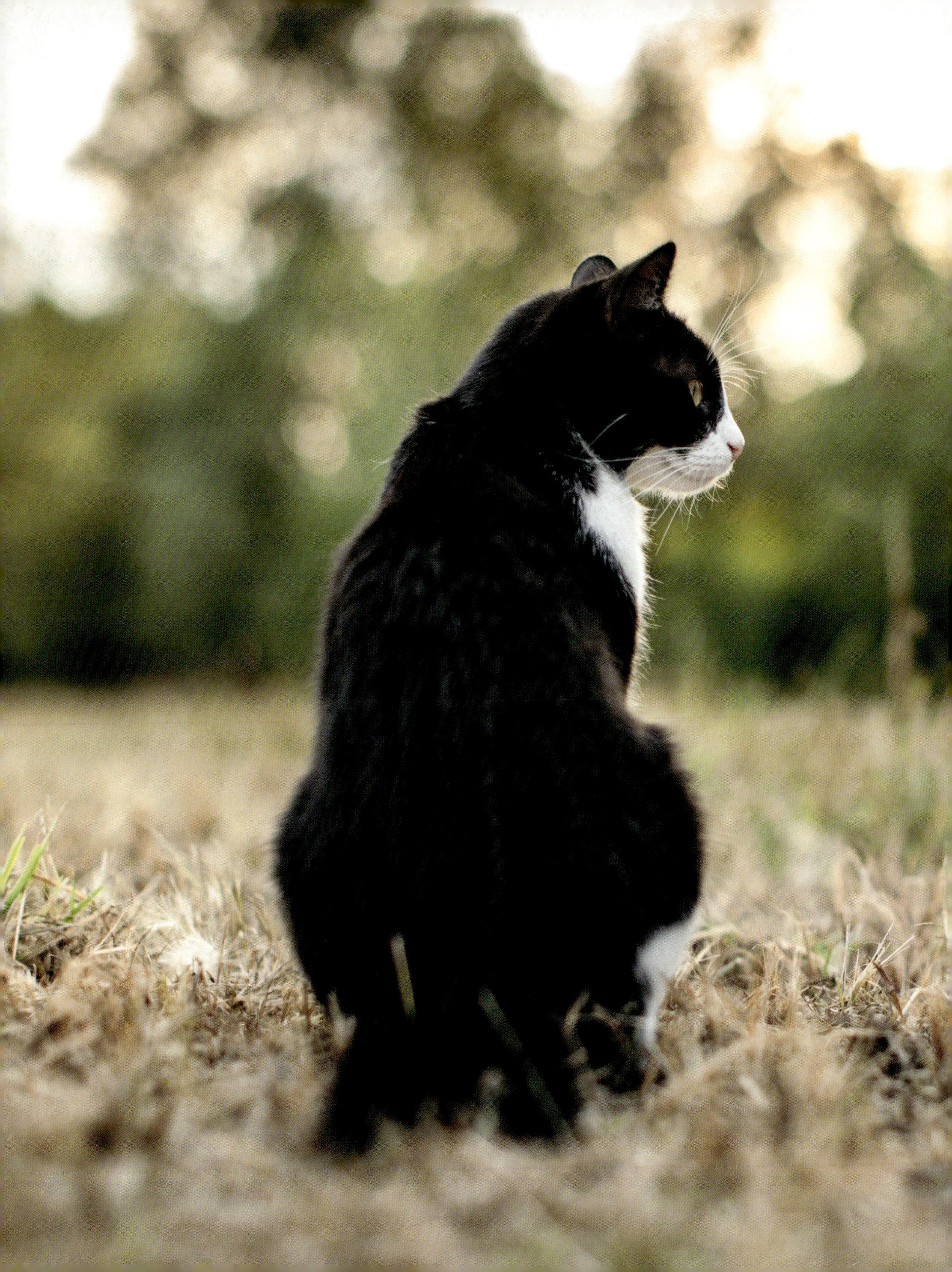

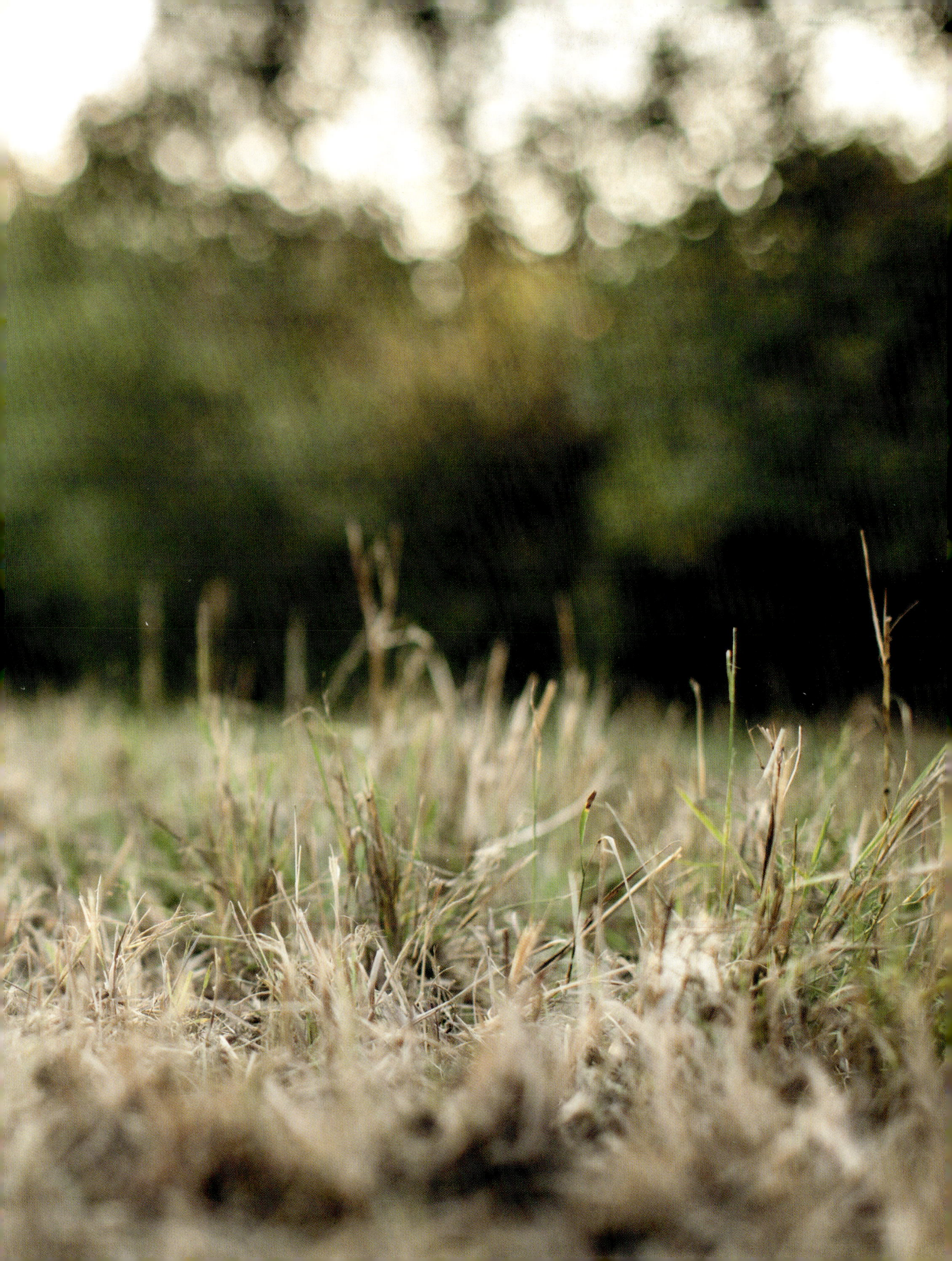

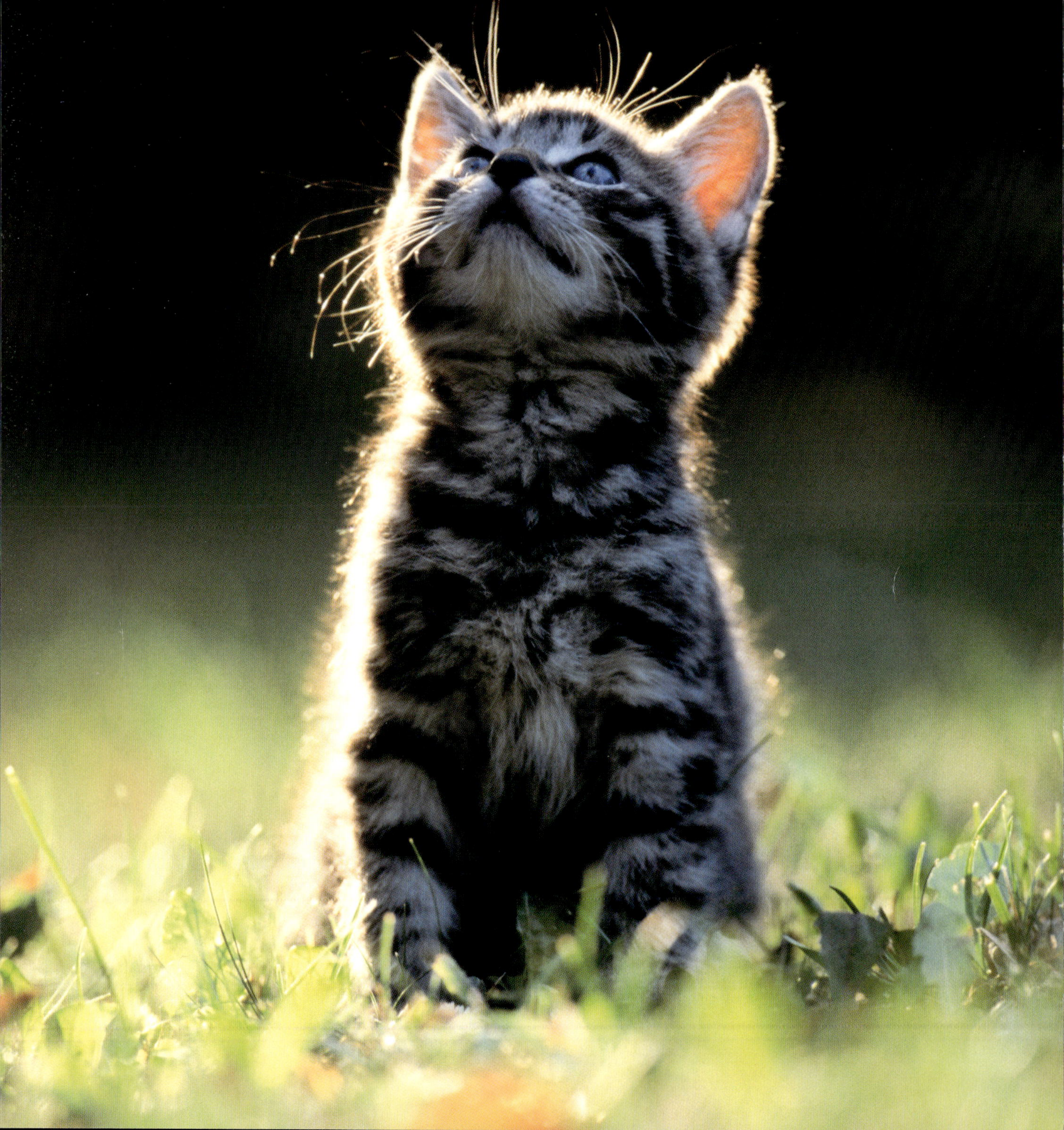

Anna Cavelius

Anna Cavelius (M.A.) studierte in München, Siena und Salamanca Philosophie und arbeitete anschließend für einen US-amerikanischen Zeitschriftenverlag. Seit 1995 ist sie selbstständige Lektorin, Ghostwriterin und Autorin für Medizin- und Lifestylethemen sowie Kulinaria und veröffentlichte seither viele Ratgeber und Sachbücher, darunter mehrere Bestseller wie *Kluge Frauen und ihre Katzen*. Sie kann sich begeistern für ihre Familie, Freunde und Katzen sowie das Leben im Großen wie im Kleinen.

Katzen, die an diesem Buch mitgewirkt haben & ihr Knecht

Thali & Sookie	Petit	Louis	Karlo	Nice
Autorenteam	Redaktion	Redaktion	Bildbearbeitung	Design & Layout

Impressum

© 2016 teNeues Media GmbH & Co. KG, Kempen

Fotos: © Oliver Giel, www.tierfotograf.com, ausgenommen Seite 80 unten (privat) und Seite 143 (privat)
Katzen-Icon (Buchrücken): © Noun 6725, created by Marco Hernandez from the Noun Project
Wollknäuel-Icon: © Noun 38202, created by Sitara Shah from the Noun Project
Pfoten-Icon: © Noun 96529, created by Lloyd Humphreys from the Noun Project

Einleitung und Texte: Anna Cavelius

Projektmanagement: Nadine Weinhold
Design und Layout: Christin Steirat
Lektorat: Hanna Lemke
Herstellung: Dieter Haberzettl
Bildbearbeitung und Proofing: David Burghardt

Published by teNeues Publishing Group
teNeues Media GmbH & Co. KG
Am Selder 37, 47906 Kempen, Germany
Phone: +49 (0)2152 916 0
Fax: +49 (0)2152 916 111
e-mail: books@teneues.com

Press department: Andrea Rehn
Phone: +49 (0)2152 916 202
e-mail: arehn@teneues.com

teNeues Publishing Company
7 West 18th Street, New York, NY 10011, USA
Phone: +1 212 627 9090
Fax: +1 212 627 9511

teNeues Publishing UK Ltd.
12 Ferndene Road, London SE24 0AQ, UK
Phone: +44 (0)20 3542 8997

teNeues France S.A.R.L.
39, rue des Billets, 18250 Henrichemont, France
Phone: +33 (0)2 48 26 93 48
Fax: +33 (0)1 70 72 34 82

www.teneues.com

ISBN: 978-3-8327-3331-5
Gedruckt in der Tschechischen Republik

Alle Rechte vorbehalten. Kein Teil dieses Werkes darf ohne schriftliche Einwilligung des Verlages in irgendeiner Form reproduziert werden.
Wir sind um größte Genauigkeit in allen Details bemüht, können jedoch eine Haftung für die Korrektheit nicht übernehmen. Die Geltendmachung von Mängelfolgeschäden ist ausgeschlossen. Der Verlag hat sich bemüht, alle Rechteinhaber zu ermitteln. Sollten dennoch Inhaber von Urheber- und Persönlichkeitsrechten unberücksichtigt geblieben sein, bitten wir diese, sich mit der teNeues Publishing Group in Verbindung zu setzen.
Bibliografische Information der Deutschen Nationalbibliothek
Die Deutsche Nationalbibliothek verzeichnet diese Publikation in der Deutschen Nationalbibliografie; detaillierte bibliografische Daten sind im Internet über http://dnb.d-nb.de abrufbar.